BONSAI

Zelkova *(Zelkova serrata)* – Besenform, Höhe: 39 cm. Die Aufnahme wurde nach einem Blattschnitt gemacht. Die Struktur der Äste und Zweige ist klar zu erkennen. Die Baumkrone wurde halbkreisförmig geschnitten. Die hellgraue Farbe der Rinde findet eine Entsprechung im Grau der glasierten Schale, das nach unten in eine dunklere Tönung übergeht. Die Blumenform der Schale paßt gut zum Wuchs des Baumes.

B. Lesniewicz
BONSAI
Japanische Miniaturbäume
und Miniaturlandschaften
Anzucht, Gestaltung und Pflege

Titelbild: Rotahorn (*Acer palmatum 'Atropurpureum'*) – frei aufrecht, Höhe: 73 cm.
Rückseitenbild: Ginkgo (*Ginkgo biloba*) – streng aufrecht, Höhe: 80 cm. Der markante, mehrfach gekerbte Stamm erhebt sich aus der Mitte der runden Schale. Die Baumkrone ist kugelförmig gestaltet. Damit harmoniert die leicht bauchige, im oberen Teil mit einer Kerbe versehene, dunkel blaubraun glasierte Schale.

ISBN 3 8068 4091 1

© 1981/1989 by Falken-Verlag GmbH,
6272 Niedernhausen/Ts.
Buch-, Einband- und Umschlaggestaltung:
Hübner & Prochotta, Mainz
Die Ratschläge in diesem Buch sind von Autor und Verlag sorgfältig erwogen und geprüft, dennoch kann eine Garantie nicht übernommen werden. Eine Haftung des Autors bzw. des Verlages und seiner Beauftragten für Personen-, Sach- und Vermögensschäden ist ausgeschlossen.
Herstellung: Richterdruck Würzburg

817 263544

Inhalt

Vorwort	8
Einführung	9
Was ist Bonsai?	10
Ein Blick in die Geschichte der Bonsaikultur	11
Die Bonsaikultur und die Kulturgeschichte Japans	14
Die Kulturgeschichte des Baumes in Europa und die Bonsaikultur	21
Woran erkennt man ein gutes Bonsai?	24
Bonsaiformen	28
Einteilung der Bonsais nach ihrer Größe	38
Anzucht von Jungpflanzen für die Bonsaikultur	39
Bonsais aus Samen (misho)	40
Beseitigung der Pfahlwurzel bei Kiefernsämlingen	41
Bonsais von Stecklingen (sashiki)	42
Bonsais durch Veredelung (tsugiki)	43
Spitzenveredelung und Anplatten	44
Seitenveredelung	45
Okulieren	45
Behandlung der Pflanze nach der Veredelung	46

Die ersten Gestaltungseingriffe	46
Die Gestaltung der Wurzeln	46
Die Gestaltung des Stammes und der Äste	47
Bonsais durch Absenker und Abmoosen (toriki)	48
Bonsais durch Pflanzen- oder Wurzelteilung	50
Das Sammeln von Pflanzen (yamadori)	51
Aus Japan importierte Bonsais	53
Die Bonsaigestaltung	55
Die Wahl des Pflanzgefäßes	57
Das Schneiden der Äste und der Formschnitt	59
Das Schneiden der Äste	59
Der Formschnitt der Triebe und Zweige	60
Der Blattschnitt	62
Bonsaigestaltung durch Drahten und andere Korrekturtechniken	64
Weitere Korrekturtechniken für die Gestaltung von Bonsais	67
Die Korrektur der Wuchsform durch Veredelung	69
Die Gestaltung der Wurzeln	70
Das künstliche Altern (jin und shari)	72
Einige Beispiele spezieller Bonsaigestaltung	73
Die Gestaltung einer Baumschulpflanze zum Bonsai	74
Das Anpflanzen von Miniaturlandschaften	76
Die Felsenpflanzungen	76
Eine Pflanzung auf dem Fels	78
Die Pflanzung über den Felsen	81
Ein kleiner Wald entsteht	83
Ein Wald entsteht aus einem einzelnen Baum	87
Die Bonsaipflege	89
Die Wahl und die Vorbereitung des Standortes	90
In der Wohnung	91

Das Gießen	92
Das Umtopfen	94
Die Bonsaierde	95
Der Vorgang des Umtopfens	97
Das Düngen	101
Das Herstellen von Dünger aus Rapsschrot	102
Die Überwinterung	103
Die Krankheitsvorsorge – Schädlinge und Krankheiten	105
Die Bonsaiwerkzeuge	108
Einige besondere Bonsaitypen	**111**
Die Miniaturbonsais	112
Bonsais für die Wohnung	114
Der richtige Platz für die Zimmerbonsais	117
Die Pflege	118
Das Umtopfen	118
Das Düngen	118
Die Krankheitsvorsorge	118
Die Gestaltung	119
Bonsais mit Gräsern, Farnen, Sukkulenten, Stauden und einjährigen Pflanzen	120
Pflanzen, die sich für die Bonsaikultur eignen	**125**
Eine Auswahl bewährter Bonsai-Arten	127
Einige Pflanzenarten und ihnen entsprechende Bonsaiformen	138
Tabellen für die Gestaltung und Pflege von Bonsais	**142**
Nachwort	153
Anschriften	153
Bildnachweis	153
Literaturverzeichnis	154
Register	155

Vorwort

Europa machte die erste offizielle Bekanntschaft mit Bonsaibäumen am Anfang dieses Jahrhunderts. 1909 wurden in London auf einer Ausstellung Bonsais gezeigt.
Es ist nicht bekannt, wer die ersten Bonsais nach Europa gebracht hat. Waren es Forscher, Geschäftsleute oder Touristen, die einen Miniaturbaum, vielleicht das Geschenk eines japanischen Gastgebers, im Reisegepäck mitführten?
Heute sind die kleinen Bäume aus dem Fernen Osten praktisch auf der ganzen Welt bekannt.
In den Vereinigten Staaten haben japanische Einwanderer, die sich an der Westküste niederließen, angefangen, Bonsais zu kultivieren. Nach dem zweiten Weltkrieg brachten amerikanische Soldaten Bonsais aus Japan mit. In den folgenden Jahren wuchs das Interesse an der Bonsaikultur in allen Schichten der Bevölkerung. Es gibt derzeit in den Vereinigten Staaten mehrere große Bonsaiklubs mit einigen Tausend aktiven Mitgliedern. Nach England sind die Vereinigten Staaten das zweite westliche Land, in dem die Bonsaikultur fest etabliert ist.
In Frankreich, Holland, Österreich, der Schweiz und in der Bundesrepublik Deutschland bahnt sich eine ähnliche Entwicklung an. In einigen europäischen Ländern bestehen bereits Bonsaiklubs. Bei dem raschen Aufschwung, den die neue Bewegung bei uns genommen hat, nimmt es nicht wunder, daß ein Nachholbedarf bezüglich genauer Information über die Bonsaikunst entstanden ist.
Es sind zahlreiche Fragen, die sich aufdrängen, wenn man zum ersten Mal den kleinen Bäumen begegnet. Das vorliegende Buch beantwortet diese Fragen und beseitigt Mißverständnisse. Die japanische Bonsaikunst wird dargestellt, indem praktische Anleitungen zur Anzucht von Jungpflanzen, zur Gestaltung und Pflege von Miniaturbäumen vermittelt werden.
Neu ist der Versuch, die Bonsaikunst in die japanische Kulturtradition einzuordnen. Im praktischen Teil des Buches ist der Einfluß von Shigio Kato, einem bekannten japanischen Bonsaimeister, nicht zu verkennen. Shigio Kato leitete im Sommer 1979 mehrere Lehrkurse im Bonsai-Centrum Heidelberg. Viele Anregungen von ihm konnten in das Buch eingearbeitet werden. Außerdem sind die Fotos der Gestaltungstechniken das Ergebnis einer intensiven Zusammenarbeit mit Shigio Kato. Das übrige Bildmaterial, das teilweise aus Japan stammt, ist von ausgezeichneter Qualität. Es muß wahrscheinlich nicht darauf hingewiesen werden, daß das Gelingen guter Bonsaiaufnahmen ein hohes Maß an fotografischem Können voraussetzt. Ich konnte das Entstehen des Buches im verhältnismäßig kurzen Zeitraum von zwei Jahren miterleben und den Verfasser bei seiner Arbeit und der Suche nach Antwort auf seine Fragen, die ja auch die Fragen der Leser sein werden, ein wenig begleiten.
„Bonsai. Miniaturbäume und Miniaturlandschaften" informiert nicht nur zuverlässig und umfassend, das Buch vermittelt gleichzeitig einen Eindruck davon, was für eine schöne und anregende Freizeitbeschäftigung die Bonsaikultur ist.

Heidelberg, Frühjahr 1981   Paul Lesniewicz

Einführung

Japanische Aprikose (*Prunus mume japonicum*) – Literatenform, Höhe: 90 cm. Die gerade aufbrechenden Blüten und der dunkle, stark gekrümmte Stamm heben sich klar vom scharlachroten Hintergrund ab. Die runde, dunkelbraune, unglasierte Schale hat keine Füße. Dadurch und wegen der zwei kleinen Wülste und der schmalen Rille im oberen Teil des Pflanzgefäßes erscheint es flacher und gedrungener, als es tatsächlich ist. Wenn manche Bonsais in ihrer streng formalen Gestaltung mit einer kargen Prosa vergleichbar sind, gleicht dieses Literaten-Bonsai einem Gedicht. Gleichzeitig erinnert seine Wuchsform und die Anordnung an die Herkunft des Literatenstils: an die chinesische Malerei.

Was ist Bonsai?

Über-Lebenskünstler könnte man die kleinen Bäumchen aus dem Fernen Osten nennen. Denn der Lebensraum eines Bonsai ist auf ein Mindestmaß reduziert. Wenn ein Miniaturbaum unter diesen kargen Bedingungen dennoch ein sehr hohes Alter erreichen kann, verdankt er das den außerordentlichen Fähigkeiten der Natur, sich extremen Verhältnissen anzupassen.

Wird das Bonsai[1] damit nicht zum Sinnbild der Situation des modernen Menschen, die ihm in zunehmendem Maß Einschränkungen abfordert?

Die zunehmende Enge in unseren Städten führte zur Entdeckung der Miniatur- und Troggärten. Auch die Kultivierung von Miniaturbäumen und Miniaturlandschaften bietet eine ausgezeichnete Möglichkeit, mit der Natur in engem Kontakt zu bleiben und sie neu zu erleben.

„Baum auf ein Tablett gepflanzt" lautet die Übersetzung des japanischen *Bonsai* (bon = Tablett oder Schale – sai = Baum).

Gleichzeitig bedeutet Bonsai die Kunst, Bäume in Miniaturform zu gestalten. Ein gutes Bonsai ist immer auch ein kleines Kunstwerk. Die Kunst des Bonsai besteht darin, die individuelle, charakteristische Wuchsform, die in einer Pflanze angelegt ist, herauszufinden und herauszuarbeiten.

Selten treffen wir in der Natur die ideale Wuchsform eines Baumes an. Selbst wenn man davon ausgeht, daß auch eine überragende Schönheit in ihren Proportionen irgendwelche Unebenheiten und Unvollkommenheiten aufweist, ist es schwer, einen Baum zu finden, bei dem Wurzeln, Stamm und Krone in ihrem Wuchs und in den Größenverhältnissen optimal entwickelt sind. Zu viele unkontrollierbare Faktoren, wie Bodenverhältnisse, Vererbung, Naturereignisse u.ä. sind im Spiel. Bäume von vollendetem Wuchs im Kleinstformat zu gestalten, ist das Ziel der Bonsaikunst. Kunst bedeutet immer: Steigerung, Konzentration, Formvollendung. Bei einem gelungenen Bonsai scheitern deshalb die Versuche, ihn völlig anders zu arrangieren.

Die Ausübung einer Kunst verlangt Disziplin und Einfühlungsvermögen. Das Material, die Pflanzen und die angestrebten Formen sind bei der Bonsaikunst vorgegeben. Darüber hinaus fordert die Bonsaikunst intensives Betrachten, geduldiges Warten, die Anwendung von erprobten Techniken und ein wenig Geschick im Umgang mit Pflanzen.

Ein Bonsai ist kein Baum im Blumentopf. Seine Formung stellt einen fortdauernden Prozeß dar, der nie endgültig zu einem Ende kommt. Bonsaikunst ist ein Zusammenspiel von natürlicher Entwicklung und künstlicher Einwirkung.

Die Gartenarchitektur, die gerade im Fernen Osten schon früh ein hohes künstlerisches Niveau erreicht hat, beweist, was für eine enge Beziehung zwischen Kunst und Gartenbau möglich ist.

Wer Bäume und Pflanzen mag, sollte sich Klarheit darüber verschaffen, ob er die Voraussetzungen mitbringt, und ob er die Bedingungen für eine erfolgreiche Kultivierung der kleinen Bäumchen schaffen kann.

---

[1] Der Artikel „das" Bonsai mag manchem Leser ungewohnt sein. Es wird damit der Vorschlag des neuen Duden, Rechtschreibung 1980 aufgenommen. Im folgenden Text bezeichnet „das" Bonsai die Bonsaikunst, das einzelne Bäumchen und das Arrangement mit mehreren Pflanzen. „Das" Bonsai entspricht dem englischen the bonsai. Im Japanischen wird bonsai ohne Artikel gebraucht.
Es muß sich erweisen, ob die Schreibung „das" Bonsai sich durchsetzt. Möglicherweise bildet sich eine Unterscheidung zwischen „das" Bonsai – die Kunst der Bonsaigestaltung und „der" Bonsai – der Bonsaibaum heraus.

Ein Blick in die Geschichte der Bonsaikultur

Die Anfänge der Bonsaikultur liegen im Dunkel geschichtlicher Vergangenheit verborgen. Die frühesten Hinweise auf die Kultivierung von Bäumen oder Landschaften in Pflanzgefäßen wurden in China gefunden. In der Provinz Shensi (Nordwest-China) entdeckte man im Grab des Prinzen Lee Shen von Chang Hwei (618–907) vor einigen Jahren Wandmalereien. Eine der Szenen stellt einen Diener und eine Dienerin dar, die beide in ehrfürchtiger Haltung Pflanzen in flachen, ovalen Schalen aus weißer Keramik tragen. Es wird vermutet, daß es sich um *Bonkeis* („Landschaft auf dem Tablett") handelt.

Vorbild für die chinesischen Bonkeis waren die Landschaftsgärten, die bereits um 500 v. Chr. angelegt wurden, und die auf verborgene religiöse Motive zurückgehen.

In der Epoche der *Tang-Dynastie* (618–907) war es in China üblich, im Innern und an den Außenwänden der Tempel sowie in den Studierstuben der Gebildeten neben Blumen und Bildern auch Bonkeis aufzustellen.

In einem Gedicht von Pon-chü-i (772–846) wird erwähnt, daß man ein „Bonkei" während der kalten Wintermonate in einen geschützten Raum brachte. Vermutlich waren es tropische Pflanzen, die man vor Kälte schützen mußte und aus diesem Grund in Gefäße pflanzte.

Während der *Sung-Dynastie* (961–1278) erlebte China eine wirtschaftliche und kulturelle Blüte wie nie zuvor. Die Bonkeis waren inzwischen so populär geworden, daß man sie auf dem Blumenmarkt zum Kauf anbot.

Wir wissen nicht, ob bereits während der Tang-Dynastie Bonkeis in Japan bekannt waren. Das wäre durchaus möglich; denn man schätzte die chinesische Kultur damals in allen ihren Erscheinungen sehr hoch ein und ahmte das meiste nach. Wahrscheinlich wurden spätestens während der *Heian-Zeit* (794–1192) in Japan kleine Bäume in Pflanzgefäßen kultiviert.

In den Annalen des Kasuga-Schreines werden im 12./13. Jahrhundert zum ersten Mal „Bonsais" erwähnt. Außerdem existiert eine Abbildung auf einer Bilderrolle des buddhistischen Priesters *Honen* aus derselben Zeit. Sie zeigt natürlich geformte Bäumchen in Schalen, die auf einem Bord stehen. Die Bilderrolle stellt jedoch Szenen des Lebens in der Heian-Epoche dar. Man kann daraus schließen, daß spätestens während dieser Zeit, vermutlich aber schon lange vorher, in Japan Bonsais kultiviert wurden.

1095 fand am kaiserlichen Hof von Heian-kyo (heute Kyoto) eine Pflanzenausstellung statt. Die

Eine Dienerin und ein Diener tragen in ehrfürchtiger Haltung ein Bonkei („Landschaft auf dem Tablett").
Wandmalerei im Grab des Lee Shen † 907 n. Chr., die vor einigen Jahren in Shensi (Nordwest-China) entdeckt wurde.

Ein Blick in die Geschichte

Eine Gärtnerin bietet Tempelbesuchern auf einem Jahrmarkt anläßlich des Neujahrfestes Bonsaibäume zum Kauf an. Farbholzschnitt von Kiyonaga Torii (1752–1815), der das Bonsai der Temnei-Periode (1781–1789) darstellt.

Höflinge zeigten im Palastgarten ihre Lieblingspflanzen. „Man schmückte die Eingangstreppe im vorderen Hofgarten mit Bäumen und blühenden Pflanzen, die in Holzkästen gepflanzt waren", heißt es in einer Quelle aus jener Zeit.

Die ausgestellten Pflanzen waren aber noch keine Bonsais nach heutiger Auffassung. Immerhin züchtete man bereits Bäume und Sträucher in Pflanzgefäßen.

Ein in der Mitte des 15. Jahrhunderts entstandenes *No-Spiel* (No ist das klassische Theaterspiel Japans) „*Hachi-no-ki*" („Pflanzen in einer Schale") beweist, wie weit damals die Bonsaikultur bereits entwickelt war. Dies ist der Inhalt des Theaterstücks: Ein Shogun (Militärregent) reiste in die Provinzen und wurde von einem Schneesturm überrascht. Er suchte Zuflucht bei einem Samurai. Weil er kein Brennholz mehr hatte, bot er dem Gast an, seine letzten Bonsaibäume, eine japanische Aprikose, einen Kirschbaum und eine Kiefer, die zusammen in *eine* Schale gepflanzt waren, zu opfern. Der Samurai erzählt, daß er früher Hunderte von Bäumchen besessen habe, als er noch in besseren Verhältnissen lebte. In der *Muromachi-Zeit* (1336–1573) war es üblich, Miniaturbäume in der *Tokonoma*, der Schmucknische des japanischen Hauses, aufzustellen.

Buchseite aus einem vor 150 Jahren erschienenen Werk über Bonsai.

Während der *Edo-Zeit* (1615–1868) waren Gärten und Topfpflanzen in Japan sehr beliebt. Man kannte in allen Volksschichten Miniaturbäume. Bonsais wurden häufig gemalt und in Gedichten beschrieben. Eine Zeitlang war es Mode, bizarr geformte Bäumchen als gute Bonsais anzusehen und zu sammeln.

Am Anfang des 18. Jahrhunderts begann man wegen des steigenden Bedarfs mit der Produktion von Bonsaischalen im Inland.

Die zeitweise vorherrschende Beziehung der Bonsaikultur zur Religion ging allmählich verloren.

Ende des 19. Jahrhunderts entstand ein neuer Bonsaistil, bunjingi oder Literatenform genannt, weil sie von Literaten und Gebildeten bevorzugt wurde. Vorbild und Anregung fand man in der chinesischen Naturmalerei. Der Literatenstil war im

Bonsaiausstellung – „Expo 70". Die Miniaturbäume sind in doppelten Reihen im Freien aufgestellt. Die Tische wurden zum Schutz der Pflanzen teilweise überdacht. Die Bäumchen stehen auf kleinen Podesten von unterschiedlicher Höhe.

übrigen eine allgemeine Erscheinung im japanischen Kulturleben. Er hatte eine ähnliche Breitenwirkung wie etwa der Jugendstil in Deutschland. Zur gleichen Zeit bildete sich der Beruf des Bonsaigärtners heraus, der gesellschaftlich voll anerkannt war. Die Bonsaigärtner pflegten einen regen Gedanken- und Erfahrungsaustausch mit den Liebhabern der Bonsaikunst. Obwohl allgemein bekannt, war die Bonsaikultur damals immer noch eine Sache der Gebildeten.

Mit der Etablierung des Berufes wurden auch die Theorie der Bonsaikultur mit ihren Grundsätzen der Gestaltung und der Aufteilung in zahlreiche Bonsaistile sowie die modernen Formungstechniken entwickelt. Vor ungefähr 80 Jahren erschienen in Japan die ersten Bücher über die Bonsaikultur. Außerdem wurden Richtlinien für eine Ausbildung zum Bonsaimeister geschaffen.

1914 wurde die erste japanische Bonsaiausstellung in Tokio veranstaltet. Seit 1934 findet im Kunstmuseum in Tokio jährlich eine Ausstellung statt, bei der die kreative Bonsaigestaltung im Mittelpunkt des Interesses steht. Um die gleiche Zeit begann man, das Wissen über das Bonsai und die verschiedenen Formungstechniken in Kursen weiter zu vermitteln.

Haniwa-Tonfiguren, die in der Kofun-Periode (300–552 n. Chr.) als Schmuck der Grabhügel dienten. Die frühe Keramik Japans weist eine auffallende Ähnlichkeit mit der Töpferkunst des alten Amerika auf.

Die Bonsaikultur und die Kulturgeschichte Japans

Auf dem gleichen Grund
wurzeln gleiche Bäume fest,
heut wie ehedem,
gleiche Blätter, gleicher Wind,
gleiches Rauschen, gleiches Lied.
  Onoe Shibafune

übertragen von Gerolf Coudenhove

So sehr die Bonsaikunst den Europäer auch faszinieren mag, sie ist uns zunächst einmal fremd. Wenn wir aber versuchen, das Denken, die Lebenshaltung und die Kunst Japans ein wenig besser kennenzulernen, können wir auch die Kunst des Bonsai besser verstehen.
Im folgenden werden einige ausgewählte Elemente der japanischen Kultur und Kulturgeschichte dargestellt, die eine Beziehung zur Bonsaikultur haben. Eine umfassende Darstellung würde den Rahmen dieses Buches sprengen. Vieles kann nur angedeutet werden. Das Kapitel will zu weiterer Vertiefung anregen. Weiterführende Veröffentlichungen sind im Literaturverzeichnis angegeben.

Die Kaiserliche Villa Katsura in Tokio. Ein Beispiel für die Harmonie von Natur und Wohnbereich. Man kennt in Japan nur ein Schriftzeichen für Garten und Haus.

Bonsaigärtnerei in parkähnlicher Umgebung. Elemente der japanischen Gartenarchitektur wie Flächen von weißem Sand, Steinwege, Steinlaternen u. ä. bilden den äußeren Rahmen für die hervorragende Ausstellung der Miniaturbäume.

Die Anfänge der japanischen Geschichte

Die ersten Bewohner der japanischen Inseln wanderten im vierten Jahrtausend vor unserer Zeitrechnung aus Nordostasien ein. Diese Steinzeitmenschen werden nach den Ornamenten ihrer Keramik *Jomon* genannt. Die Töpferware der Jomon, die bei niedrigen Temperaturen, d.h. praktisch am offenen Feuer gebrannt wurde, weist eine große Ähnlichkeit mit derjenigen der Inkas auf. Die einfache Schönheit der ältesten japanischen Keramik wurde erst sehr viel später in der Zenkultur wieder erreicht. Die schlichten Formen der Bonsaischalen sind von der Zenkunst beeinflußt.

Im 5. Jahrhundert vor unserer Zeitrechnung folgten die *Yayoi* nach. Sie erhielten ihren Namen vom Ort, an dem die frühesten Funde gemacht wurden, die ihre Existenz nachweisen. Die Yayoi stammen möglicherweise aus Südchina. Sie gelten als die eigentlichen Vorfahren der Japaner.

Die Yayoi kannten noch keine Schrift. Sie bauten Reis an und verehrten die Götter der Wälder und Felder. Die Achtung vor der Natur und das Gefühl der Zusammengehörigkeit der Sippe waren Grundhaltungen, die Leben und Handeln der Menschen bestimmten. Nichts in der Natur wurde als schlecht oder böse angesehen. Als einziges schlimmes Vergehen galt das Zerstören der Einheit zwischen Mensch und Natur. Man sah in der Natur keine feindliche Macht, die bekämpft werden muß, sondern paßte sich ihr an.

Die offene und dankbare Haltung gegenüber der Natur blieb bis in unsere Tage erhalten. Die japanische Schrift hat zum Beispiel nur *ein* Schriftzeichen für Haus und Garten. Das traditionelle japanische Haus wird als eine Ausweitung des Gartens verstanden – nicht umgekehrt. Das herkömmliche Haus wird im Winter nicht geheizt, obwohl es zu dieser Jahreszeit bitterkalt werden kann. Die Bewohner ertragen die Kälte, indem sie sich abhärten.

In China begann man zur Zeit des Yayoi kunstvolle Gärten anzulegen. Die frühe chinesische Gartenkunst übte einen Einfluß auf die japanische Gartenarchitektur und auf die Bonsaikultur aus.

Die Heian-Epoche (794–1192)

Während der *Heian-Epoche* entstand die erste japanische Hochkultur. Die berühmte Kalligraphie wurde entwickelt. Die Schriften dieser Blütezeit der japanischen Literatur wurden fast ausschließlich von Frauen verfaßt. Der Geschmack wurde auf eine Weise verfeinert, die uns heute fast übertrieben vorkommt.

Den feinen Geschmack und den Sinn für Farben, Materialien und schöne Dinge haben sich die Japaner bewahrt. Die Treffsicherheit, mit der ein Bonsaimeister die in Form, Farbe und Dekor passenden Pflanzgefäße für seine Bonsais auswählt, ist beeindruckend.

Schönheit wurde in der Heian-Epoche um so faszinierender empfunden, je unausweichlicher sie vergehen muß. Die angenehme Empfindung beim Betrachten vergänglicher Schönheit nannte man *Aware*. Symbol für die Vergänglichkeit des Schönen wurde die Blüte des Kirschbaums, die noch heute ein Nationalsymbol Japans ist.

„O Kirschbaum, wie gleichst du doch der unbeständigen Welt.

Gestern noch in voller Blüte, bist du heute schon verwelkt", heißt es in einem Gedicht von Kokinshu (905 n. Chr.) (Hoover 1978, S. 35).

In der Bonsaikultur wird Aware im Rhythmus der Jahreszeiten erlebt, beim Erwachen neuen Lebens und in seinem Absterben.

Yoin ist ein anderer Begriff, mit dem man seine Empfindungen ausdrückt. Yoin könnte man mit Nachhall oder Nachklang übersetzen. Der Japaner bezeichnet mit Yoin ein Erleben, das wir viel ungenauer und allgemeiner eine schöne Erinnerung nennen. Wenn einer der riesengroßen Gongs in einem buddhistischen Tempel angeschlagen wird, klingt er weiter, nachdem der Schlag längst aufgehört hat. Das ist ein akustisches Bild für das unvergeßliche Erleben beim Anblick eines schönen Baumes etwa, der tief in eine Schlucht herabhängt, und von dem der Kaskadenbonsai ein „Nachklang" ist.

Die japanische Sprache kennt Bezeichnungen für Gefühle, die zwar wahrgenommen werden können, aber unbeschreiblich sind. In der Differenziertheit der Gefühle und ihrer Äußerungen ist eine Grundeinstellung erkennbar, die den Bereich des Gefühls höher bewertet als den des Intellekts. Die Kultivierung der Gefühle und des Geschmacks ist dem Japaner überaus wichtig.

Die Muromachi-Zeit (1336–1573)

In der *Muromachi-Zeit* erlebte Japan eine kulturelle Blütezeit, die ganz vom Geist des *Zen* geprägt war.

Zen ist eine japanische Form des Buddhismus, die Meditation und innere Unabhängigkeit als Grundelemente der Lebensbewältigung betrachtet. Zen wurde in der Muromachi-Zeit nicht nur zur allgemeinen Lebenshaltung, sondern prägte auch entscheidend den literarischen Stil. Zen beeinflußte die Landschaftsgärtnerei, das Ikebana, die Bonsaikunst, die Architektur und das Alltagsleben bis hin zur Teezeremonie und Kochkunst.

Einflüsse des Zen auf die Bonsaikunst

Die Kunst des Bonsai besteht darin, die Individualität eines bestimmten Baumes zu entdecken und zur Entfaltung zu bringen. Ein japanischer Bonsaimeister läßt sich in manchen Fällen bis zu fünf Jahren Zeit, um herauszufinden, was in einer Pflanze angelegt ist und sich aus ihr entwickeln kann. Die ästhetischen Gesichtspunkte, die bei der Bonsaigestaltung eine Rolle spielen, sind weitgehend die gleichen wie die der Zenkunst. Charakteristisch für die Kunst des Zen ist die Asymmetrie, die Beherrschung der Gestaltungstechniken, die Verdeutlichung der Einfachheit und die Natürlichkeit.

Eines der auffallendsten Merkmale der Zenkunst ist die *Asymmetrie*. Wir suchen auch in der Bonsaikunst vergeblich nach Symmetrie, nach geraden Zahlen. Wir stellen fest, daß ein Bonsai fast nie in die Mitte der Schale gepflanzt ist. Verspüren wir nicht den Wunsch, die schiefe Angelegenheit zurechtzurücken?

Die Zenkünstler beabsichtigen diese Wirkung. Sie vermeiden die symmetrische und geschlossene Form. Die asymmetrische Anordnung der Gestaltungselemente soll den Betrachter provozieren und seine Phantasie anregen. Er wird geradezu gezwungen, am schöpferischen Prozeß teilzunehmen und die Gedanken des Künstlers mitzuvollziehen. Die Asymmetrie als künstlerisches Ausdrucksmittel steht nicht im Widerspruch zur Ausgeglichenheit. Bei einem Bonsai können einem großen Ast auf der einen Seite des Baumes zwei kleinere auf der gegenüberliegenden Seite entsprechen.

Die japanischen Bonsaimeister vergleichen ihre Kunst und deren *Technik* mit der von Bildhauern und anderen gestaltenden Künstlern. Die Ausbildung eines Bonsaimeisters dauert entsprechend lange. Sie wird gewöhnlich im Alter von 18 Jahren begonnen und nach fünf bis acht Jahren abgeschlossen.

Eine klassische Zenanekdote mag illustrieren, worum es bei einer solchen Ausbildung geht:

Ein junger Mann suchte einen berühmten Schwertmeister auf, um sein Schüler zu werden.
Am Ende der ersten Unterredung wollte er wissen, wie lange die Ausbildung dauere. Er erhielt zur Antwort: „Mindestens zehn Jahre".
Entsetzt bot der junge Mann an, Tag und Nacht hart zu arbeiten, dann würde es doch sicher rascher gehen.
„In diesem Fall", sagte der Meister, „wird es wahrscheinlich dreißig Jahre dauern."
Da bot der junge Mann das Äußerste: er wolle all seine Kraft und jeden Augenblick dem Studium des Schwertes widmen. „Dann dauert es siebzig Jahre", war die Antwort.
In den ersten drei Jahren bekam der Schüler kein Schwert zu sehen, sondern mußte Reis schälen und meditieren. Eines Tages aber schlich sich der Meister von hinten an seinen Schüler heran und versetzte ihm einen heftigen Schlag mit einem Holzschwert. Die Angriffe wurden alle Tage wiederholt, wann immer der Junge den Rücken kehrte.
Die Sinne des jungen Mannes schärften sich allmählich, bis er jeden Augenblick auf der Hut war und sich jedesmal instinktiv wegduckte, wenn ein Schlag drohte.
Als der Meister sah, daß der Körper seines Schülers wach war, begann die eigentliche Schulung. (Hoover 1978, S. 74).

Abgesehen von der Dramatik dieser Erzählung und dem Fach gibt es doch viele Parallelen zur lange dauernden Ausbildung in der Bonsaikunst. Die angehenden Bonsaimeister üben jahrelang die Grundtechniken des Gestaltens von Miniaturbäumen. Und was ist das Ergebnis?

Wenn man einem Bonsaimeister zuschaut, wie er einen Baum formt, überrascht die Schnelligkeit und Sicherheit, mit der er arbeitet. Scheinbar ohne Überlegung werden Äste und Zweige entfernt und andere korrigiert. Man gewinnt den Eindruck, daß der Meister sich von seiner Intuition leiten läßt. Am Ende der Gestaltungsarbeit stehen wir vor einem kleinen Kunstwerk, bei dem wie bei einer Bachschen Fuge alles seine Richtigkeit hat.

Intuitives Erkennen des Wesens einer Sache ist eines der Prinzipien des Zen. Die Technik der Zen-

Wacholder (*Juniperus chinensis*) – gedrehter Stamm, Höhe: 73 cm. Die helmartige, tief herabreichende Baumkrone gewährt einen Blick auf den gebogenen und in sich gedrehten Stamm, der fast völlig frei ist von Rinde. Der Wacholder, der auch in der Natur ein ähnliches Aussehen annimmt, eignet sich besonders für diese Art von Gestaltung.
Das neutrale helle Grau der einfachen, mittelhohen Schale mit ihren abgerundeten Ecken lenkt bei der Betrachtung nicht von der interessanten Gestalt des Bonsaibaumes ab.

künste muß so vollkommen beherrscht werden, daß sie scheinbar vergessen wird, und die Eingriffe völlig spontan erfolgen.

Ein weiteres Merkmal der Zenkunst ist die *Verdeutlichung*. Die Pädagogik der Zenlehre fordert Disziplin und Beschränkung. Diese Grundsätze haben auch im Bereich der Kunst Geltung.

Shibui heißt der japanische Begriff, der die Selbstbeschränkung am besten umschreibt. Shibui kann mit „zusammenziehend" übersetzt werden. Gemeint ist die Empfindung, die wir haben, wenn wir in eine saure Frucht beißen. In der Kunst bedeutet Shibui: Vermeidung alles Unwesentlichen, Nüchternheit, Konzentration auf das Eigentliche, das aber oft nur angedeutet wird.

Die vom Zen beeinflußten japanischen Gärten sind ein Beispiel für Shibui. Ursprünglich waren die Landschaftsgärten ausschließlich für die Meditation und die Schulung des Geistes bestimmt. Dies erklärt, warum sie nicht heiter und vielfarbig sind, sondern nüchterne Kompositionen aus Felsen, Sand, Wasser und Nadelgehölzen. Wir vermissen die Blumen. Aber die würden ablenken und die Proportionen stören. Weite Flächen sind nur mit Sand bedeckt. Die Felsenfindlinge sind nicht künstlich bearbeitet. Im Hintergrund gepflanzte Miniaturbäume erwecken den Eindruck größerer Entfernung und Tiefe.

Vom Zen geprägte japanische Gärten sind eine Abstraktion der natürlichen Landschaft. Durch die Konzentration auf das Wesentliche wird die Wirkung auf den Betrachter gesteigert und die Aussage der Landschaftsgemälde aus natürlichem Material verdeutlicht.

Erweckt das Landschaftsbonsai (Saikei), eine Felsenpflanzung zum Beispiel, nicht den Eindruck der Verdichtung und Verdeutlichung einer freien Landschaft? Gibt nicht ein Bonsai das Charakteristische eines windgepeitschten Baumes oben in den Bergen in fast überdeutlicher Weise wieder? Wecken die Miniaturbäume in uns nicht ein tieferes Verständnis für das Wesen eines Baumes?

Eine andere Eigenschaft der Zenkunst ist die *Einfachheit*. Die Kunst des Zen erscheint nie überladen oder verschnörkelt. Sie wirkt echt und ist bis ins letzte ausgearbeitet. Deshalb kann die Zenkunst als modern gelten. Auf jeden Fall überzeugt sie.

Die Bonsaigestaltung hat die gleichen Ziele: Ein Bonsai will nichts anderes darstellen als das, was es ist. Es hat eine Wuchsform, wie sie uns von der freien Natur her vertraut ist. Die Pflanzgefäße der Miniaturbäume sind einfach, fast karg. Höchstens eine dezente Farbglasur oder ein einfaches schmückendes Ornament sind gebräuchlich. Gerade diese Schlichtheit macht das Bonsai so bezaubernd schön.

Wabi nennt man in Japan die Einfachheit. Einer handgefertigten Keramikschale Wabi verleihen ist viel schwieriger als eine symmetrische, glatte und perfekt glasierte Schale herzustellen. Die Technik des „kontrollierten Zufalls" läßt den Eindruck von Kunstlosigkeit entstehen. So eine Schale hat dann eine rauhe, rissige Oberfläche, die von Klumpen und Kratzern durchsetzt ist.

Das scheinbar Zufällige und Kunstlose wird gleichzeitig als *Natürlichkeit* empfunden. Zenkunst erscheint immer als spontan und beabsichtigt keine künstlichen Effekte.

Das Altern des Materials zum Beispiel wird in die künstlerische Gestaltung mit einbezogen. Die Stützbalken eines japanischen Hauses sind mit größter Sorgfalt zusammengefügt. Man läßt das Holz unpoliert, damit es natürlich altern kann. Auch bei uns in Europa schätzt man Antiquitäten. Dennoch gibt es einen bedeutenden Unterschied: Der Japaner würde ein antikes Stück nie restaurieren. Für ihn ist das durch vielen Gebrauch alt Gewordene und Abgenutzte schön. Die Dinge, die in langen Jahren gereift sind und sich vollendet haben, werden als *Sabi* bezeichnet. Sabi ist der Charakter, der alten Dingen eigen ist, und die Ruhe und Würde, die sie ausstrahlen.

Ein gutes Bonsai wirkt alt und natürlich zugleich. Es besitzt Charakter und gleicht den wettergegerbten Baumveteranen im Hochgebirge, die manche Stürme erlebt haben, und denen der Lebenskampf die Prägung gab. Ist ein alter verwitterter Baum nicht schöner als ein junges Bäumchen, das noch keine ausgeprägte Gestalt aufweist?

Japanische Lärche (*Larix kaempferi*) – Halbkaskade, Höhe: 41 cm, Breite: 85 cm. Das Bonsai, das aus einem Findling geformt ist, kann am ehesten den geneigten Stilen (Halbkaskade) zugerechnet werden. Die Stellen gebleichten Holzes (jin) heben die Prägung des Baumes durch Wind und Wetter hervor.

Die tiefe, dunkelgraue rechteckige Schale, über deren gesamte Länge sich der Stamm flachliegend erstreckt, trägt an der Frontseite eine ornamentale Vertiefung. Die Füße sind in den Gesamtkörper des Pflanzgefäßes einbezogen und setzen seine Wölbung in der Gegenrichtung fort.

Die Edo-Epoche und das 20. Jahrhundert – Zusammenfassung

In der *Edo-Epoche* (1615–1868) und während des 19. und 20. Jahrhunderts kamen die genannten Einflüsse der japanischen Kultur auf die Bonsaikunst voll zur Wirkung. Sie wurden lediglich durch einige Modeerscheinungen modifiziert. Gleichzeitig bildeten sich die heute geltenden Grundregeln der Bonsaigestaltung heraus, die in zunehmendem Maße systematisiert wurden.

Die angeführten Beispiele lassen die enge Beziehung zwischen japanischer Kulturgeschichte und Bonsaikunst erkennen. Die ausführliche Darstellung der Zenkultur kann mit ihrem großen Einfluß auf die Kultur Japans und mit der entscheidenden Prägung, die sie der Bonsaikunst gegeben hat, begründet werden.

Es bleibt die Frage, welchen Platz das Bonsai in der europäischen Kultur einnehmen kann.

Kamelie (*Camellia species*) – Besenform, Höhe: 80 cm. Die Baumkrone der mit zahlreichen Blütenknospen besetzten Kamelie ist durchsichtig und luftig. Der Stamm teilt sich in der Mitte in zwei Hauptäste. Die Wurzeln bilden eine ausreichend breite Basis für den Stamm und gehen in ein dickes, erhöhtes Moospolster über, das die Erdoberfläche bedeckt. Die dunkelblau glasierte Schale ist extrem flach. Die Kamelie ist zimmertauglich. Sie stellt jedoch besondere Ansprüche an die Pflege (siehe S. 132).

Die Kulturgeschichte des Baumes in Europa und die Bonsaikultur

Ein Europäer wird ein Bonsai wahrscheinlich immer mit anderen Augen sehen als ein Mensch, der im fernöstlichen Kulturbereich beheimatet ist. Unsere kulturelle Erziehung ist eine andere. Wir erleben deshalb die Natur anders, und wir haben ein anderes Verhältnis zum Baum. Bei uns wurde zum Beispiel eine Wissenschaft vom Baum entwickelt. Seit 1892 gibt es die „Deutsche Dendrologische Gesellschaft". Psychologen wenden den „Baumtest" an. Architekten und Städteplaner beziehen in neuester Zeit den Baum in ihre Bauplanungen ein.

Im Westen hatte der Baum neben seinem Nutzwert schon immer eine symbolische Bedeutung. Der Baum, älter als die Menschheit, gehört zusammen mit dem Stein zu den Ursymbolen. Die Menschen erlebten an den Bäumen das jährliche Erwachen und das Absterben der Natur. Der Lebensbaum wurde zum Sinnbild allen Lebens. Man verehrte Götter in den Bäumen, kannte heilige Haine und glaubte an Baumorakel. In Skandinavien verehrte man einen Schutzbaum der Gemeinden, dem Opfergaben gespendet wurden. Möglicherweise besteht ein Zusammenhang zwischen diesem Brauch und unserer Dorflinde.

Was für unterschiedliche Bedeutungen ein bestimmter Baum im Laufe der Geschichte für die Menschen haben kann, zeigt das Beispiel der Myrte. Im Altertum symbolisierte die Myrte in den Ländern des Mittleren Ostens Frieden. Die griechische Mythologie stellt die Göttin Venus dar, wie sie mit einem Myrtenzweig in der Hand aus dem Meer steigt. Aus dem Krieg heimkehrende römische Generale trugen einen Myrtenkranz. Die Römer schmückten die Tempel mit Girlanden aus Myrten und parfümierten mit ihrem Duft die Hallen, in denen sie ihre Feste feierten. Im 17. und 18. Jahrhundert gab es in England kaum eine Lady, die kein Myrtenbäumchen besaß. Myrtenzweige

Myrte (Myrtis communis) als Topfpflanze kultiviert. Die Myrte eignet sich vorzüglich zum Bonsai für die Wohnung.

Bäume im Garten des Barockschlosses Ludwigsburg. Die Eiben (Taxus cuspidata) werden heute noch in der traditionellen Form des 18. Jahrhunderts geschnitten.

Buchshecke (Buxus microphylla) zu geometrischen Figuren der barocken Gartenarchitektur geformt.

wurden in großen Bündeln auf den Marktplätzen verkauft. Man schmückte damit die Mäntel und parfümierte die Schlafräume. In unseren Tagen werden noch häufig Myrtensträuße und Myrtenkränze als Brautschmuck verwendet. Und in Amerika hat man kürzlich die Myrte als Bonsai für die Wohnung wiederentdeckt.

Jedes größere Lexikon der darstellenden Kunst gibt Auskunft darüber, wie sehr sich die Bedeutung des Baumes im Verlauf der verschiedenen Epochen der Kunst- und Kulturgeschichte gewandelt hat. Bäume wurden in Stein gehauen, gemalt, beschrieben und besungen.

Man verehrte den Baum als Sinnbild und Gleichnis für etwas, das über seine sichtbare Gestalt hinausgeht. Man verwendete seine Wuchsform und seine Blätter als Ornament. Man entdeckte seine Schönheit und schätzte seinen praktischen Nutzen.

Auch in Europa fehlt es nicht an Versuchen, das Wachstum von Bäumen durch künstliche Techniken zu beeinflussen. Sie reichen von den geometrischen Figuren der Bäume in Barockgärten bis hin zu den zweckmäßigen Formen des Spalierobstes. Miniaturbäume in Pflanzschalen wurden jedoch bei uns bislang noch nicht gezüchtet.

Die Entdeckung und Schöpfung des Bonsai, der Kunst, Bäume in Gefäßen zu kultivieren, blieb dem Fernen Osten vorbehalten.

Die europäische Kulturgeschichte des Baumes beweist jedoch, daß man bei uns schon immer eine Beziehung zum Baum hatte. Die Beschäftigung mit der Bonsaikunst ist eine Möglichkeit, diese Beziehung neu zu entdecken.

Aber auch ohne Kenntnis seines geistig-kulturellen Hintergrundes können wir das Bonsai einfach erleben: Die Anzucht von Jungpflanzen für die Bonsaikultur, das Sammeln von Findlingen in der freien Natur, die Pflege der kleinen Bäume, die uns zugleich einen Bereich der Ruhe und Stille bietet zum Schöpfen neuer Kräfte. Wir freuen uns über das zarte, lichte Grün des Austriebs im Frühling, über das Rascheln der Blätter im Sommerwind und über die leuchtenden Farben des Herbstes. Es ist möglich, daß in Europa ein ganz anderer Typ von Miniaturbäumen entwickelt wird, der sich vom klassischen japanischen Bonsai deutlich unterscheidet und mehr die Wuchsform unserer Bäume zum Vorbild hat.

Wo am Straßenrand
der uralte Weidenbaum
seinen Schatten wirft,
und der Bach vorüberrauscht,
stand ich lange, lange still –
  Saigyo

übertragen von Gerolf Coudenhove

Trauerweide (*Salix alba 'Tristis'*) kurz vor dem Austrieb. Der Stamm ist in einer Weise gekrümmt, daß wir bei einem Bonsai von einer frei aufrechten Form sprechen würden.

200jährige Amerikanische Roteiche (*Quercus rubra*) mit weit aufgefächerter Baumkrone.

Woran erkennt man ein gutes Bonsai?

Ein Bonsai ist ein gesunder, kräftiger Baum, der in einem Pflanzgefäß kultiviert wird. Es ist die Miniaturform eines Baumes in der freien Natur. Es ist keine künstliche Reproduktion, obwohl künstliche Methoden zu seiner Formung angewendet werden. Ein gutes Bonsai ist immer ein Original. Es ist einmalig und unverwechselbar. Ein japanischer Bonsaigärtner kennt die Lebensgeschichte seiner Bäume von den Anfängen bis in die Gegenwart. Es ist die Schönheit der gesamten Gestalt des Baumes, die den Betrachter anspricht und fasziniert.

Bei einem guten Bonsai bilden das Pflanzgefäß, die Wurzeln, der Stamm und die Krone eine Harmonie.

Das *Pflanzgefäß* paßt in seiner Größe, Form und Farbe zum Wuchs und zur Art des Baumes. Worauf es bei der Wahl der Bonsaischalen im einzelnen ankommt, wird im Kapitel über die Pflanzgefäße (S. 57) dargestellt.

Die *Wurzeln* bilden, soweit sie sichtbar sind, einen natürlichen Übergang von der Erdoberfläche zum Stamm. Sie besitzen eine gute Struktur, sind kräftig und wachsen nach allen Richtungen. Die Wurzeln überkreuzen sich nicht. Sie haben die richtige Proportion zur Gesamtgestalt des Baumes. Gleichzeitig erwecken sie den Eindruck von Festigkeit und Sicherheit, denn auf ihnen ruht der ganze Baum. Die einzelnen Wurzeln sind verschieden stark. Sie befinden sich in unterschiedlichem Abstand voneinander und haben die richtige Länge. Wie lang die Wurzeln sein müssen, hängt von der Bonsaiform ab. Bei der Felsenform zum Beispiel können die Wurzeln sehr lang sein, wenn sie einen Stein umklammern.

Der *Stamm* bildet die Mitte eines Baumes. Er ist das Kernstück eines Bonsai. Auf den Stamm und auf die Krone fällt unser Blick zuerst. Der Stamm eines guten Bonsai ist von einer Stärke und Länge, die der Gesamtgestalt des Baumes entspricht. Er verjüngt sich zur Spitze hin. Die Form des Stam-

Ein Beispiel für gut entwickelte Wurzeln

Der Stamm geht über in kräftige Wurzeln, die nach verschiedenen Richtungen hin in den Boden greifen.

1 Der Stamm ist das Kernstück und die Mitte eines Bonsai. Er harmoniert in Stärke und Länge mit der Gesamtgestalt des Baumes. Der Stamm verjüngt sich zur Spitze hin.
2 Die Biegungen des Stammes krümmen sich zur Seite hin und nach hinten.

mes sollte zum Stil des Bonsai passen. Biegungen dürfen nicht unnatürlich wirken und sich nicht zur Vorderseite hin krümmen, sondern nur zur Seite und nach hinten. Grundsätzlich wird bei der Gestaltung des Stammes alles vermieden, was übertrieben und unecht erscheint. Das untere Drittel eines Bonsaistammes sollte gut sichtbar sein. Im Bereich der Krone kann er teilweise durch kleine Zweige verdeckt werden.

Die Rinde des Baumstammes ist oft rissig und wirkt alt wie bei einem Baumveteranen. Tote und ausgebleichte Stellen werden genutzt bzw. künstlich erzeugt (s. S. 72), um den Baum älter erscheinen zu lassen. Manche erfahrene Bonsaifreunde verwenden zum Entfernen von Ästen keine Werkzeuge. Sie werden in einer Drehbewegung abgerissen, so daß die Bruchstellen aufsplittern. Das Bonsai erhält dadurch das Aussehen, als hätten Sturm und Wetter auf es eingewirkt.

Den Wuchs der *Äste* überläßt man beim Bonsai nicht dem Zufall. Die verhältnismäßig wenigen Äste sind in einer ganz bestimmten Weise angeordnet. Ihre Verteilung, Stärke und Länge wird genau kontrolliert. Beim klassischen Bonsai weisen die Hauptäste nach links, nach rechts und nach hinten. Nach vorn wachsen allenfalls kleine Äste, die dekorativ aussehen. Der Abstand zwischen den Ästen variiert. Zur Baumspitze hin verringert sich die Distanz zwischen den Ästen und ihre Größe. Die unteren Äste setzen ungefähr am unteren Drittel des Stammes an. Kein Ast darf auf gleicher Höhe mit einem anderen wachsen oder einen anderen überkreuzen. Äste, die zu dicht beieinander stehen, werden als störend empfunden. Zu dicke und zu stark gekrümmte Äste entfernt oder korrigiert man.

Im allgemeinen wachsen die Äste eines jungen Baumes aufwärts, die eines alten Baumes hängen tief herab. Ein Bonsai soll alt wirken, deshalb wendet man bewährte Techniken (s. S. 64–69) an, um die Äste nach unten zu biegen und dadurch ihre Wuchsrichtung zu ändern.

Die Unterseite eines Bonsaiastes ist immer frei von Zweigen und Blättern, so daß man seine Struktur und die Form seines Wuchses klar erkennen kann. Wie bei jedem Baum sollten sich die Äste gegen das Ende hin verjüngen.

Betrachtet man ein gut gestaltetes Bonsai von oben, weisen alle Äste in eine andere Richtung, d.h. kein Ast befindet sich direkt über einem anderen. Die Äste sind von verschiedener Länge und Stärke.

Jedes Bonsai hat eine *Vorder-* und *Rückseite*. Die Vorderseite ist die dem Betrachter zugewandte

1 Die rissige Rinde einer Hainbuche (Carpinus laxiflora).
2 Die abblätternde Rinde gibt dem Stamm des Dreispitzahorn (Acer buergerianum) ein natürliches altes Aussehen.

Seite. Sie läßt die Struktur des Stammes und der Äste gut erkennen. Die Vorderseite ist immer auch die schönste Seite der Pflanze. Die Äste, die seitwärts und nach hinten wachsen, erwecken den Eindruck von Fülle und Tiefe. Selbstverständlich will auch die Rückseite eines Bonsai sorgfältig gestaltet sein.

Die Gesamtgestalt eines Bonsai wirkt ausgeglichen, aber nicht symmetrisch. Bei einem gebogenen Stamm etwa befindet sich der Astansatz an der Außenseite der Krümmung. Oder einem großen gewichtigen Ast entsprechen auf der Gegenseite zwei kleinere Äste.

Alle *Zweige* eines Bonsai wachsen nach oben und gleichzeitig nach außen. Sie dürfen nicht zu dicht und nicht zu locker stehen. Alle Zweige sollten möglichst die gleiche Länge haben. Die Zweige ergänzen die Struktur des Astes, indem sie eine klare, leicht gebogene Umrißlinie bilden.

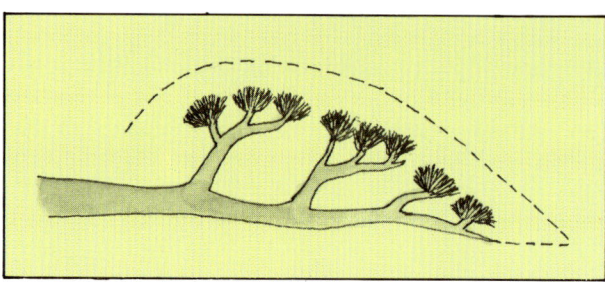

Die *Blätter* eines guten Bonsai haben die richtige Größe im Verhältnis zur übrigen Gestalt des Baumes. Das ideale Blattwerk ist klein, kompakt und wächst in dichten Büscheln, die dennoch luftig und durchsichtig erscheinen. Die Blätter sehen gesund und vital aus und haben eine intensive Färbung. Dünnes, spärliches, schwach gefärbtes Laub erweckt den Eindruck von Vernachlässigung oder Schwäche.

Die Größe der Blätter kann durch Eingriffe wie Formschnitt und Blattschnitt (s. S. 60–63) beeinflußt werden. Bei den *Blüten* und *Früchten* ist dies jedoch nicht möglich. Man sollte sich deshalb für Pflanzenarten entscheiden, die wegen ihrer kleinen Blüten und Früchte für die Bonsaikultur besonders gut geeignet sind. Zu große bzw. zu zahlreiche Blüten oder Früchte werden entfernt, um die Proportionen zu wahren.

Bei einem guten Bonsai ist die Grundgestalt herausgearbeitet. Spuren der Korrektur, Schnittwunden etwa, sind verheilt. Künftige Eingriffe dienen nur noch der Ergänzung und Vervollkommnung. Die genannten Kriterien für ein gutes Bonsai können helfen, wenn es darum geht, ein Bonsai zu beurteilen oder zu gestalten. Sie gelten auch für Gruppen- und Felsenpflanzungen, bei denen es zusätzlich noch auf eine gelungene Anordnung der verschiedenen Elemente ankommt (vgl. S. 76–88). Die beste Schulung für ein sicheres Urteilsvermögen ist die Beschäftigung mit der Bonsaikultur in Theorie und Praxis. Das Sammeln und Betrachten von Fotos gelungener Beispiele der Bonsaikunst, sowie der Besuch von Bonsaiausstellungen sind ebenfalls anregend.

Jedes Bonsai hat eine Vorder- und Rückseite. Die dem Betrachter zugewandte Seite läßt die Struktur des Stammes und der Äste gut erkennen. Sie ist weitgehend frei von Zweigen, die die Sicht auf Stamm und Äste verdecken.
Die rechte Seite auf dem Foto ist die Rückseite des Bonsai. Die gut geformten Äste und Zweige geben der Pflanze Fülle und Tiefe.

Schwarzkiefer (*Pinus thunbergii*) – Wurzelstamm, Höhe: 67 cm. Stelzwurzeln sind bei Kiefern ein ungewohntes Bild. Dennoch wirken sie an diesem Bonsai nicht unnatürlich. Die verschiedenen Wurzeln treffen sich etwa in der Mitte des Stammes. Dort setzen auch die Äste an. Die Baumkrone ist durchsichtig. Sie entspricht damit den Wurzeln, die ebenfalls viel Luft haben.
Die unglasierte, dunkelbraune, gewölbte Schale, die mit zwei Knopfringen verziert ist, und der passend gewählte Tisch runden das günstige Gesamtbild ab.

Bonsaiformen

Japanische Bonsaispezialisten haben in den letzten hundert Jahren einige klassische Bonsaiformen entwickelt, die alle eine verfeinerte Version von Baumtypen in der freien Natur sind. Die Wuchsform eines Baumes ist vererbt und gleichzeitig durch Umwelteinflüsse geprägt.

Ein Bonsaifreund wird seine Pflanzen immer wieder betrachten, um herauszufinden, welche Gestalt in ihnen steckt. Oft gibt es mehrere Möglichkeiten der Formgebung. Schließlich wird er sich für die Form entscheiden, die sowohl dem Wuchs der Pflanze als auch seiner Vorstellung am meisten entspricht.

Nach traditioneller japanischer Auffassung weist die Baumkrone eines Bonsai ähnlich wie ein Blumengesteck des Ikebana immer drei Punkte auf. Der unterste symbolisiert die Erde, der mittlere den Menschen und die Spitze den Himmel. Verbindet man die drei Punkte miteinander, entsteht ein ungleichseitiges Dreieck.

Im folgenden werden die wichtigsten Bonsaiformen beschrieben. Es wäre verwirrend, alle Formen, die in Japan bekannt sind, aufzuzählen, zumal manche sich stark ähneln. Fast alle Bonsaistile lassen sich von fünf Hauptformen ableiten: „streng aufrecht", „frei aufrecht", „geneigt", „Halbkaskade" und „Kaskade".

I. Die Hauptformen

1. Streng aufrechte Form (chokkan)

Ein alleinstehender Baum, vielleicht auf einer Anhöhe, dessen Krone sich nach allen Seiten hin gleichmäßig entwickelt hat, ist das Vorbild.

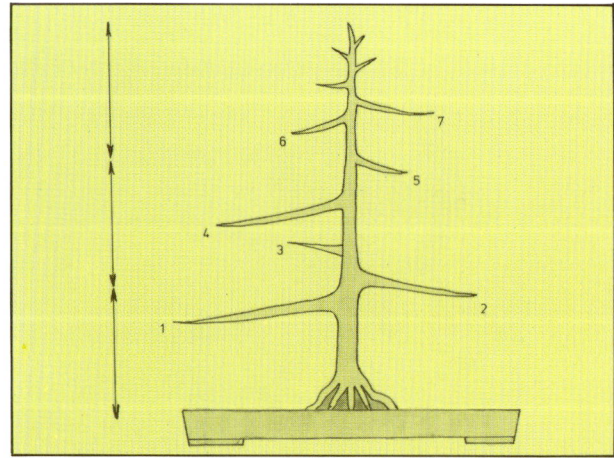

Streng aufrechte Form (chokkan). Ast 1 ist der größte. Seine Länge entspricht ungefähr einem Drittel der Gesamthöhe des Baumes. Ast 2 wächst in die Gegenrichtung von Ast 1. Ast 3 weist nach rückwärts usw. Die Länge und die Wuchsrichtung der Äste variiert. Gleichzeitig sind die Äste leicht nach unten geneigt.

Der kräftige Stamm mit gut geformten Wurzeln ragt senkrecht in die Höhe. Die Äste wachsen beinahe symmetrisch in alle Richtungen außer nach vorn.

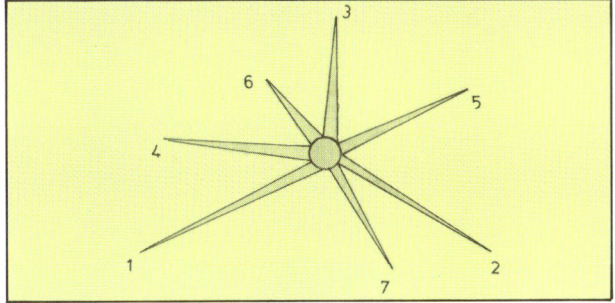

Wuchsrichtung der Äste, von oben gesehen.

2. Frei aufrechte Form (moyogi)

Bei der frei aufrechten Form weist der Stamm Windungen auf, die zur Spitze hin enger werden. Die Äste sind so angeordnet, daß die Krümmungen des Stammes durch sie ausgeglichen werden und die Gesamtgestalt des Baumes harmonisch wirkt. Die Spitze des frei aufrechten Bonsai ist leicht nach vorn geneigt. Dieser Bonsaiform, die häufig gestaltet wird, werden alle Miniaturbäume zugerechnet, deren Stamm leicht geschwungen ist und dadurch „freier" aussieht.

Ein Baum im Hochgebirge, dem die Unbilden des Wetters über Jahrzehnte zugesetzt haben, sieht oft ähnlich aus. Seine Wurzeln sind meist gut entwickelt, die Rinde ist rauh und rissig.

Bonsaiformen

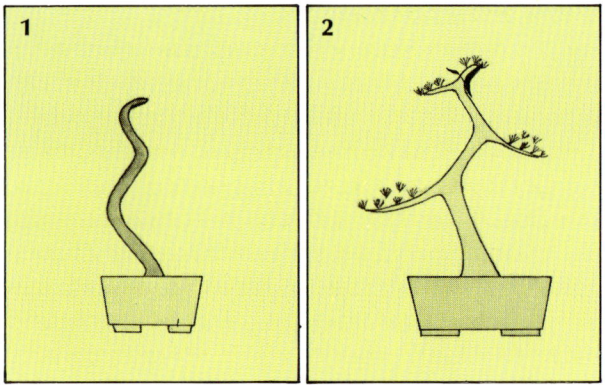

Wir beobachten manchmal im Wald, daß der Sturm einen Baum niedergerissen und teilweise entwurzelt hat. Dennoch konnte er sich behaupten. Sein Stamm bleibt jedoch gebeugt.
Der Stamm der geneigten Bonsaiform wächst mehr oder weniger schräg nach rechts oder links. Die Äste zeigen nach allen Richtungen außer nach vorn. Die Wurzeln sind hauptsächlich nach der Seite hin entwickelt, in der sich der Stamm neigt. Die Spitze des Baumes weist leicht in Richtung des Betrachters.

1 Frei aufrechte Form, von der linken Seite her gesehen: Der Stamm neigt sich nach links hinten, dann seitlich nach rechts, um sich darauf nach hinten zu krümmen. Die Spitze ist nach vorn geneigt. Die Baumspitze befindet sich direkt über dem Fuß des Stammes.
2 Frei aufrechte Form (moyogi) von vorn.
Zur Veranschaulichung kann man die Drehbewegung des Stammes mit einem Stück Draht formen.

3. Geneigte Form (shakan)

Die Wurzeln eines Bonsai der geneigten Form sind hauptsächlich nach der Seite hin entwickelt, in der sich der Stamm neigt.

4. Halbkaskadenform (han-kengai)

Der Halbkaskadenstil ist eine Spielart der geneigten Form. Die Spitze des Baumes befindet sich etwa auf der Höhe des Schalenrandes oder ein wenig darunter. Das Aussehen dieser Bonsaiform erinnert an einen Baum, der sich über einen Felsenabgrund neigt.

5. Kaskadenform (kengai)

Der Stamm eines Bonsai im Kaskadenstil neigt sich in einer natürlich wirkenden Biegung flachliegend über den Rand eines tiefen Pflanzgefäßes. Seine Spitze reicht bis über den Boden der Schale hinab und zeigt nach oben. Die tiefere Pflanzschale bildet ein Gegengewicht zur Krone des Baumes, die in dicken Büscheln herabhängt. Die Zweige überdecken manchmal leicht die Schale und nehmen ihr dadurch ihre Schwerfälligkeit. Stamm und Äste des Kaskadenbonsai haben oft gewundene Formen.

Wir können Bäume dieser Wuchsform in einer Schlucht oder in einer Felswand entdecken. Mit den Wurzeln klammern sich die Pflanzen in eine Spalte. Der Stamm und die Äste hängen tief herab.

Halbkaskade

II. Bonsaiformen für Einzel- und Gruppenpflanzungen

1. Besenform (hôkidachi)

Die Besenform kann man dem Stil „streng aufrecht" zurechnen. Die Äste und Zweige, die sich breit auffächern, erinnern an einen Reisigbesen oder an die Dorflinde. Bonsais der Besenform sind allgemein sehr beliebt.

2. Windgepeitschte Form (fukinagashi)

Bäume auf einer Klippe oder auf einem Bergkamm, die ständig dem Wind aus einer Richtung ausgesetzt sind, werden nicht nur vom Wind gebeugt, sondern ihre Äste und Zweige wachsen auch in eine Richtung.
Der oder die Stämme eines „windgepeitschten" Bonsai sind in eine Richtung geneigt. Der Stamm kann auch gewunden sein. Die Äste und Zweige, die nur in eine Richtung weisen, erwecken den Eindruck, als würden sie von einem starken Wind bewegt.

3. Literatenform (bunjingi)

Die Literatenform erinnert an bestimmte Kiefern mit kahlem Stamm, die nur oben an der Spitze Äste haben. Man trifft sie einzeln oder in Gruppen an.
Der Literatenstil ist in Japan überaus beliebt. Von Künstlern und Literaten geschätzt, wurde er nach dem Vorbild von Naturdarstellungen in der chinesischen Malerei entwickelt. Die Literatenbonsais besitzen einen oder mehrere Stämme, die aufrecht, geneigt und/oder gewunden wachsen, während die Äste meist an der Spitze ansetzen. Eine Wuchsform, die elegant aussieht, jedoch viele Jahre zu ihrer Entwicklung benötigt.

4. Felsenform (ishitsuki)

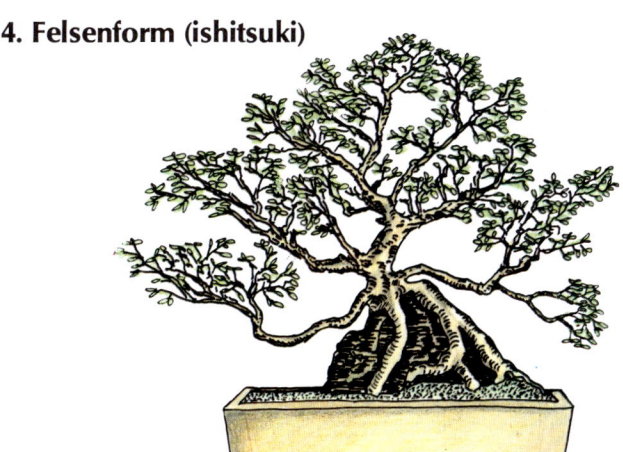

Möglicherweise erinnern wir uns, auf einem hochragenden Felsen oder einer Klippe einen Baum gesehen zu haben, der unter diesen schwierigen Bedingungen überlebt hat.
Man unterscheidet bei der Felsenform zwei Arten: Ein oder mehrere Bäume umklammern mit ihren Wurzeln einen Felsen, um sich die Nahrung aus der Erde zu holen, die den Felsen umgibt.

Oder ein bzw. mehrere Bäume wachsen auf einem Felsbrocken wie in einer Felsenlandschaft. Meist liegt der Stein dann in einer flachen Schale, die mit feuchtem Sand oder mit Wasser gefüllt ist. Auf Seite 78–81 wird die Felsenpflanzung ausführlich beschrieben.

III. Bonsaiformen für mehrere Bäume oder Stämme

In Japan hat man eine Abneigung gegen gerade Zahlen. Nur die Zahl zwei ist gebräuchlich. Die ungeraden Zahlen und die Asymmetrie entsprechen dem ästhetischen Empfinden des Japaners. Diese Auffassungen haben auch einen Einfluß auf die Bonsaigestaltung (s. S. 55–88).

1. Mehrfachstamm (kabudachi)

Mehrfachstamm – Esche (*Fraxinus excelsior*)

Wachsen bei einem Bonsai mehrere Stämme aus einer Wurzel – die Zahl der Stämme kann zwischen drei und dreizehn betragen –, entsteht der Eindruck eines kleinen Waldes. „Stehende Soldaten" nennen die Japaner scherzweise diese Bonsaiform. Bäume mit drei Stämmen werden *sankan*, mit fünf Stämmen *gokan* und mit sieben Stämmen *nanakan* genannt. Die kleineren Bäume sind im Vorder- und Hintergrund angeordnet, um den Eindruck von Tiefe zu erwecken. Kein Baum darf direkt vor einem anderen stehen oder einen anderen überkreuzen. Die Höhe der Stämme und ihr Abstand voneinander sollte unterschiedlich sein.

2. Zwillingsstamm (sôkan)

Mehrfachstammbonsai – Rotahorn (*Acer palmatum 'Atropurpureum'*), Höhe: 70 cm, Schale: 45 × 30 cm.

1 Zwillingsstamm – Esche (*Fraxinus excelsior*)
2 Zwillingsstamm – Fächerahorn (*Acer palmatum*), Höhe: 25 cm, Schale: 20 × 15 cm.

Zwei Stämme, die aus einer Wurzel wachsen und verschieden stark sind, bilden das Zwillingsstammbonsai. Die beiden Stämme und Baumkronen ergänzen sich oft in vollkommener Weise. In manchen Fällen werden auch zwei Pflanzen, die gut zueinander passen, zusammengepflanzt. Wir kennen diese Wuchsform von Exemplaren, die im Wald oder in Parks anzutreffen sind.

3. Stumpfform (kôrabuki)

Bei der Stumpfform bildet die Wurzel des Bonsai einen Höcker, aus dem neben dem Hauptbaum mehrere weitere Stämme wachsen. Kôrabuki kann mit „aus dem Panzer einer Schildkröte wachsend" übersetzt werden.

4. Gewundene Wurzelform (netsunagari)

In einem urwaldähnlichen Dickicht kann man auf mehrere Bäume stoßen, die alle aus einer unter der Erdoberfläche liegenden Wurzel wachsen. Bonsais, die aus einer sich an der Erdoberfläche hin und her windenden Wurzel wachsen, wirken wie eine Baumgruppe.

5. Floßform (ikadabuki)

Die Äste eines Bonsai der Floßform werden als Stämme genommen. Man erreicht dies, indem man den Stamm waagerecht in die Erde eingräbt, so daß er Wurzeln bildet. Die Gestaltung der Floßform ist auf Seite 87 beschrieben.

6. Waldform (yose-ue)

Diese Bonsaiform wird aus mehreren einzelnen Bäumen (drei oder mehr) gestaltet, die zusammen in eine Schale oder auf eine Steinplatte gepflanzt werden. Dabei entsteht der Eindruck eines Waldes oder Haines. In den meisten Fällen verwendet man für die Waldpflanzung Bäume einer Pflanzenart. Das entsprechende Kapitel auf Seite 83 beschreibt das Anpflanzen eines Waldes.

Robinien-Baumgruppe (*Robinia holdtii*)

Gruppenpflanzung, Waldform – Dreispitzahorn (*Acer buergerianum*), Höhe: 60 cm, Schale: 40 × 25 × 5 cm.

IV. Weitere Bonsaiformen

1. Gewundener Stamm (bankan), gedrehter Stamm (nejikan), gespaltener Stamm (sabamiki), Treibholzform (sharimiki)

Diese Bonsaiformen, deren Bezeichnung bereits eine Aussage über das Aussehen der Bäume enthält, fallen durch das gebleichte Holz des Stammes und dessen bizarre Form auf. Bäume an der Vegetationsgrenze im Hochgebirge, von Blitzen zerspalten, von Stürmen zerrissen und von der Sonne ausgebleicht, sehen so aus. Oft handelt es sich um Findlinge, die als Bonsais weiterkultiviert wurden.

2. Oktopusform (tako-zukuri)

Die Oktopusform leitet sich vom ausgefallenen Wuchs bestimmter Bonsaibäume her, deren Äste und Stämme an die Gestalt von Kraken (Oktopus) erinnern.

3. Wurzelstamm (ne-agari)

Mangrovenbäume, die auf Stelzwurzeln im seichten Küstengewässer tropischer Zonen stehen, sind das Vorbild für den Ne-agari-Bonsai. Bei entsprechendem (tropischem) Pflanzenmaterial wirken die manchmal über ein Drittel der Gesamthöhe des Stammes langen Wurzeln natürlich.

Einteilung der Bonsais nach ihrer Größe

Spricht man von der Größe eines Bonsai, so ist im allgemeinen seine Höhe gemeint. *Große Bonsais*, die überwiegend im Garten aufgestellt werden, haben eine Höhe von 60–90 cm und darüber. *Mittlere Bonsais* sind 40–50 cm hoch und können, weil sie leichter zu transportieren sind, zeitweise zum Schmuck in die Wohnung genommen werden. Miniaturbäume, die eine geringere Höhe als 30 cm haben, werden *Kleine Bonsais* genannt. Als *Miniaturbonsais* gelten Bäumchen, die kleiner sind als 15 cm. Die Schale eines Miniaturbonsai hat auf der Handfläche Platz. Das Pflanzgefäß ist manchmal auch so winzig, daß man es auf den Fingerspitzen halten kann.

In Japan spricht man anschaulich von Bonsais für vier Hände, d. h. man braucht zwei Personen zum Tragen. Bonsais für zwei Hände sind mittelgroß. Und als Bonsais für eine Hand gelten die kleinen Bonsais.

Einteilung der Bonsais nach ihrer Größe: Großer, mittlerer, kleiner und Miniaturbonsai – Mädchenkiefer (*Pinus parviflora*).

Anzucht von Jungpflanzen für die Bonsaikultur

Stechpalme (*Ilex serrata*) – frei aufrechte Form, Höhe: 25 cm. Eine gelungene Komposition von Baum und Pflanzgefäß. Die laubabwerfende Pflanze ist dicht mit kleinen roten Früchten besetzt. Der Stamm stützt sich auf zwei mehrfach verzweigte Hauptwurzeln. Der Übergang zur Spitze und zu den Ästen ist besonders formvollendet.
Die glasierte Schale in bräunlichem Grün bildet den richtigen Rahmen für das kleine natürliche Kunstwerk.

Bonsais aus Samen (misho)

Auch ein dreihundertjähriges Bonsai ist einmal aus Samen oder aus einem Schößling entstanden. Es gibt verschiedene Möglichkeiten, um geeignete Pflanzen für die Kultivierung von Bonsais heranzuzüchten. Bonsaianzucht versteht man als die Entwicklung oder die Gewinnung von Pflanzenmaterial, das sich zu Miniaturbäumen gestalten läßt. Die üblichen Vermehrungsmethoden für Pflanzen werden auch bei der Bonsaianzucht angewendet. Bonsais lassen sich aus Samen, Stecklingen, durch Veredelung, Abmoosen oder Absenker und durch Pflanzenteilung bzw. Wurzelteilung heranziehen.

Die meisten Bäume und Sträucher, die in unseren Breiten anzutreffen sind, aber auch tropische und subtropische Pflanzen, können zur Bonsaikultur verwendet werden. Die geeignetsten und beliebtesten Pflanzenarten für die Formung von Miniaturbäumen und Miniaturlandschaften sind in der Liste auf Seite 139 angeführt. Wer mit den Vermehrungstechniken weniger vertraut ist, sei auf die einschlägige Literatur verwiesen.

Kaum etwas in der Bonsaikultur bereitet mehr Freude, als Miniaturbäume aus Samen heranzuziehen. Geduld ist dabei die wichtigste Voraussetzung. Denn bei den meisten Pflanzen dauert es mindestens sieben Jahre, bis ein Sämling zum Bonsai wird. Dafür kann man das Heranwachsen des Bäumchens und die Entwicklung seiner Wuchsform von Anfang an beeinflussen und miterleben.

Folgende Bonsaisarten werden häufig aus Samen vermehrt: Ezofichte, Cryptomeria, Kiefer und Lärche bei den Nadelgehölzen. Ahorn, Eiche, Ginkgo, Granatapfel, Hainbuche, Kerbbuche und Zelkova bei den Laubgehölzen.

Der Samen kann im Herbst gesammelt werden. Die Eigenschaften der Elternpflanzen vererben sich. Man sollte deshalb Samen von gesunden, gutgewachsenen Bäumen wählen. Außerdem hängt der Erfolg der Aussaat von der Samenqualität ab. Der gesammelte Samen wird an einem schattigen Platz getrocknet und kühl und trocken aufbewahrt. Frischer Samen garantiert die beste Keimfähigkeit. Es empfiehlt sich, das Saatgut von alpinen und aus China und Japan stammenden Pflanzenarten, vor allem von Nadelgehölzen, im Kühlschrank bei einer Temperatur von 1–4 °C aufzubewahren, wenn erst im Frühjahr ausgesät werden soll. Die Kühllagerung ist für manche Pflanzenarten zur Keimung unerläßlich.

Die Aussaat kann im späten Herbst oder im frühen Frühjahr erfolgen. Die Erde, die aus einem Teil Torf und einem Teil Sand besteht, wird in ein Gefäß, zum Beispiel in einen Blumentopf, in eine kleine Kiste oder in einen Plastikbecher gefüllt. Zuvor werden die Abzugslöcher mit einem Stück Plastik-

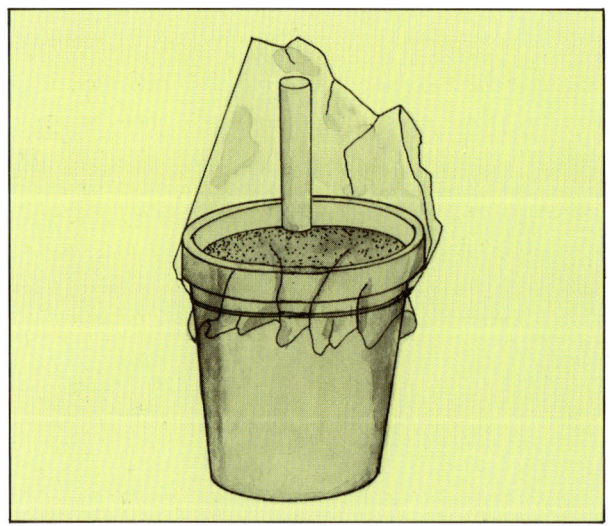

Es empfiehlt sich, zum Schutz gegen rasches Austrocknen der Erde eine durchsichtige Plastiktüte über das Pflanzgefäß zu stülpen. Sie wird mit einem Gummiband befestigt. Man bläst die Plastikhülle auf oder steckt zum Abstützen ein Holzstäbchen in die Erde. Das Pflanzgefäß darf nicht der direkten Sonnenbestrahlung ausgesetzt werden. Das an der Folie haftende Kondenswasser wird von Zeit zu Zeit abgeklopft.

netz oder einer Topfscherbe abgedeckt. Man weicht den Samen über Nacht ein, damit er aufquillt. Bei Samen mit harten Schalen werden diese vorsichtig aufgebrochen. Die Samen werden in die vorbereitete Erde gelegt bzw. gleichmäßig verteilt, sollten sich möglichst nicht berühren und werden leicht angedrückt. Man achte darauf, daß der Keim nach oben wächst. Schließlich wird die Oberfläche mit einer dünnen, feinen Erdschicht bedeckt, die man ebenfalls leicht andrückt.

Man stellt das Pflanzgefäß bis zum Rand in Wasser und wartet, bis die Erde völlig naß ist. Wenn das Pflanzgefäß mit durchsichtiger Plastikfolie (Plastiktüte) abgedeckt wird, trocknet die Erde weniger rasch. Die Feuchtigkeit der Erde muß von Zeit zu Zeit kontrolliert werden. Die Erde darf auf keinen Fall austrocknen, weil sonst die Keime absterben. Sät man im Herbst aus, wird das Pflanzgefäß im Freien aufgestellt. Es sollte lediglich vor Frost geschützt und feuchtgehalten werden. Im Frühjahr gesäter Samen kann auch in der Wohnung bei 20–25 °C zum Keimen gebracht werden. Die ideale Keimtemperatur liegt jedoch für die meisten Pflanzenarten bei 15–18 °C.

Wenn sich die ersten Keime zeigen, wird die Abdeckung entfernt. Die jungen Pflänzchen werden nach kurzer Zeit der Anpassung an einem windgeschützten und schattigen Platz der vollen Sonne ausgesetzt. Man sorgt für die nötige Feuchtigkeit, indem man die Pflanzen bei Bedarf überbraust. Wenn die Blätter erscheinen, kann zum ersten Mal leicht gedüngt werden.

Nach etwa einem halben Jahr pflanzt man die jungen Sämlinge um. Nadelgehölze, die langsamer wachsen, bleiben bis zu einem Jahr im gleichen Pflanzgefäß. Die kräftigsten Pflanzen werden ausgewählt, wenn sie zwei Blattansätze entwickelt haben. Man schneidet die Wurzeln, vor allem die Pfahlwurzeln, zurück, damit sich das Wurzelsystem gleichmäßig nach allen Richtungen entwickeln kann. Die Pflanzen werden in kleine Töpfe oder ins Freiland gepflanzt.

Zwei Jahre später kann mit der intensiveren Bearbeitung (s. S. 46 + 47) begonnen werden. Wegen der früh einsetzenden Formung sind bei Sämlingen später kaum noch drastische Eingriffe nötig, um die gewünschte Grundgestalt zu erreichen.

Beseitigung der Pfahlwurzel bei Kiefernsämlingen

Bonsaispezialisten haben für die Kiefern, wie etwa die Japanische Mädchenkiefer, die Schwarzkiefer u. a., eine Methode entwickelt, durch die man die Pfahlwurzel bereits im Keimlingsstadium beseitigen kann. Zwei bis drei Wochen nach dem Auskeimen wird die Wurzel am besten mit einer Rasierklinge 0,5–1 cm unterhalb der Keimblätter abgeschnitten. Der Keimling wird wie ein Steckling für 30 Minuten ins Wasser gelegt, eventuell mit einem Bewurzelungshormon behandelt und neu eingepflanzt. Nach einigen Wochen entwickeln sich mehrere neue Wurzeln, die dann beim nächsten Umtopfen nach etwa einem Jahr (am besten im April) seitlich ausgebreitet werden können.

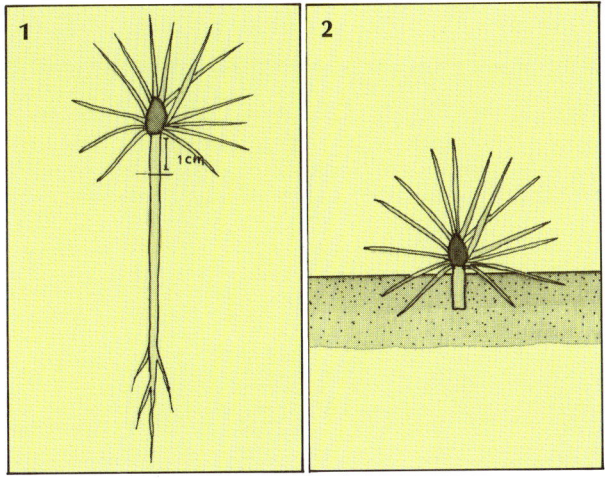

1 Die Pfahlwurzel der Kiefernkeimlinge wird ca. 1 cm unterhalb der Keimblätter abgeschnitten.
2 Den gekürzten Keimling pflanzt man wie einen Steckling ein.

Bonsais von Stecklingen (sashiki)

Fast alle Pflanzenarten, außer Kiefern, lassen sich durch Stecklinge vermehren. Man sollte für Stecklinge gesundes und kräftiges Material wählen und dabei auch an die künftige Gestaltung denken. Es sind vor allem folgende Pflanzen, von denen Bonsaistecklinge gemacht werden: Ahorn, Azalee, Cotoneaster, Feuerdorn, Flieder, Granatapfel, Hartriegel, Jasmin, Olive, Quitte, Rhododendron, Ulme, Weide, Zelkova, Cryptomeria, Eibe, Fichte, Wacholder, Zypresse.

Stecklinge können im Frühjahr, wenn die Knospen schwellen, oder im frühen Herbst (September) geschnitten werden. Man schneidet Zweige in einer Länge von 7–12 cm. Der Steckling selbst sollte 3–5 Blattachseln haben. Direkt unterhalb des letzten Blattknotens wird der Trieb mit einem scharfen Messer schräg abgeschnitten. Triebe, die stärker sind als ein Bleistift, schneidet man keilförmig zu.

Die Blätter des Teils, der in die Erde kommt (1–2 cm), werden entfernt. Wenn die Stecklinge nach dem Austrieb gemacht werden, kürzt man die Blätter vor allem bei den großblättrigen Pflanzen um zwei Drittel ein; dadurch wird die Wasserverdunstung verringert. Die Blätter unterstützen das neue Wachstum, deshalb dürfen sie nicht völlig entfernt werden.

Die Stecklinge von immergrünen Pflanzenarten sollten vor dem Stecken für einige Stunden ins Wasser gelegt werden. Zur besseren Wurzelbildung kann man die Schnittstellen der Stecklinge in Hormonpuder tauchen.

Die Stecklinge werden ungefähr 2,5 cm tief und in Abständen, so daß sie sich nicht berühren, in eine grobkörnige, sandhaltige Mischung (ein Teil Torf und zwei Teile Sand) oder in groben Sand gesteckt. Das Pflanzgefäß sollte für die Stecklinge ausreichend groß sein. Die Abzugsöffnungen des Gefäßes werden mit Plastiknetz abgedeckt, um ein Ausrieseln der Erde zu verhindern und den Abfluß des überflüssigen Gießwassers zu garantieren.

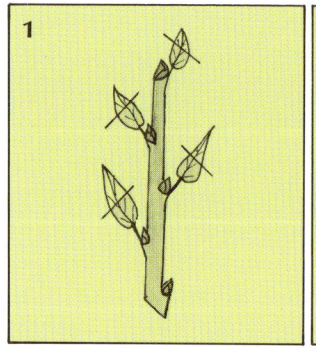 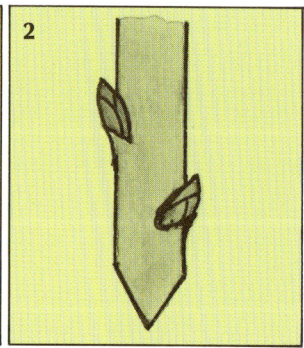

1 Der Steckling wird unterhalb der dritten bis fünften Blattachsel schräg abgeschnitten. Wenn der Austrieb bereits erfolgt ist, entfernt man bei großblättrigen Pflanzenarten die Blätter zur Hälfte.
2 Triebe, die stärker sind als ein Bleistift, werden keilförmig zugeschnitten.

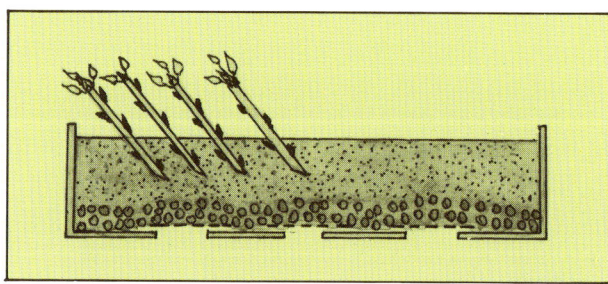

Die Stecklinge werden schräg in die vorbereitete Erde gesteckt, und zwar in einem Abstand, daß sie sich nicht berühren.

Nach dem Stecken wird die Erde kräftig gewässert. Man hält sie ständig mäßig feucht und sprüht die Blätter mit einem Handsprühgerät von Zeit zu Zeit ein. Durch das Abdecken des Pflanzgefäßes mit einer durchsichtigen Plastikfolie wird für die nötige Luftfeuchtigkeit gesorgt. Die Bodentemperatur hält man am besten bei ca. 16 °C, während der ersten drei Monate werden die Stecklinge an einem schattigen und windgeschützten Platz aufgestellt.

Nach der Wurzelbildung, die nach einigen Wochen bzw. Monaten erfolgt, kann zum ersten Mal leicht gedüngt werden. Wenn die Pflanzen kräftig genug sind, schneidet man die Wurzeln ungefähr um ein Drittel zurück und pflanzt sie einzeln in kleine Töpfe oder ins Freiland.

Einige Pflanzenarten, die rasch Wurzeln bilden, wie zum Beispiel die Weide, können in verhältnismäßig kurzer Zeit zum Bonsai gestaltet werden, zumal, wenn man entsprechendes Stecklingsmaterial auswählt. Überhaupt verkürzt sich die Zeit der Gestaltungsarbeit, wenn man mit den Stecklingen beginnt.

Die weitere Formung von Jungpflanzen wird auf Seite 46 + 47 beschrieben.

Bonsais durch Veredelung (tsugiki)

Beim Veredeln wird ein Zweig (Reis) mit einer Pflanze (Unterlage) von der gleichen Gattung verbunden, so daß beide Teile zusammenwachsen. Durch diese etwas schwierige Methode, die Pfropfen, Anplatten oder Okulieren genannt wird, kann die Zeit der Anzucht von Bonsais wesentlich verkürzt werden. Außerdem ist es möglich, von bestimmten Pflanzenarten eine große Anzahl von Pflanzen zu gewinnen. Ein weiterer Vorteil der Veredelung ist es, daß sich verschiedene Eigenschaften von Pflanzen vereinigen lassen. Eine schnell wachsende Pflanze (Schwarzkiefer) kann zum Beispiel mit einer von kompaktem Wuchs (Weißkiefer) kombiniert werden. Bei der Gestaltung eines Bonsai kann man durch das Aufpropfen eines Zweiges eine Ergänzung und Verbesserung der Form erreichen (s. S. 69), oder ein Stamm, der zu lang ist, kann durch Spitzenveredelung verkürzt werden.

In der Regel ist der Baum, der als Unterlage dient, von der gleichen Pflanzenart wie das Reis.

Die Technik des Veredelns erfordert Geschick und viel Erfahrung, trotzdem lassen sich sichtbare Vernarbungen und Verdickungen an den Pfropfstellen nie ganz vermeiden.

Die richtige Zeit für das Veredeln ist das frühe Frühjahr, wenn die Knospen anschwellen. Immergrüne Bäume und Sträucher können auch Mitte August bis Mitte September veredelt werden.

Für die *Pfropfmethode* eignen sich folgende Pflanzenarten besonders gut: Ahorn, Aprikose, Birne,

Ginkgo, Glyzine, Granatapfel, Kirsche, Pfirsich. Bei Nadelgehölzen wie den Kiefernarten etwa ist eine Veredelung zwar möglich, aber mit einigem Risiko verbunden.

Die Pflanzen, die veredelt werden, sollten etwa zwei Jahre alt und kräftig sein. Das Reis ist höchstens 6 cm lang und hat zwei bis vier Augen (Knospenansätze).

Ein Trick kann beim Pfropfen zu einem guten Erfolg verhelfen: Das Reis wird im Ruhezustand gehalten, während man die Unterlage vortreibt. Um den Austrieb zurückzuhalten, schneidet man den Zweig, von dem das Reis genommen wird, bereits im Winter ab. Er wird an einem kühlen Ort (Keller) zu zwei Dritteln in feuchten Sand eingeschlagen.

Die Pflanze, die als Unterlage dient, wird in ein Frühbeet gestellt oder im Januar in einen hellen Raum mit Zimmertemperatur gebracht. Die Unterlage sollte zum Zeitpunkt des Pfropfens bereits im Saft stehen.

Spitzenveredelung und Anplatten

Als Spitzenveredelung bezeichnet man das Aufpropfen des Reises auf die Spitze der Unterlage.

Die Pflanze, die als Unterlage dient, wird mit einem glatten Schnitt abgeschnitten, und zwar möglichst tief am Wurzelansatz, damit die Pfropfstelle später weniger auffällt. Einige Blätter bzw. Nadeln sollten, wenn möglich, am Stamm verbleiben. In die Fläche des Schnittes wird mit einem scharfen Messer genau in der Mitte ein senkrechter Schnitt gemacht. Man schneidet das Reis keilförmig zu. Wenn es von gleicher Stärke ist wie die Unterlage, wird es in den Schnitt eingeschoben. Ist das Reis dünner als die Unterlage, setzt man es so ein, daß es auf einer Seite mit der Rinde ab-

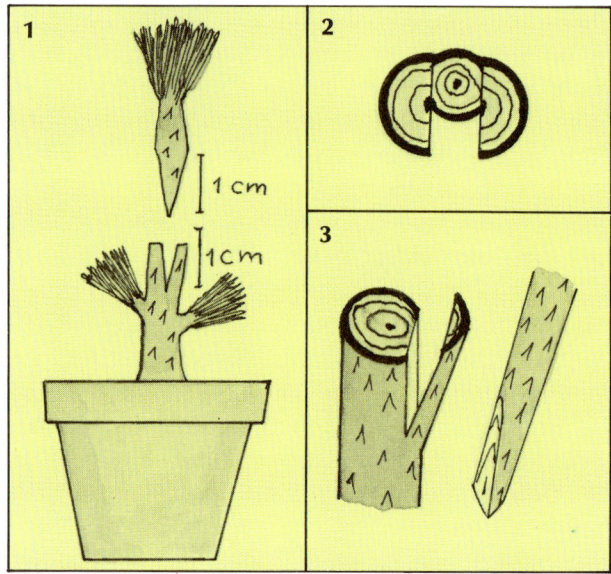

1 Spitzenveredelung: Das Reis wird keilförmig zugeschnitten, so daß es genau in den ca. 1 cm tiefen Einschnitt der Unterlage paßt.
2 Wenn das Reis dünner ist als die Unterlage, setzt man es so ein, daß es auf einer Seite mit der Rinde abschließt.
3 Der Einschnitt kann auch seitlich angebracht werden.

schließt. Im letzteren Fall kann der Schnitt auch seitlich angebracht werden. Er sollte so breit sein, daß das keilförmig zugeschnittene Reis gerade hineinpaßt.

Das *Anplatten* ist eine Methode, um gleichstarke Teile zu verbinden. Reis und Unterlage werden im gleichen Winkel schräg angeschnitten und zusammengefügt.

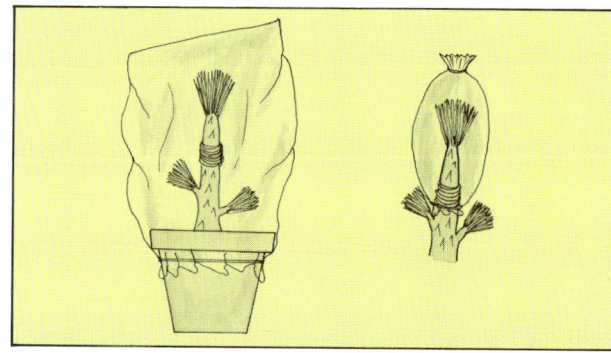

Die Pfropfstelle wird fest mit Bast umwickelt. Das Anbringen einer durchsichtigen Plastikfolienhülle läßt im Bereich der Pflanze »gespannte Luft« mit gleichbleibender Luftfeuchtigkeit entstehen.

Es ist auch möglich, die Schnittflächen mit Einkerbungen zu versehen, die genau ineinander passen.
Die Technik des Anplattens empfiehlt sich besonders bei dünnen Stämmen.

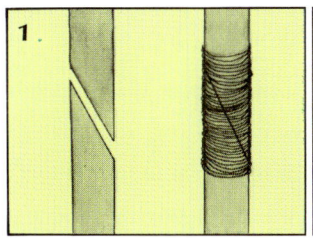 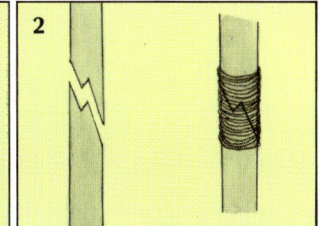

1 Anplatten: Reis und Unterlage werden schräg angeschnitten und zusammengefügt. Die Pfropfstelle wird fest mit Bast umwickelt.
2 Die Schnittstellen können auch mit Einkerbungen versehen werden, die genau ineinander passen.

Schließlich wird die Pfropfstelle mit Naturbast umwickelt, den man mit Baumwachs bestreichen kann. Der Bast wird frühestens nach einem Jahr entfernt, wenn Unterlage und Reis zusammengewachsen sind.

Seitenveredelung

Wenn der Stamm dicker ist als 1,5 cm, ist es ratsam, das Reis seitlich einzupfropfen. Das Reis wird keilförmig zugeschnitten. Die innere Seite sollte etwas länger sein als die äußere. An der Stelle, an der das Reis eingesetzt wird, macht man einen Einschnitt in die Unterlage. Das Reis wird mit der kürzeren Seite des keilförmigen Schnittes nach unten (außen) eingefügt. Man umwickelt die Stelle fest mit Bast und bestreicht sie mit Baumwachs.

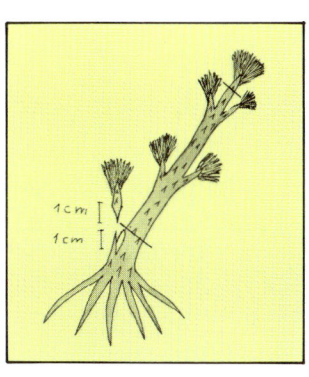

Seitenveredelung: Das Reis wird möglichst tief eingesetzt, damit die Pfropfstelle später nicht allzu sehr auffällt. Die Pflanze (Unterlage) wird schräg eingepflanzt. Die Spitze der Pflanze kann entfernt werden. Dadurch wird das Anwachsen des Reises gefördert. Wenn das Reis fest mit der Unterlage verwachsen ist, schneidet man den Stamm oberhalb der Pfropfstelle ab.

Okulieren

Anstelle eines Reises kann auch ein Auge (Knospenansatz) auf die Unterlage gepfropft werden. Man nennt diese Methode Okulieren. Die Rinde der Pflanze, die veredelt werden soll, wird T-förmig eingeschnitten.
Mit einem scharfen Messer schneidet man den ausgereiften Trieb von der Mutterpflanze ab.

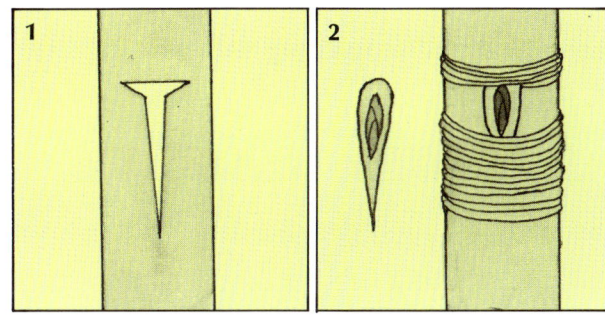

1 Okulieren: Das Auge wird in die T-förmige Öffnung, die durch Ablösen der Rinde entsteht, eingeschoben.
2 Die Pfropfstelle wird fest mit Bast umwickelt. Nur der Trieb bleibt frei.

Durch den Schnitt, der auch einen Teil des Holzes erfassen sollte, entsteht um die Knospe ein ovales Stück.
Die Rinde der Unterlage wird vom Holz gelöst. In die entstandene Öffnung wird das Auge eingeschoben. Man drückt die Rinde an und umwickelt die Stelle fest mit Bast. Nur die Knospe wird freigelassen.

Behandlung der Pflanze nach der Veredelung

Nach dem Veredeln wird die Pflanze kräftig zurückgeschnitten, gut gewässert und gegen Wind und Sonne geschützt aufgestellt. Nach etwa zwei Wochen wird sie an die Sonne gewöhnt und normal gegossen. Nach dem Austrieb der Knospen kann man behutsam mit dem Düngen beginnen, das bis in den Herbst hinein fortgesetzt wird.

Mädchenkiefer (*Pinus parviflora*) – streng aufrecht, Höhe: 67 cm. Der Miniaturbaum ist in der Horizontalen und Vertikalen klar gegliedert. Die Äste sind an der Unterseite völlig frei von Zweigen. Die Zwischenräume werden zur Spitze hin kleiner. Die Äste reichen bis tief herab zur Verdickung am Fuß des Stammes, die vermutlich die Folge einer Veredelung ist. Die schwer wirkende Krone braucht die massive, rechteckige, unglasierte Schale von brauner Farbe als Gegengewicht.

Die ersten Gestaltungseingriffe

Bei Sämlingen, Stecklingen und veredelten Pflanzen sollte man nach ein bis zwei Jahren mit der Gestaltungsarbeit beginnen. Denn bereits in diesem frühen Entwicklungsstadium kann die Grundgestalt des späteren Bonsai angelegt werden. Außerdem gilt: Je früher die Eingriffe gemacht werden, desto weniger Spuren hinterlassen sie.

Die Gestaltung der Wurzeln

Die Wurzeln bilden später ein wichtiges Element der Gesamtgestalt eines Bonsai. Mit ihrer Formung kann früh begonnen werden. Wenn die Jungpflanzen kräftig genug sind und eine Höhe von 8–10 cm erreicht haben, kann man sie zum ersten Mal umpflanzen. Die beste Zeit dafür ist das frühe Frühjahr. Die Wurzeln der Pflänzchen werden von Erde befreit und um ein Drittel zurückgeschnitten.
Pfahlwurzeln, wie sie bestimmte Pflanzenarten (z. B. Kiefern) entwickeln, sind wegen der meist flachen Schalen bei Bonsais nicht erwünscht. Die Pfahlwurzeln werden ganz entfernt oder zumindest stark zurückgeschnitten (s. S. 41, 70). Wenn die kleinen Bäumchen nicht ins Freie gepflanzt werden, wählt man die Größe des Pflanzgefäßes so, daß es den Wurzeln genügend Platz bietet.

Die Pflanzerde für Laubgehölze kann aus einem Teil Wald-, Komposterde oder Torf und einem Teil scharfem, grobkörnigem Sand gemischt werden. Bei Nadelgehölzen hat sich eine Torf-Sand-Mischung im gleichen Verhältnis bewährt.
Die Abzugsöffnungen des Pflanzgefäßes werden mit einem Plastiknetz oder einer Topfscherbe abgedeckt. Auf eine Schicht gröberer Körnung füllt man die eigentliche Pflanzerde ein. Sie sollte zur Mitte des Gefäßes hin eine kleine Erhöhung bilden. Die Pflanze wird auf die leicht erhöhte Stelle gesetzt, und die Wurzeln werden gleichmäßig nach allen Richtungen verteilt. Dann füllt man das letzte Drittel des Gefäßes mit Erde, die gleichzeitig gut angedrückt wird. Es verbleibt ein Gießrand von 1–2 cm.
Nach dem Umpflanzen sollte das Bäumchen für einige Tage vor Sonne und Wind geschützt und gut feuchtgehalten werden. Es empfiehlt sich, das Laub regelmäßig mit Wasser einzusprühen. Eine geringere Feuchtigkeit bei Nacht beugt dem Pilzbefall vor.
Vier bis sechs Wochen nach dem Verpflanzen kann wieder leicht gedüngt werden.
Das Umtopfen wird im Abstand von zwei bis drei Jahren wiederholt. Kiefern und ähnlich langsam wachsende Pflanzenarten pflanzt man weniger häufig um als schnellwachsende. Allmählich gewöhnt man die Pflanzen an Bonsaierde (s. S. 95–97), die in immer größeren Anteilen der Pflanzerde beigemischt wird. Beim Verpflanzen ist jeweils darauf zu achten, daß sich die Wurzeln gleichmäßig nach allen Richtungen entwickeln.

Die Gestaltung des Stammes und der Äste

Würde man die Äste der jungen Pflanze sich frei entfalten lassen, müßten sie später stark zurückgeschnitten werden. Je früher man mit dem Formen der Äste beginnt, desto schöner und kompakter wird der Wuchs des künftigen Bonsai.
Die Gestaltung der Äste kann bereits im zweiten Jahr in Angriff genommen werden. Wenn die Pflanze im Frühjahr umgetopft wurde, schneidet man sie im August oder September zum ersten Mal zurück. Die beste Zeit für das Schneiden der Äste und Zweige ist jedoch das Frühjahr. Man sollte eine konkrete Vorstellung von der Grundgestalt des Baumes haben, bevor man alle Knospen, Triebe und Äste, die in eine unerwünschte Richtung wachsen, entfernt. In den folgenden Jahren wird dann die Form des Bonsai immer mehr herausgearbeitet (s. S. 55–69).
Nach drei bis vier Jahren können der Stamm und die Hauptäste *gedrahtet* (s. S. 64–67) werden, falls es erforderlich ist. Die Korrektur wird am besten im frühen Sommer vorgenommen, wenn die Blätter voll entwickelt sind. Die Pflanze sollte nach dem Drahten für ein paar Tage in den Schatten gestellt werden.
Man kontrolliert die gedrahteten Stellen ständig, denn junge Pflanzen wachsen meist sehr rasch. Wenn der Draht in die Rinde einzuschneiden beginnt, muß er entfernt werden. Das Drahten kann nach einem Jahr wiederholt werden. In vielen Fällen ist dies erforderlich, weil sich bei Jungpflanzen eine erreichte Form oft wieder zurückbildet.
Fünf bis sechs Jahre später kann das Bäumchen in eine *Bonsaischale* (s. S. 57) gepflanzt werden. Der Vorgang des Umtopfens ist auf Seite 97–100 ausführlich beschrieben.

Bonsais durch Absenker und Abmoosen (toriki)

Eine weitere Vermehrungsmethode, durch die sehr gute Bonsais gewonnen werden können, ist das Bewurzeln von Zweigen und Ästen durch Absenker oder Abmoosen. Man wählt dafür an Bäumen oder Sträuchern besonders schöne und „bonsaiverdächtige" Äste aus. Mit einigem Glück erhält man durch das Absenken oder das Abmoosen in verhältnismäßig kurzer Zeit ein „altes" Bonsai. Für diese Art von Vermehrung eignen sich vor allem folgende Pflanzenarten: Ahorn, Azalee, Feuerdorn, Forsythie, Glyzine, Granatapfel, Kamelie, Myrte, Quitte, Rhododendron, Ulme, Weide, Weigelie, Zelkova, Cryptomeria, Ezofichte, Wacholder.

Die beste Zeit für die Anwendung der *Absenkermethode* ist das Frühjahr. Unter einem tiefsitzenden Ast, den man sich ausgesucht hat, wird eine flache Grube ausgehoben. An der Stelle, an der sich die Wurzeln bilden sollen, wird ein Teil der Rinde entfernt. Man kann auch einen Schnitt anbringen, der etwa so tief sein sollte wie ein Drittel des Astdurchmessers. Damit die Schnittstelle nicht wieder zuwächst, kann ein kleiner Kieselstein oder ein Streichholz in den Spalt gesteckt werden. Das Aufstreuen von Hormonpuder beschleunigt die Wurzelbildung. Der Ast wird heruntergebogen und, wenn nötig, mit einem Holzhaken, den man aus einer Astgabelung anfertigen kann, befestigt. Die Astspitze zeigt nach oben.

Man umgibt die Stelle, die bewurzelt werden soll, mit einer Mischung aus Torf, Sand und der vorgefundenen Gartenerde. Die Erde wird angehäufelt und gut feuchtgehalten.

Die Wurzelbildung kann eine Zeitspanne zwischen acht Wochen und zwei Jahren beanspruchen. Zur Kontrolle entfernt man von Zeit zu Zeit

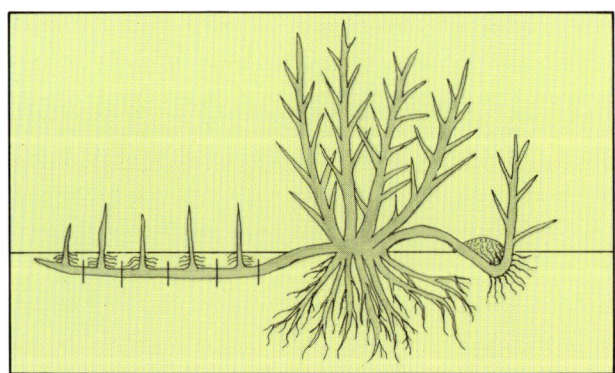

Ableger: Bei einem tiefsitzenden Ast werden an der Unterseite die Zweige entfernt. Der Ast wird heruntergebogen und in die Erde eingegraben. Das Verletzen der Rinde und Aufstreuen von Hormonpuder fördert das Wurzelwachstum. Nach der Bewurzelung schneidet man die einzelnen Zweige ab und behandelt sie wie Stecklinge. Über das Entstehen einer Gruppenpflanzung (Floßform) siehe S. 87 + 88.

Absenker: Ein tiefsitzender Ast wird mit einem Einschnitt versehen und mit Erde bedeckt. Die Astspitze zeigt senkrecht nach oben.

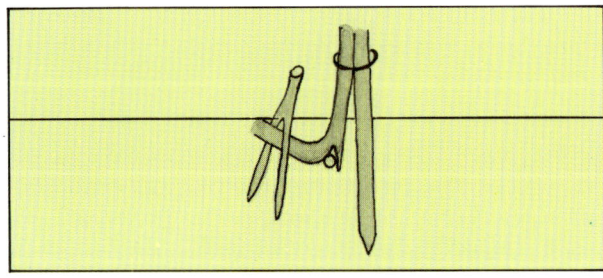

Absenker: An der Stelle, an der sich die Wurzeln bilden sollen, kann ein Schnitt von einem Drittel des Astdurchmessers angebracht werden. Damit die Schnittstelle nicht wieder zuwächst, steckt man einen Kieselstein oder ein Streichholz in den Spalt. Wenn nötig, wird der Ast mit Hilfe eines Holzhakens im Boden verankert. Auch ein stützender Stab, der die Astspitze senkrecht nach oben richtet, kann hilfreich sein.

vorsichtig die Erde, um das Stadium der Wurzelbildung festzustellen.

Wenn sich genügend Wurzeln entwickelt haben, wird die neue Pflanze abgeschnitten und in ein Gefäß oder ins Freiland gepflanzt. Sie wird genauso wie frisch verpflanzte Stecklinge (s. S. 42 + 43) behandelt.

Bonsaigeeignete Äste, die nicht durch Absenker gewonnen werden können, weil sie zu hoch wachsen, können *abgemoost* werden. Dabei wendet man verschiedene Methoden an:

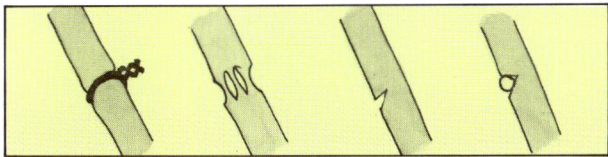

1. Ein Kupferdraht wird unterhalb der Stelle befestigt, an der sich die Wurzeln bilden sollen. Man zieht den Draht so fest an, daß er in die Rinde einschneidet. Durch den Stau der Nährstoffe wird die Wurzelbildung angeregt.

2. Die Rinde des Astes wird zu zwei Dritteln in einer Breite von 2 cm entfernt. Einige Rindenstege bleiben erhalten. Die Technik des Abschälens kann rascher zu einem Ergebnis führen. Das Risiko, daß der Ast abstirbt, ist jedoch größer.

3. Der Ast wird zu einem Drittel seines Durchmessers angeschnitten. Ein eingeklemmter Kieselstein oder ein Streichholz verhindern das Zusammenwachsen des Spalts.

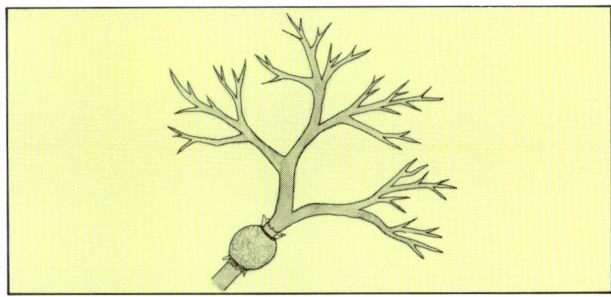

Bei Anwendung der 2. und 3. Methode streut man Hormonpuder auf und schmiert feuchten Lehm in die Schnittstellen. Ein Klumpen Moos oder Torf, der ungefähr drei- oder viermal größer ist als der Durchmesser des Astes, wird naß gemacht und um die gedrahtete oder angeschnittene Stelle gewickelt. Man umgibt den Klumpen mit durchsichtiger Plastikfolie. Die Folie hält den Ballen feucht. Gleichzeitig kann die Wurzelbildung beobachtet werden. Die obere Befestigung der Plastikhülle sollte nicht zu fest sitzen, damit die Möglichkeit besteht, das Moos oder den Torf ständig feuchtzuhalten.

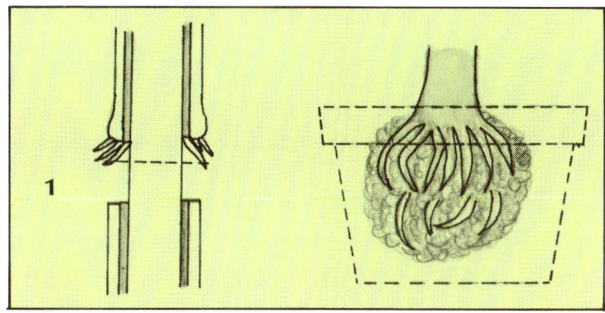

1 Das Kambium, die Zellschicht zwischen Holz und Rinde, bildet die neuen Wurzeln.

Nach ausreichender Bewurzelung, die in der Regel sechs bis zwölf Monate beansprucht, wird die Pflanze abgetrennt. Um die feinen Wurzeln nicht zu beschädigen, entfernt man nur einen Teil des Mooses oder Torfes und beläßt den Rest, wenn man die abgemooste Pflanze in ein Gefäß oder ins Freiland setzt. Zur weiteren Behandlung siehe Seite 46 + 47.

Bonsais durch Pflanzen- oder Wurzelteilung

Viele Pflanzenarten bilden mehrere Schößlinge bzw. Stämme. Man findet solche Exemplare in Baumschulen oder im Freiland, zum Beispiel im Wald oder im Garten. Die Pflanzen lassen sich vermehren, indem man ihre Wurzeln freilegt und die Schößlinge mit den dazugehörenden Wurzeln abtrennt. Ebenso können manche Pflanzenarten durch Teilung der Wurzeln vermehrt werden.

Bambus, Cotoneaster, Glyzine, Granatapfel, Rhododendron, kriechender Wacholder u. a. eignen sich zur Teilung. Die beste Zeit für die Teilung von Pflanzen ist das frühe Frühjahr (vor dem Austrieb). Zur *Pflanzenteilung* gräbt man die Wurzeln vorsichtig aus und schneidet sie zusammen mit dem Schößling, der als Bonsai weiterkultiviert werden soll, mit einer Schere ab. Auf die gleiche Weise lassen sich Baumschulpflanzen aufteilen.

Pflanzenteilung

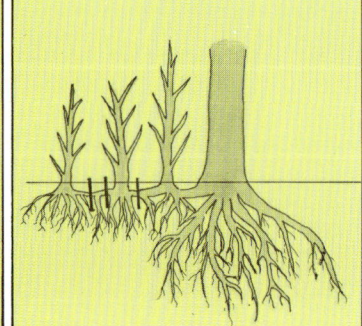
Wurzelteilung

Die Schößlinge der Chrysantheme, des Granatapfels u.a. können zusammen mit einem Stück *Wurzel* abgeschnitten und wie bewurzelte Stecklinge gepflanzt werden. Die jungen Schößlinge sollten mindestens 8–10 cm lang sein.

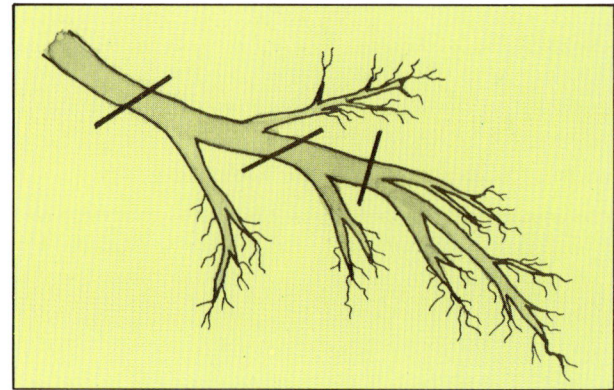
Vermehrung durch Anpflanzen von Wurzelstücken: Wurzelstücke vom Ahorn, von der Ulme und der Quitte werden senkrecht in die Erde gesteckt.

Die Glyzine und der Bambus zum Beispiel lassen sich vermehren, indem man ein ca. 5 cm langes, kräftiges Wurzelstück herausschneidet und einpflanzt. Die Wurzelteile werden wie Stecklinge (s. S. 42 + 43) behandelt.

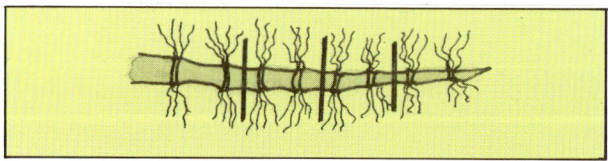
Bambus- und Glyzinenwurzeln pflanzt man horizontal ein.

Gleichgültig, welche Anzucht- und Vermehrungsmethode angewendet wird, mit der eigentlichen Gestaltung zum Bonsai kann man erst beginnen, wenn die Pflanze ein gutes Wurzelsystem gebildet hat und kräftig genug ist für weitere Eingriffe.

Das Sammeln von Pflanzen (yamadori)

Es klingt ein wenig abenteuerlich, aber man kann Pflanzen, die sich als Bonsais kultivieren lassen, auch in Wäldern und in den Bergen suchen. Viele der sehr alten und wertvollen Bonsais waren „Wildlinge", bevor sie in Gefäße gepflanzt wurden. Man erkennt die Findlinge meistens an ihrem Aussehen. Sie sind von der Natur geformt, und die Eingriffe des Menschen beschränken sich auf die Vervollkommnung dessen, was Wind und Wetter in unnachahmlicher Weise geprägt haben. Auch für die Bonsaikultur geeignete Jungpflanzen können gesammelt werden.

Durch Umwelteinflüsse wie Klima, Wetter, Wildverbiß oder Mutation im Wachstum zurückgebliebene Bäume und Sträucher findet man bei uns noch in der freien Natur. In Japan werden solche Pflanzen seit Jahrhunderten gesammelt. Die Folge davon ist, daß sich die Mühe des Suchens dort nicht mehr lohnt.

Wanderer und Bergsteiger haben die besten Chancen, kleinwüchsige Bäume und Sträucher zu entdecken. Sie wachsen am Waldrand, am Rand von Hohlwegen und in Geröllhalden. Vor allem in Hochgebirgsregionen nahe der Baumgrenze findet man relativ häufig Miniaturformen von Pflanzen. Ein großer Nachteil des Pflanzenmaterials aus höheren Lagen ist nur, daß die Akklimatisierung recht schwierig ist.

Bevor man eine Pflanze ausgräbt, sollte man bei der zuständigen Forstbehörde oder beim Besitzer die Erlaubnis dazu einholen.

Die beste *Zeit* für das Sammeln von Pflanzen ist das Frühjahr, bevor sich die Knospen öffnen. Zu allen anderen Jahreszeiten ist das Ausgraben von Pflanzen bedeutend riskanter. Die Blätter von Laubgehölzen, die man im Sommer verpflanzt, müssen zur Hälfte entfernt werden, um die Wasserverdunstung zu vermindern. Auch durch ein wiederholtes Einsprühen der Blätter wird die Wasserverdunstung reduziert. Im Herbst, wenn das Wachstum nachläßt, kann man ebenfalls mit einigen Erfolgsaussichten den Versuch machen, Pflanzen auszugraben.

Im Gegensatz zu Baumschulpflanzen, die einen festen Wurzelballen haben und deshalb ohne Gefährdung verpflanzt werden können, bilden die Pflanzen in der freien Natur ein weitverzweigtes Wurzelsystem und oft tiefreichende Pfahlwurzeln. Häufig erholt sich ein Bäumchen nicht mehr vom Schock der Umpflanzung, zumal, wenn es nicht sachkundig ausgegraben wurde.

Einen guten Erfolg garantiert folgende Methode: Man durchsticht die Hauptwurzeln und, falls vorhanden, Pfahlwurzeln in einem Umkreis bzw. einer Tiefe von 30–50 cm. Die Pflanze wird dadurch zur Bildung eines dichteren Wurzelnetzes angeregt und kann nach ein bis zwei Jahren verpflanzt werden.

Diese Technik kann jedoch kaum angewendet werden, wenn man den Fund in einem vom Wohnort weit entfernten Gelände gemacht hat. Grundsätzlich sollte man lieber auf eine Pflanze verzichten, als ihr Eingehen zu riskieren.

Folgendes Material und Werkzeug gehört zur *Ausrüstung* für einen Sammelausflug:

Ein *Rucksack*; er ist bequem und garantiert einen schonenden Transport der Pflanzen.

Ein zusammenklappbarer *Campingspaten* beansprucht nicht viel Platz und erfüllt seinen Zweck vorzüglich.

Die Pflanzen müssen auf dem Transport feuchtgehalten werden, deshalb ist die Mitnahme eines *Wasserbehälters* und eventuell eines kleinen *Handsprühgerätes* zu empfehlen. Ein kleines *Brecheisen* kann hilfreich sein, wenn Wurzeln aus einer Felsspalte gelöst werden müssen.

Die Pflanzen werden mit *Plastikfolie* oder Plastiksäcken und Schnur verpackt.

Weil man nicht immer Moos an der Fundstelle vorfindet, ist es ratsam, *feuchtes Moos*, nasses Zeitungspapier oder ähnliches Material dabei zu haben, das um die Wurzeln gelegt wird und sie feuchthält.

Vor dem *Ausgraben* schneidet man die Pflanze kräftig zurück, d.h. zu lange Zweige und Äste werden gekürzt oder entfernt. Die Erde wird kreisförmig um den Stamm aufgegraben. Der Kreis sollte einen Durchmesser von 30–50 cm (etwa ein Drittel der Baumhöhe) haben. Man gräbt so tief, daß der größte Teil der Muttererde, die die Wurzeln umgibt, herausgehoben werden kann. Bei größeren Pflanzen wird ein kleiner Graben ausgehoben und dann auf allen Seiten von unten her weitergegraben. Pfahlwurzeln sollten möglichst tief unten in der Erde abgetrennt werden.

Die Pflanze wird mit dem ganzen Erdballen vorsichtig herausgehoben und auf einen ausgebreiteten, geöffneten Plastiksack gestellt. Feuchtes Moos oder ähnliches Material wird um die Erde gelegt. Schließlich schlägt man die Plastikfolie um den Wurzelballen und verschnürt ihn.

Beim *Transport* kommt es vor allem darauf an, daß die Pflanze möglichst wenig geschüttelt und umhergestoßen wird. Die Blätter sollten durch wiederholtes Einsprühen feuchtgehalten werden. Außerdem schützt man die Pflanze möglichst vor Wind und direkter Sonne.

Bei der Ankunft zu Hause wird die Pflanze sofort ins Freiland oder in ein großes Gefäß *gepflanzt*. Ein großer Blumentopf, ein Baumschulcontainer oder ein Plastikeimer, der mit Abzugslöchern versehen wurde, eignen sich gut als Pflanzgefäß.

Wenn die Pflanze nur wenige große Wurzeln und kaum feines Wurzelwerk hat, wird sie am besten zuerst in den Garten gepflanzt. Dazu hebt man ein genügend großes Loch aus und füllt eine Lage feuchten Torf ein. Die Pflanze wird hineingestellt und der verbleibende Zwischenraum mit einer Mischung aus feuchtem Torf, abgefallener Muttererde und Gartenerde aufgefüllt. Auch zum Einpflanzen in einen Behälter verwendet man eine Mischung aus feuchtem Torf und Muttererde. Der Stamm und die Hauptäste älterer Pflanzen können mit Streifen von einem alten Jutesack umwickelt werden, die man mit feuchtem Lehm verschmiert. Diese Bandage reduziert die Verdunstung.

Für einige Wochen schützt man die Pflanze vor Wind und starker Sonnenbestrahlung. Sie wird regelmäßig gewässert und mehrmals am Tag eingesprüht. Wenn sich die Pflanze an die neue Umgebung gewöhnt hat, kann man sie allmählich der direkten Sonne aussetzen und leicht düngen. Mit dem beginnenden neuen Wachstum braucht die Pflanze mehr Wasser.

Nach ein bis zwei Jahren erfolgt das Umpflanzen in ein kleineres Gefäß. Bei dieser Gelegenheit werden vorhandene Pfahlwurzeln um die Hälfte und kräftige neue Wurzeln um ein Drittel zurückgeschnitten. Man verwendet eine Mischung aus Muttererde und Bonsaierde (s. S. 95). Auch Zweige und Äste können bei dieser Gelegenheit zurückgeschnitten werden. Nach einem weiteren Jahr kann die Pflanze dann in eine Bonsaischale (s. S. 57) gepflanzt werden. Wenn noch Reste einer Pfahlwurzel vorhanden sind, müssen sie zuvor entfernt werden. Der Vorgang des Umpflanzens ist auf Seite 97 beschrieben.

Zelkova (*Zelkova serrata*), Höhe: 33 cm.

Aus Japan importierte Bonsais

Seitdem in die meisten europäischen Länder Bonsais in Pflanzgefäßen oder zumindest mit Wurzelballen eingeführt werden können, steht eine große Auswahl von guten bis erstklassigen Miniaturbäumen zur Verfügung. Sie reicht von jungen 10- bis 15jährigen Bäumchen bis zu über 100 Jahre alten Meisterwerken der Bonsaikunst.

Beim Kauf von Bonsais sollte man darauf achten, daß die Pflanzen gut gestaltet und gesund sind. Ein gutes Bonsai (s. S. 24–26) sieht immer wie ein schöner und kräftiger kleiner Baum aus, nie aber wie ein vernachlässigtes und verkümmertes Gewächs. Eine feste, kompakte Erdoberfläche, die mit einer zusammenhängenden Moosschicht bedeckt ist, läßt darauf schließen, daß ein Bonsai schon länger eingepflanzt ist. Ein weiteres Anzeichen für eine gute Wurzelbildung ist, wenn feine Würzelchen aus den Abzugsöffnungen wachsen. Bonsais sollte man nur im Fachhandel, der über geschultes Personal verfügt, kaufen. Als Service kann eine fachkundige Beratung und die sachgerechte Betreuung der Pflanzen erwartet werden. Die abgebildeten, aus Japan importierten Bonsais haben sich gut in der europäischen Umgebung akklimatisiert. Auf dem offenen Balkon aufgestellt, bieten die Bäumchen eine Gelegenheit, Natur in unmittelbarer Nähe zu erleben.

> In den Bäumen weht
> kühl der Wind; der Sonne Licht
> durch die Bäume blinkt;
> plötzlich fühl' ich den Wunsch
> auch ein grüner Baum zu sein!
> Maeda Yugure
>
> übertragen von Gerolf Coudenhove

Schwarzkiefer (*Pinus thunbergii*), Höhe: 47 cm, auf einem Balkon im 8. Stockwerk bei aufgehender Sonne.

Schwarzkiefer im Abendlicht

Kerbbuche *(Fagus crenata)* – streng aufrecht, Höhe: 84 cm, Stammumfang: 26 cm. Die Baumkrone des in vollem Laub stehenden Bonsais erhielt einen kegelförmigen Schnitt. Der Stamm wird im unteren Teil durch Zweige leicht verdeckt. Im oberen Teil verschwindet er in der dichten Belaubung. Die in alle Richtungen wachsenden Oberflächenwurzeln sind gut entwickelt. Sie bilden einen proportionierten Übergang von der Erdoberfläche zum kräftigen Stamm. Die Farben der glasierten Schale verfließen ineinander. Das Grün und Blau wurde dick aufgetragen, so daß die Außenseite des Pflanzgefäßes dadurch strukturiert ist.

Die Bonsaigestaltung

Die Gestaltung eines Bonsai ist eine schöpferische Tätigkeit. Pflanzen werden in ihrem Wachstum und Aussehen so beeinflußt, daß etwas Neues und Einzigartiges entsteht: Ein kleiner Baum oder eine Miniaturlandschaft in einem Pflanzgefäß.

Das natürliche Aussehen eines Bonsai läßt kaum etwas von einer künstlichen Bearbeitung erkennen. Es sind die oft einmalig schönen Baumformen der freien Landschaft, die zum Nachgestalten anregen. Das Ergebnis ist nicht etwa die Kopie eines „richtigen" Baumes, sondern das Herausarbeiten der Eigenart und der Wuchsform, die in einer Pflanze angelegt ist. Die natürlichen Astansätze und Biegungen eines Stammes werden in die Gestaltung einbezogen.

Eine gute Beobachtungsgabe, Einfühlungsvermögen sowie Geschick im Umgang mit Pflanzen sind Voraussetzungen für den Erfolg beim Formen von Miniaturbäumen. Es empfiehlt sich, von den verschiedenen Phasen der Entwicklung in der Gestaltungsarbeit Fotos und Aufzeichnungen zu machen, mit Angaben über Herkunft, Größe und Alter der Pflanzen sowie über Art und Häufigkeit der Eingriffe.

Die bewährten Gestaltungstechniken der Japaner sind für uns beispielhaft und hilfreich. Die traditionellen Prinzipien der Bonsaiformung müssen nicht kleinlich genau befolgt werden, wir sollten sie vielmehr als Orientierung und Anregung betrachten.

Der Kleinwuchs des Bonsai kann als natürlich angesehen werden, denn wir treffen im Hochgebirge an der Baumgrenze auf ähnliche Wuchsformen. Beim Bonsai wird das reduzierte Wachstum durch das regelmäßige Zurückschneiden der Äste, Zweige und Wurzeln sowie die geringe Größe des Pflanzgefäßes erreicht.

Ein wenig Phantasie und folgende Elemente und Techniken sind die Voraussetzungen für eine erfolgreiche Beschäftigung mit der Bonsaikultur: Die Wahl des Pflanzgefäßes, das Schneiden der Äste, der Formschnitt, das künstliche Altern, das Drahten und andere Korrekturhilfen sowie die Gestaltung der Wurzeln. Einige Beispiele der speziellen Bonsaigestaltung, wie die Formung einer Baumschulpflanze, Felsenpflanzungen und Gruppenpflanzung, beschließen das Kapitel.

Beispiel einer Bonsaigestaltung:

1 Mädchenkiefer *(Pinus parviflora)*, Höhe: 73 cm, ca. 60 Jahre alt, vor der Formung.
2 Die Kiefer nach der Formung durch einen japanischen Bonsaimeister. Die Gestaltungsarbeit nahm einen Tag in Anspruch.

Rechteckige Schalenformen

Die Vorderseite einer Bonsaischale kann glatt, gegliedert oder mit Ornamenten versehen sein. Auch die Bemalung von Schalen ist üblich.

Die Füße und Seitenflächen der Schalen variieren auf vielfache Weise.

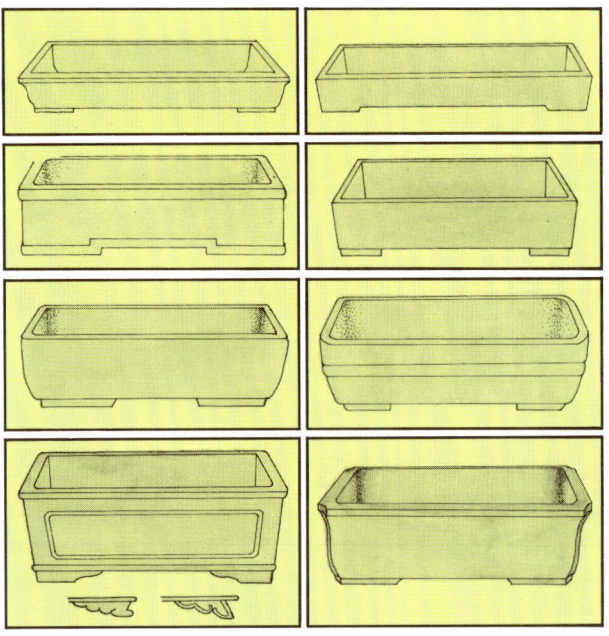

Runde und ovale Schalenformen

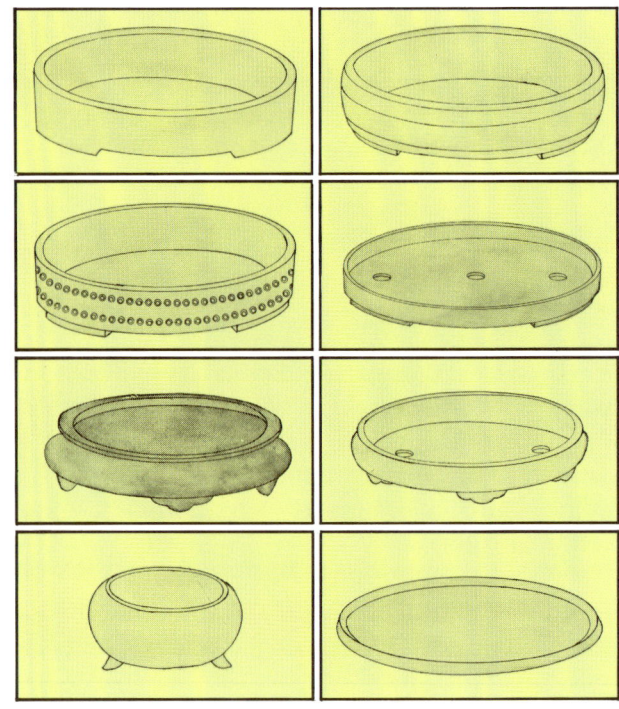

Quadratische Schalenformen

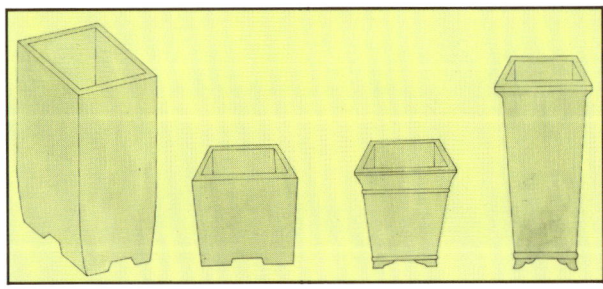

Tiefe, runde Schalenformen

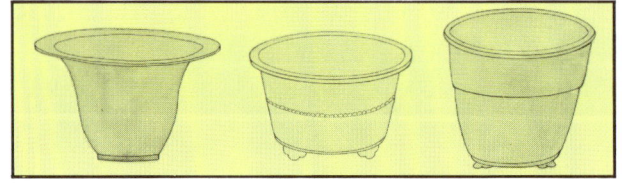

Sechs- und achteckige Schalenformen

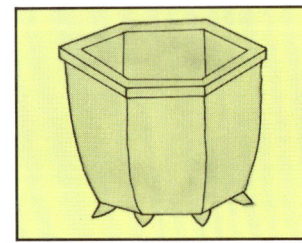
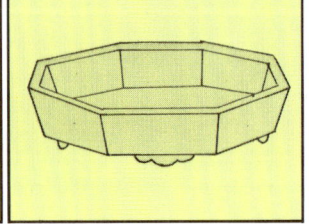

Blütenförmige Schale

Bemalte Schale

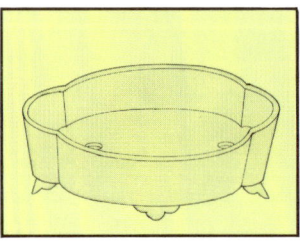

Die Wahl des Pflanzgefäßes

Die Wahl des geeigneten Pflanzgefäßes ist ein wichtiges Element bei der Gestaltung eines Bonsai. Das Betrachten von guten Beispielen der Bonsaikunst auf Ausstellungen und Fotos trägt zur Entwicklung des Empfindens für die richtige Form, Größe und Farbe des Pflanzgefäßes mehr bei als eine umfangreiche theoretische Darstellung. Deshalb werden hier nur einige praktische Ratschläge gegeben.

In vielen Fällen muß man ein wenig Geduld aufbringen, denn es kann lange dauern, bis eine passende Schale gefunden ist. Die Bonsaimeister behelfen sich dann zunächst mit einer billigen Züchterschale, bis sie ein Pflanzgefäß entdeckt haben, das ihren Vorstellungen entspricht.

Die *Form* der Schale sollte mit der Gestalt des Bonsais harmonieren. Zu aufrecht wachsenden Bäumen passen die flachen, ovalen und rechteckigen Schalen. Ein Bonsai mit dichter und schwer wirkender Krone verlangt auch ein massives Pflanzgefäß. Die geneigten Stile wie die Kaskadenformen wirken am besten in tiefen, runden oder quadratischen Schalen.

Die Seitenwände einer Bonsaischale können gerade, schräg, gewölbt oder geschwungen sein. Die geraden Linien passen zu den strengen Bonsaiformen, während die runden Umrißlinien mit den weichen und gebogenen Baumformen harmonieren.

Die *Höhe* der Pflanzschale sollte etwa der Dicke des Stammes oder bei Gruppenpflanzungen der Stärke des größten Baumes entsprechen.

Die *Länge* der Schale wählt man bei einem Einzelbonsai so, daß sie ungefähr zwei Drittel von dessen Höhe mißt. Bei Gruppenpflanzungen sind es zwei Drittel von der Höhe des größten Baumes. Für einen Baum, der breiter ist als hoch, nimmt man eine Schale, die in ihrer Länge um ein Drittel kürzer ist als die größte Breite der Pflanze.

Bei flachen, rechteckigen und ovalen Pflanzgefäßen bildet immer die längere Seite die *Frontseite*. Bei flachen, quadratischen und sechseckigen Schalen zeigt im allgemeinen eine gerade Seite nach vorn. Es ist aber auch möglich, eine Ecke nach vorn zu drehen. Bei tiefen Schalen kann eine gerade Seite oder eine Ecke nach vorn zeigen. Tiefe, sechs- und achteckige Schalen werden so aufgestellt, daß eine Ecke vorn zu sehen ist.

Auch die *Farbe* einer Pflanzschale und die Struktur ihrer Oberfläche werden auf das einzelne Bonsai abgestimmt. Eine Pflanze von dunkler Blattfarbe, wie man sie bei Fichten, Kiefern und bestimmten Laubgehölzen findet, wirkt besser in einer unglasierten, dunkelfarbigen Schale in Braun-, Rot- oder Grautönen. Blühende Bonsais dagegen und solche mit Blättern von lichtem Grün sehen in hellen, bunten und glasierten Pflanzgefäßen vorteilhafter aus. Die Innenseite einer Bonsaischale sollte übrigens nicht glasiert sein. In jedem Fall ist die Wahl der Pflanzschale für ein Bonsai eine Frage des persönlichen Geschmacks. Die obigen Hinweise sind als unverbindliche Ratschläge aufzufassen. Sicher ist es kein Fehler, von den Japanern, die als Meister des guten Geschmacks gelten, zu lernen.

Es können nur die Grundtypen der Schalenformen abgebildet werden.

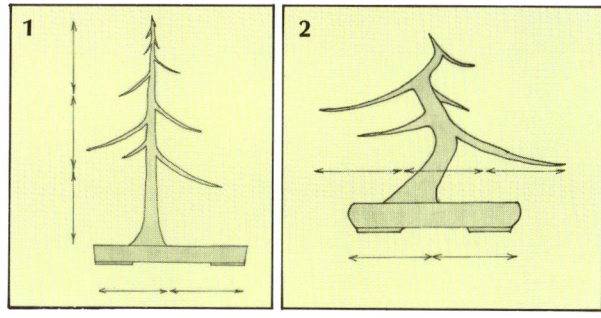

1 Größenverhältnis zwischen Bonsai und Pflanzgefäß: In der Regel umfaßt die Länge der Schale zwei Drittel von der Höhe des Baumes.
2 Wenn das Bonsai breiter ist als hoch, hat die Schale eine Länge von zwei Dritteln der Breite der Pflanze.

Antike Bonsaischalen

Die teilweise mehr als 100 Jahre alten Schalen lassen erkennen, wie traditionsgebunden die Herstellung von Bonsaischalen ist. Die einfache Schönheit der alten, handgefertigten Stücke wird jedoch in der modernen Produktion selten erreicht.

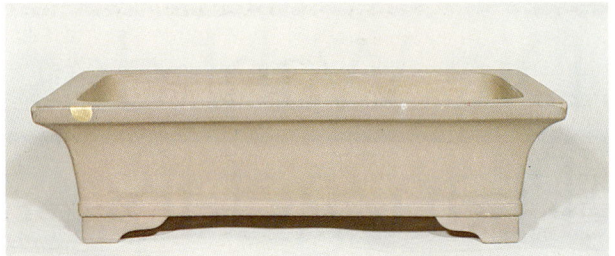

Die Seitenwände der hellgrauen, unglasierten Schale (50 × 32 × 14 cm) sind leicht nach außen geneigt. Den Abschluß bilden nach oben ein breiter Rand und nach unten ein schmaler Wulst. Die Füße sind angesetzt. Sie gehen von einer eckigen in eine zweifach gebogene Form über.
Die in den Proportionen überaus harmonisch wirkende Schale eignet sich besonders gut für Koniferen eines strengen Bonsaistils.

Das kostbare Pflanzgefäß (36 × 24 × 13 cm) ist reich mit Ornamenten geschmückt. Die Hervorhebung der Verzierungen, die eingeprägt bzw. aufgesetzt sind, wird auf den Seitenflächen durch die unterschiedliche Tönung und die Erhabenheit des Musters erreicht. Die pfotenartigen Schalenfüße sind den Rundungen der Blumenform des Gefäßes angepaßt. Eine ideale Schale für blühende und früchtetragende Bonsais eines freieren Stiles.

Eine verhältnismäßig kleine Schale (22 × 17 × 11 cm) aus braunem Ton. An den Rändern geht die Farbe in ein Schwarzbraun über. Die gelben Flecken in den Seitenflächen rühren von einem grobkörnigen Material her, das eingebrannt wurde. Die Schale erscheint, trotz der leicht geschweiften Seitenwände, gewichtig. Die schräg angefügten Füße unterstreichen diesen Eindruck ebenso wie der breite Rand und die starke Wandung.

Farbig bemalte chinesische Porzellanschale (11,4 × 8,2 × 7,3 cm). Die Ornamente sind asymmetrisch verteilt. Rot und blaugrün sind die vorherrschenden Farben. Die Oberseite des Schalenrandes trägt ein feingemustertes, goldfarbenes Band. Die Schalenfüße setzen die Ecken bzw. die Seitenflächen fort. Die Schale, die auch ohne Bepflanzung sehr dekorativ aussieht, würde gut zu einem blühenden Bonsai passen.

Die rechteckige Schale (27 × 20 × 8 cm) aus blaugrünem Porzellan trägt ein einfaches Blumenornament. Die flachen, abgeschrägten Seitenwände nehmen dem breitrandigen Pflanzgefäß seine Schwerfälligkeit. Die Füße sind in die Schalenform einbezogen. Blütenbonsais wirken am besten in Gefäßen dieser Art.

Das Schneiden der Äste und der Formschnitt

Das Schneiden der Äste und der regelmäßige Formschnitt kleiner Zweige und Triebe sind die wichtigsten Techniken, um die typische Wuchsform eines Bonsai zu erreichen und zu erhalten. Durch das Schneiden der Äste wird die Grundgestalt der Pflanze erzielt bzw. korrigiert. Der Formschnitt verfeinert und bewahrt die Bonsaiform.

Einige Kenntnisse, etwas Erfahrung und Übung führen mit Sicherheit zu einem guten Ergebnis der Gestaltungsarbeit. Wer mit den Schneidetechniken und den Spezialscheren noch nicht vertraut ist, kann sich die nötige Sicherheit im Umgang damit durch Üben an Büschen oder Gestrüpp aneignen.

Die Tabelle auf Seite 144–151 gibt die richtigen Zeiten für das Schneiden der Äste und für den Formschnitt der gängigen Bonsaiarten an. Als Werkzeug benötigt man zwei bis drei Scheren und eventuell eine Zange für den Konkavschnitt (vgl. Abbildung auf Seite 60).

Die folgenden Abschnitte vermitteln einige Grundkenntnisse über das Schneiden der Äste und den Formschnitt der Miniaturbäume.

Das Schneiden der Äste

Selbst bei bestem Pflanzenmaterial kommt man, vor allem bei in Baumschulen erworbenen und gesammelten Pflanzen, oft nicht ohne größere Eingriffe aus. *Äste*, die zu dicht, auf gleicher Höhe, nach vorn oder direkt übereinander wachsen, werden mit einer scharfen Schere oder einem scharfen Messer herausgeschnitten. In manchen Fällen können die Äste nur mit einer schmalen (zusammenklappbaren) Säge entfernt werden.

Seitenäste, die nach vorn, nach innen, nach oben oder nach unten wachsen, schneidet man ebenfalls ab. Die verbleibenden Äste werden auf die richtige Länge zurückgeschnitten. Der Schnitt am Astende wird immer oberhalb eines Blattansatzes durchgeführt. Man schneidet schräg zum Blattansatz hin.

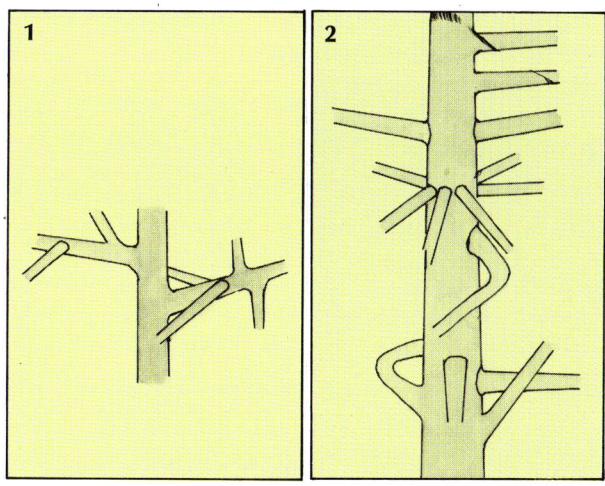

1 Störende Zweige: Zweige, die zu nah beim Stamm, nach innen, senkrecht nach oben oder senkrecht nach unten wachsen, schneidet man ab. Ebenso Zweige, die den Stamm oder andere Zweige überkreuzen.
2 Störende Äste: Äste, die sich überkreuzen, die nach vorn, auf gleicher Höhe, direkt übereinander wachsen, die sich zum Stamm hin oder unnatürlich krümmen, werden entfernt.

Wenn Äste entfernt werden, die stärker sind als ein Bleistift, sollte der Schnitt leicht konkav sein und direkt am Stamm gemacht werden. Für den *Konkavschnitt* gibt es eine Spezialzange. Die kleine Vertiefung an der Schnittstelle wächst im Laufe der Zeit zu, und es bleibt keine häßliche Narbe.

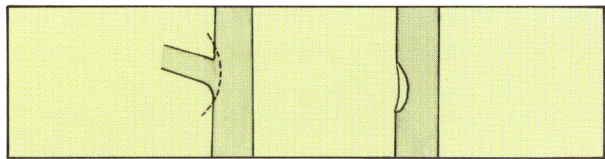

Konkavschnitt: Eine konkave Schnittwunde heilt rasch ab und hinterläßt kaum eine sichtbare Vernarbung.

Falls ein großer Ast entfernt wird, kann die entstandene Wunde auch mit einem Stück Rinde, das man vom Ast ablöst, geschlossen werden. Der Rindenstreifen sollte etwa die Länge des Astdurchmessers haben. Man befestigt ihn mit Bast. Nach einigen Wochen, wenn die Rinde angewachsen ist, kann der Bast entfernt werden. Voll ausgewachsene Nadelgehölze wie Cryptomerien, Fichten, Kiefern, Wacholder und Zypressen vertragen kein drastisches Zurückschneiden. Bei diesen Pflanzenarten sollte sich die Gestaltung hauptsächlich auf den Formschnitt, das Drahten und ähnliches beschränken.

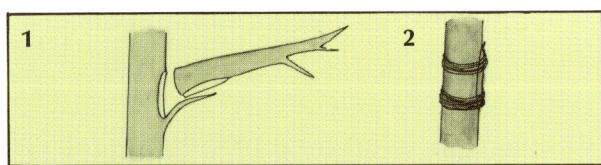

1 Verschließen größerer Schnittwunden durch Rinde. Der Rindenstreifen sollte in der Länge ungefähr dem Durchmesser des Astes entsprechen, der entfernt wird.
2 Der Rindenstreifen wird fest mit Bast umwickelt.

Junge Pflanzen und Laubgehölze dagegen können ohne Schaden stark zurückgeschnitten werden. Man kann zum Beispiel untaugliche große Äste entfernen und die Entwicklung neuer Triebe abwarten. Diese werden erst geschnitten, wenn sie bleistiftstark sind.
Bonsais, die nur zurückgeschnitten und nicht gleichzeitig umgetopft werden, sollten einen Monat vor dem Eingriff gut gedüngt werden.

Der Formschnitt der Triebe und Zweige

Wenn man die Triebe und Zweige eines Bonsai sich frei entfalten ließe, würden sich einige stärker entwickeln, während die schwachen im Wuchs zurückblieben. Durch den Formschnitt wird ein gleichmäßiges Wachstum der Pflanze erreicht. Außerdem kann die Krone nicht zu dicht werden. Bonsais, die man regelmäßig schneidet, entwickeln sich harmonischer und sehen besser aus.
Der Formschnitt ermöglicht eine gute Luftzirkulation im Bereich der Baumkrone und schafft die Voraussetzungen für optimale Lichtverhältnisse. Dadurch wird die Anfälligkeit der Pflanzen für Krankheiten und Schädlinge reduziert.
Durch das Zurückschneiden kann die Wuchsform eines Bonsai *korrigiert* werden. Ein Baum mit schwach entwickelten Zweigen wird buschiger, wenn man alle Knospen an den Enden der Äste entfernt. Die Seitenäste entwickeln sich dann besser.

Formschnitt: Man beläßt die Triebe, die in die Richtung weisen, in der ein neuer Zweig wachsen soll. Von symmetrisch paarweise auftretenden Trieben wird jeweils einer entfernt. Auf der Abbildung sind die zu entfernenden Triebe angekreuzt. Die Pfeile zeigen die Wuchsrichtung der erwünschten Triebe an. Die gestrichelte Linie läßt die angezielte Umrißlinie des Astes erkennen.

Auch die Richtung des Wachstums kann durch den Formschnitt beeinflußt werden. Zweige, Triebe und Knospen, die in eine unerwünschte Richtung, zum Beispiel nach unten oder nach vorn wachsen, werden entfernt.

Zur *Erhaltung der Form* müssen manche Bonsaiarten während der gesamten Wachstumszeit zurückgeschnitten werden. Knospen und neue weiche Triebe kann man mit den Fingern oder mit einer Pinzette abknipsen. Es dürfen dabei nur die Blätter bzw. Nadeln berührt werden, die man entfernt, denn alle Druckstellen an jungen Trieben werden braun und können zu ihrem Absterben führen.

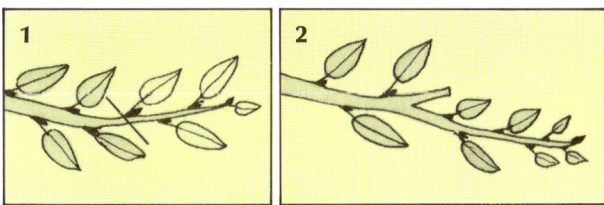

1 An Zweigenden schneidet man oberhalb eines Triebes, der nach unten wächst. Der Schnitt wird unterhalb der nächsten Blattachsel durchgeführt.
2 Der neu entstehende Trieb gibt dem Zweig ein interessanteres Aussehen.

Triebe, die bereits fest sind, werden mit einer schmalen, scharfen Schere abgeschnitten, und zwar oberhalb des ersten oder zweiten Blattansatzes. Man sollte beim Formschnitt immer die Wuchsform vor Augen haben, die man erreichen möchte. Alle unpassenden Triebe und Zweige werden entfernt.

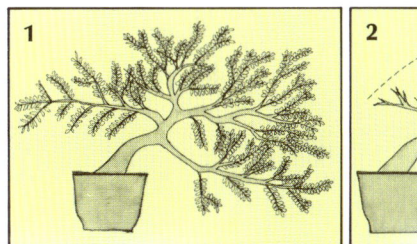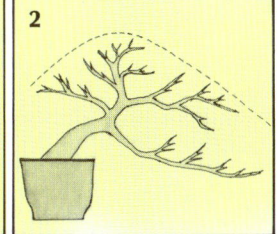

1 Eine Pflanze, die bereits längere Triebe entwickelt hat.
2 Das Bonsai nach dem Formschnitt ohne Laub. Die gestrichelte Linie deutet die Umrißlinie der Baumkrone an. Sie kann je nach Pflanzenart und Bonsaiform kreisförmig, elliptisch oder dreieckig sein.

Grundsätzlich gilt: je früher geschnitten wird, desto weniger Verletzungen und Narben bleiben zurück. Es empfiehlt sich deshalb bei den meisten Bonsaiarten, mit dem Zurückstutzen im Frühjahr zu beginnen.

Bei manchen Pflanzenarten, die langsam wachsen oder nur einmal Knospen ansetzen, wie die Buche, werden die Triebe nur einmal im Jahr entfernt, und zwar im Frühjahr. Andere Bäume, die Hainbuche, die Ulme und die Zypresse zum Beispiel, müssen während der gesamten Wachstumszeit bis in den Herbst hinein zurückgestutzt werden, weil sie immer wieder Triebe ansetzen. Die jungen Triebe der Koniferen, wie Fichten, Kiefern und Tannen, werden im Frühjahr am besten

Formschnitt bei Laubgehölzen
Die Triebe werden, wenn sie gerade fest zu werden beginnen, auf einen bis zwei Blattansätze zurückgeschnitten.

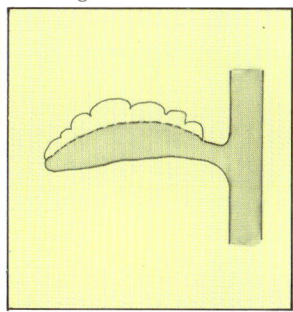

Formschnitt bei Nadelgehölzen
Bei Nadelgehölzen wie Tanne, Wacholder und Zypresse werden die Spitzen der neuen Triebe auf ein Drittel zurückgekürzt. Falls nötig, wird der Vorgang während der Wachstumszeit wiederholt. Beim chinesischen Wacholder (Juniperus chinensis) dürfen jeweils nur die Triebspitzen entfernt werden, weil als Folge eines stärkeren Einkürzens zedernähnliche Nadeln nachwachsen.
Die angestrebte Umrißlinie des Astes beim chinesischen Wacholder wird durch die unterbrochene Linie angedeutet.

Das Schneiden der Äste und der Formschnitt

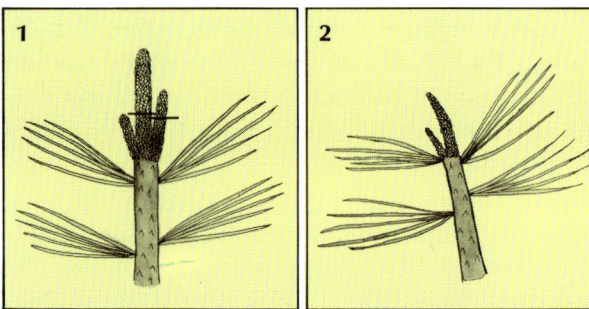

1 Ende Mai, Anfang Juni werden längere Triebe der Mädchenkiefer (Pinus parviflora) auf die Länge der kürzeren Triebe eingekürzt.
Wenn der Austrieb bereits erfolgt ist, entfernt man den größten Teil der jungen Nadeln, bevor sie fest werden.

2 Die Triebe der unteren Äste sind schwächer entwickelt und können deshalb in den meisten Fällen belassen werden.

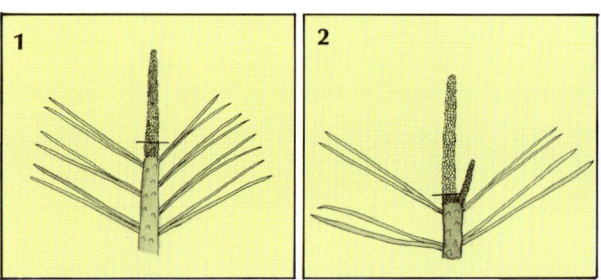

1, 2 Die größeren Triebe der anderen Kiefernarten, beispielsweise der Schwarz- und Rotkiefer, werden mit den Fingernägeln abgeknipst, während man die kleinen Triebe beläßt.
Die Triebe im oberen Teil des Bonsai und bei jüngeren Pflanzen werden stärker zurückgestutzt. Die unteren Äste und Zweige wachsen langsamer und bilden kleinere Triebe, die ganz oder zum großen Teil belassen werden können.

mit den Fingern entfernt. Nur ein Teil des Triebes bzw. einige Nadeln werden belassen.
Wenn die Nadeln einer Kiefer zu lang werden und die Proportionen des Bonsai stören, kann man alle jungen Triebe jedes zweite oder dritte Frühjahr entfernen. Die neuen Nadeln, die in der nächsten Saison erscheinen, sind viel kleiner und kompakter.
Die Triebe der blühenden und früchtetragenden Pflanzenarten, wie zum Beispiel der Aprikose und Kirsche, werden nach der Blüte auf zwei bis drei Blattansätze zurückgeschnitten. Pflanzen, die viele Triebe ansetzen, wie die Azalee, müssen manchmal radikal gestutzt werden. Man läßt dann

von fünf Trieben einen oder zwei zurück. Wird später in der Wachstumssaison ein erneutes Zurückschneiden nötig, sorgt man dafür, daß sich einige neue Blütenknospen bilden können.
Kleine Austriebe am Stamm oder an den Hauptästen werden sofort nach dem Erscheinen mit den Fingern entfernt.

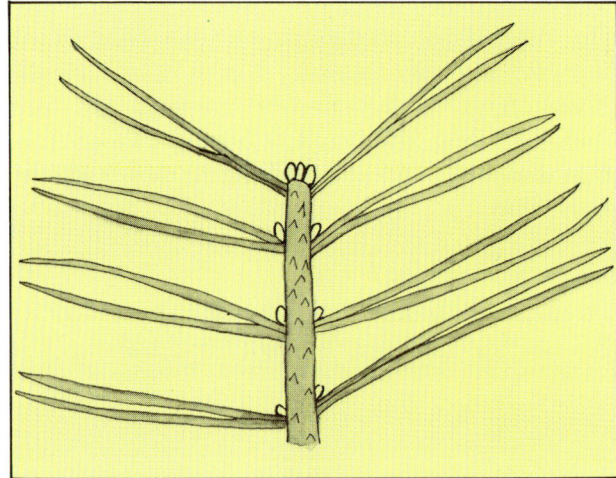

Vier bis sechs Wochen nach dem Auszupfen entwickeln sich die neuen Triebe.

Nach dem Zurückschneiden der Äste und Wurzeln sollte man ein Bonsai nicht zusätzlich noch auf Form schneiden. Die Pflanze braucht dann erst einmal eine Erholungspause.
Die Zeiten und die Häufigkeit des Formschnitts für die verschiedenen Bonsaiarten sind aus der Tabelle auf Seite 144 zu ersehen.

Der Blattschnitt

Anfang Juni bis Anfang August, wenn sich die Pflanzen in vollem Wachstum befinden, können bei gesunden und kräftigen Laubbäumen die Blätter entfernt werden. Das Bonsai macht dann einen Scheinherbst durch und entwickelt nach etwa einem Monat neue Knospen und Blätter, die bei älteren Pflanzen in der Regel kleiner sind als die ersten.

Bei jungen Pflanzen wird durch das Schneiden der Blätter nur das Wachstum beschleunigt. Die Größe der Blätter kann in diesem Entwicklungsstadium nicht durch Blattschnitt beeinflußt werden. Kurzstielige Blätter, wie die der Ulme, können mit der Hand abgestreift werden. Bei langstieligen Blättern wird der Stiel belassen und nur das Blatt abgeschnitten.

Für den Blattschnitt eignen sich die meisten Laubbäume und die großblättrigen immergrünen Pflanzen (vgl. die Angaben in der Tabelle auf Seite 144–151). Die blühenden und früchtetragenden Pflanzenarten sowie die Nadelgehölze eignen sich nicht für das Schneiden der Blätter.

Eine Ausnahme bilden die Kiefern. Bei ihnen kann man im Frühjahr die noch weichen Nadeln, unmittelbar bevor sie fest werden, auszupfen. Die neuen Nadeln, die im nächsten Frühjahr erscheinen, sind dann kürzer und buschiger. Diese Methode sollte jedoch nur alle zwei bis drei Jahre angewendet werden.

Falls außerhalb der Verpflanzzeiten ein Laubbonsai umgetopft werden muß, ist zur Reduzierung der Verdunstung ein Blattschnitt zu empfehlen. Unmittelbar vor und nach dem Blattschnitt darf die Pflanze nicht gedüngt werden. Man stellt das Bonsai bis zum Erscheinen der neuen Triebe im Schatten auf. Es muß während dieser Zeit wegen der geringeren Wasserverdunstung weniger gegossen werden.

Zelkova (Zelkova serrata) – Besenform, Höhe: 30 cm, 35 Jahre.

Bonsaigestaltung durch Drahten und andere Korrekturtechniken

In vielen Fällen läßt sich ein Bonsai allein durch das Schneiden der Äste und den Formschnitt gestalten. Wenn jedoch die Äste eines Baumes nach unten wachsen, eine Krümmung korrigiert oder eine spezielle Bonsaiform wie die Kaskade erreicht werden soll, benötigt man weitere Techniken. Dazu gehört das Drahten, das Herabbinden von Ästen, das Beschweren von Ästen, die Formung mit einer Art Schraubzwinge u.ä.

Das *Drahten* ist eine etwas schwierige, aber wirksame Methode, um auf die Gestalt eines Bonsai einzuwirken. Der Stamm oder der Ast, der geformt werden soll, wird spiralenförmig mit Draht umwickelt und dann in der gewünschten Weise gebogen. Man kann das Drahten bei den meisten Bonsaiarten anwenden, vorausgesetzt, die Pflanzen befinden sich noch im Wachstum und sind kräftig und gesund.

Kupfer- oder ein dunkeleloxierter Aluminiumdraht haben sich beim Drahten am besten bewährt. Diese Materialien sind geschmeidig und halten gleichzeitig gut die Form. Außerdem rosten sie nicht. Draht in den Stärken von 1–5,5 mm wird im Fachhandel und in Eisenwarengeschäften angeboten.

Die *Stärke des Drahtes* wird vom Durchmesser des Stammes oder des Astes bestimmt, den man drahtet. Als Faustregel gilt: der Draht sollte eine Stärke haben, die einem Drittel des Astdurchmessers an der Stelle entspricht, an der er am stärksten ist. Der Draht muß genügend Spannkraft besitzen, um den Ast in der beabsichtigten Form zu halten. Anstatt eines dicken Drahtes können auch zwei dünnere verwendet werden.

Man kann den Draht wieder benützen, wenn man ihn geradebiegt. Kupferdraht kann zusätzlich noch bei schwachem Feuer ausgeglüht werden, damit er geschmeidiger wird.

Die richtigen *Jahreszeiten* für das Drahten sind in der Tabelle auf Seite 144 ff angegeben. Grundsätzlich sollte man während des Austriebs nicht drahten, weil die Knospen und jungen Triebe allzu leicht beschädigt werden könnten. Bei Laubgehölzen wird die Korrekturhilfe vorgenommen, wenn sie in vollem Wachstum stehen, das heißt, wenn die Blätter gerade ausgewachsen sind. Immergrüne Pflanzen und Nadelgehölze können auch im Herbst oder im Winter gedrahtet werden.

Wenn man die Pflanzen einen oder zwei Tage vor dem Drahten nicht wässert, sind die Äste elastischer. Darauf kommt es vor allem bei Laubbäumen an, deren Holz oft besonders brüchig ist. Die Äste von Kiefern brechen gern in Gabelungen. Man wird deshalb die Äste mit den Fingern und dem Daumen zusammendrücken, während man sie drahtet.

Zweige, die nicht länger sind als 5 cm, werden nicht gedrahtet, weil sie noch zu weich sind und abbrechen könnten. Bei Bäumen mit weicher Rinde, dem Ahorn, dem Granatapfel oder der Weide zum Beispiel, empfiehlt es sich, den Draht zum Schutz mit Kreppapier zu umwickeln.

Vor dem *Beginn* einer Korrektur mit Draht sollte man genau wissen, welche Form man erreichen will. Dabei ist zu beachten: Ein Stamm oder ein Ast dürfen möglichst nicht gegen ihre natürliche Biegung gekrümmt werden. Und: Eine durchgeführte Korrektur kann nur zum Schaden der Pflanze wieder rückgängig gemacht werden.

Der Draht wird vorbereitet, indem man die richtige Stärke auswählt. Am Widerstand, den der Stamm oder Ast bietet, wenn er probeweise gebogen wird, ist zu spüren, wie stark die Korrekturhilfe sein muß, um ihn in der angestrebten Form festzuhalten. Der Draht sollte mindestens ein Drittel länger sein als die Stellen, die gedrahtet werden.

Man biegt den Stamm oder Ast zunächst einmal in die Form, die er später annehmen soll. Dadurch wird er an der betreffenden Stelle nachgiebiger. In manchen Fällen hilft ein kleiner Schnitt am Astansatz, der verhindert, daß der Ast bricht.

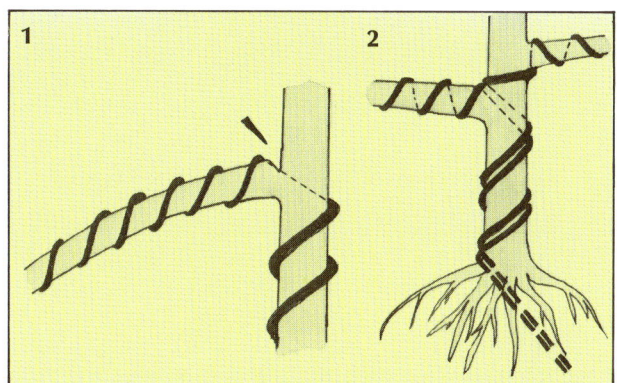

1 Ein kleiner Einschnitt am Astansatz verhindert, daß der Ast beim Biegen bricht.
2 Der Draht wird auf der Rückseite des Stammes in die Erde geschoben und dadurch gesichert. Verwendet man zwei Drähte, werden diese dicht nebeneinander in einem Winkel von ca. 45° aufgewickelt.

Das Drahten eines Stammes wird begonnen, indem man auf seiner Rückseite ein Ende des Drahtes ein gutes Stück bzw. bis zum Schalenboden in die Erde schiebt. An einer Astgabelung wird der Draht gesichert, indem er zunächst um den Stamm oder einen gegenüberliegenden Ast gewunden wird.

Man wickelt den Draht stets spiralenförmig in einem Winkel von 45° von unten nach oben. Es entstehen Windungen in gleichem Abstand, der nur zur Spitze des Stammes oder Astes hin etwas geringer wird. Der Draht darf nicht zu fest und nicht zu locker sitzen. Der Wickelvorgang strafft übrigens den Draht von selbst. Die eine Hand windet den Draht, während die andere die Bewegung unterstützt und die Windungen festhält. Man achte darauf, daß durch das Aufwickeln des Drahtes keine Triebe oder kleine Zweige beschädigt werden.

Wird doppelt gedrahtet, sollten die beiden Drähte, die nachher dicht beieinanderliegen, getrennt aufgewickelt werden. Wenn mehrere Drähte verwendet werden, laufen diese immer parallel. Sie dürfen sich möglichst nicht überkreuzen. Ist ein Überkreuzen des Drahtes nicht zu vermeiden, muß man darauf achten, daß es von vorn nicht zu sehen ist. Damit die Drahtenden nicht abstehen, biegt man sie zum Ast hin.

Beide Daumen befinden sich auf der Innenseite der Krümmung, wenn der Ast vorsichtig und fest zugleich in die neue Form gebogen wird. Bei einem guten Bonsai werden die Biegungen immer natürlich wirken und nie bizarr und abrupt.

Für eine größere Korrektur des Stammes, in die auch die Wurzeln einbezogen werden können,

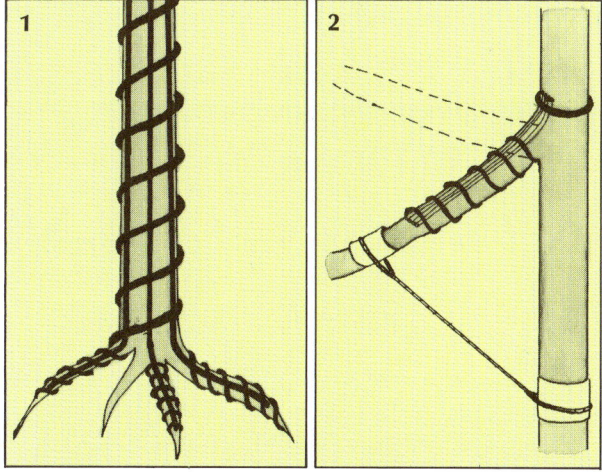

1 Für größere Korrekturen können Drahtstäbe parallel zum Stamm angebracht werden.
2 Zum Erreichen einer besonders starken Krümmung werden die betreffenden Stellen mit Bast oder Hanfschnur umwickelt und Drahtstücke an der Außenseite der Biegung angebracht.

Bonsaigestaltung durch Drahten und andere Korrekturtechniken

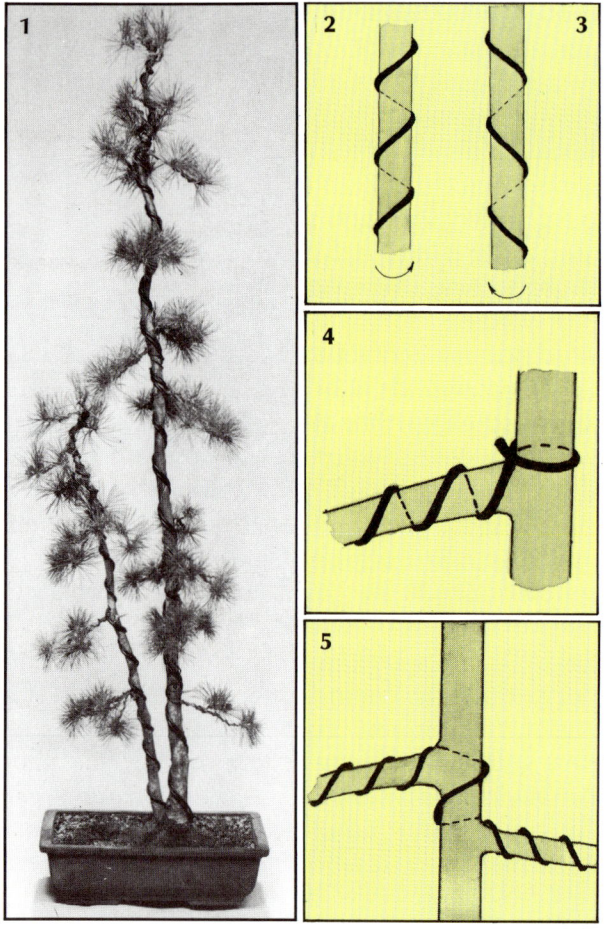

Wenn eine bestimmte, vielleicht besonders starke Krümmung eines Stammes oder Astes erreicht werden soll, wird die Stelle mit Bast oder Hanfschnur umwickelt. Man legt Drahtstücke in entsprechender Länge parallel zum Stamm oder Ast an die Außenseite der Krümmung. Dann wird gedrahtet und gebogen. Je stärker die Biegung werden soll, desto enger wickelt man den Draht. Ein Ast kann zusätzlich noch herabgebunden werden.

Nach dem Drahten will ein Bonsai drei bis vier Tage schattiert und gut gewässert werden. Es bleibt für etwa zwei Wochen an einem windgeschützten Platz. Während dieser Zeit wird der Dünger abgesetzt.

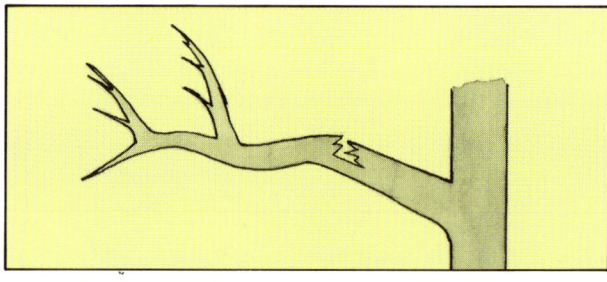

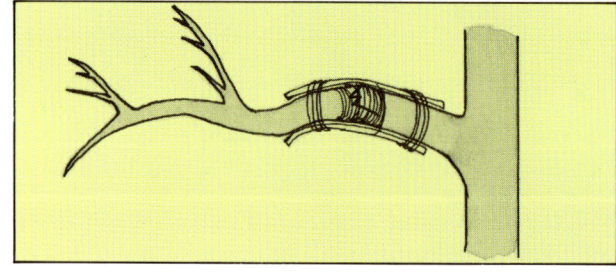

Ein angebrochener Ast wird vorsichtig zusammengefügt und eventuell geschient. Die verletzte Stelle wird fest mit Bast umwickelt.

1 Kiefern-Zwillingsstamm (*Pinus parviflora*), durch Drahten geformt. Deutlich sichtbar sind die gleichmäßigen Windungen des dunklen Kupferdrahtes. Der Draht wurde auf der Rückseite des Stammes in die Erde geschoben und dadurch gesichert. Der rechte Stamm ist doppelt gedrahtet. Die richtig gewählte Stärke des Drahtes garantiert eine andauernd stützende Korrektur. Mit Hilfe von dünneren Drähten, die am Stamm gesichert sind, wurden die Äste nach unten gebogen.
2 Eine Biegung nach vorn und/oder nach rechts setzt ein Wickeln des Drahtes links herum voraus.
3 Für eine Biegung nach hinten und/oder links wickelt man den Draht rechts herum.
4 Sicherung des Drahtes, wenn nur ein Ast gedrahtet wird. Das Drahtende sollte von vorn nicht zu sehen sein.
5 Für die Formung gegenüberliegender Äste wird Draht verwendet. Sollen die Äste nach unten gebogen werden, drahtet man von oben nach unten.

bringt man Drahtstäbe parallel zum Stamm an und umwickelt ihn mit Draht. Die Windungen des Drahtes können in diesem Fall flacher sein.

Die Korrekturhilfe wird bei jungen Bäumen nach drei bis vier und bei älteren und langsamer wachsenden Bäumen nach sechs bis acht Monaten wieder *entfernt*. Diese Zeitangaben gelten vor allem für Laubgehölze. Immergrüne Bäume und Nadelgehölze benötigen mehr Zeit für eine Umformung. Nach zwölf Monaten sollte jedoch auch bei diesen Bonsaiarten der Draht wieder beseitigt werden, spätestens jedoch, wenn er beginnt, in die Rinde einzuschneiden.

Wenn die Zeit für das Abnehmen des Drahtes gekommen ist, wickelt man ihn vorsichtig von den äußeren Enden her ab. Bereits eingewachsener Draht wird in kleinen Stückchen mit einer Spezialzange herausgeschnitten oder in der Rinde belassen.

In vielen Fällen muß die Korrekturhilfe wiederholt werden. Man sollte jedoch mindestens ein Jahr warten, bis man erneut drahtet.

Ein *angebrochener Ast* oder Zweig kann bei einigem Glück wieder anwachsen.

Man bringt ihn behutsam in die frühere Position und umwickelt die verletzte Stelle mit Bast. Nach zwei bis drei Monaten kann der Bast wieder entfernt werden.

Ein abgebrochener Zweig ist nicht mehr zu retten. In diesem Fall muß der Stumpf abgeschnitten werden.

Weitere Korrekturtechniken für die Gestaltung von Bonsais

Außer den beschriebenen Korrekturhilfen für die Formung von Miniaturbäumen gibt es noch viele weitere, die hier nicht alle dargestellt werden können. Jeder Bonsaifreund kann für seine Zwecke eigene Gestaltungsmethoden erfinden. Einige gebräuchliche seien noch aufgezeigt. Für die Korrektur von Stämmen und Ästen gibt es verschiedene Verfahren. Die Eingriffe dürfen nie gewaltsam geschehen. Wenn zum Beispiel ein Ast herabgebunden werden soll, befestigt man ihn in einem ersten Stadium etwa halb so tief, wie er später einmal wachsen soll. Nach drei Monaten kann der Druck allmählich verstärkt werden, bis schließlich nach weiteren Wochen die angestrebte Form erreicht ist.

Die Stellen, an denen der Draht fixiert wird, polstert man mit Holz- oder Gummistücken von einem alten Gartenschlauch.

Wird die Korrektur im Frühjahr vorgenommen, kann man bei Laubgehölzen die Gestaltungshilfen im späten Sommer wieder entfernen. Nadelgehölze benötigen mehr Zeit für eine Umformung (s. S. 66 + 67).

Igelwacholder (*Juniperus rigida*) – Treibholzstil, Höhe: 86 cm. Auffallend ist der Gegensatz zwischen der fahlen Farbe des gebleichten Holzes und dem frischen dunklen Grün der Nadeln. Die beiden schlanken Äste und deren gut geformte Spitzen geben dem Bonsai ein elegantes Aussehen. – Ein gelungenes Bonsai.

1. Man befestigt Drähte am Pflanzgefäß und benutzt sie als Halterung, an der die Äste einzeln befestigt und herabgebunden werden. Auch durch die Abzugsöffnungen kann Draht von unten bis zur Erdoberfläche durchgeschoben werden, der zur Fixierung dient. Der Draht wird mit Holz- oder Metallstäbchen an den Dränage-Öffnungen gesichert.
2. Der Draht wird am Stamm angebracht und der oder die Äste zum Stamm herabgebunden, so daß er einer Bogensehne gleicht.
3. Die Wuchsrichtung von Ästen kann auch durch Anbringen von Gewichten verändert werden. Man beschwert die Äste mit Gewichten aus Metall oder Stein, die mit Draht oder Schnur befestigt werden. Die Gewichte müssen die richtige Schwere haben. Gut bewährt haben sich kleine Plastiksäckchen, die mit Sand gefüllt werden, und deren Gewicht durch Vermehrung oder Verringerung der Sandmenge variiert werden kann.
4. Wenn zwei Stämme oder zwei Äste in einer Gabelung zu dicht beieinanderstehen, kann man sie durch Einklemmen eines kleinen Brettchens weiter auseinanderbringen.

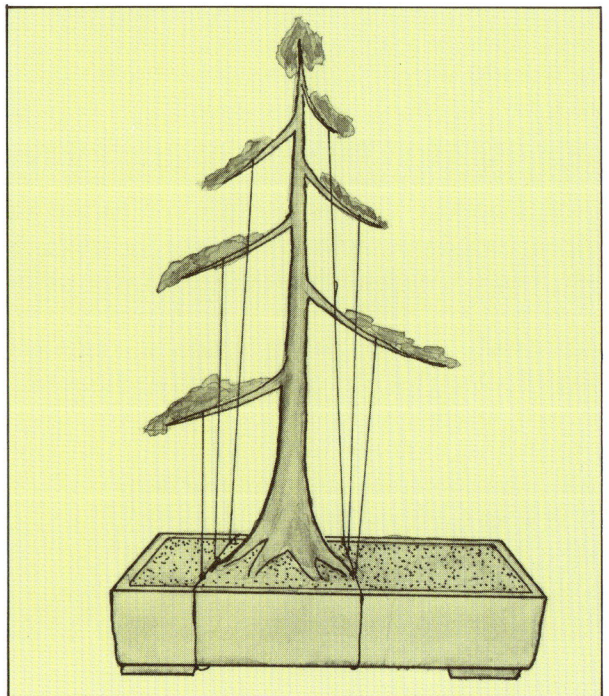

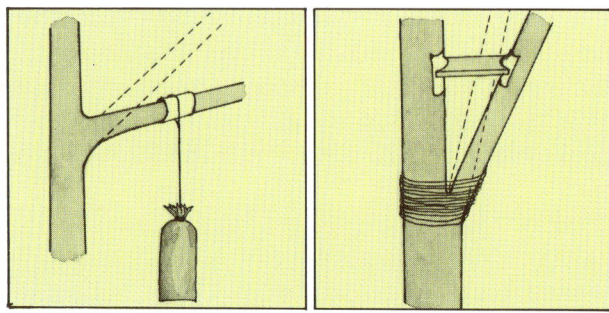

5. Zwei Stämme oder Äste, die zu weit auseinanderklaffen, werden durch einen s-förmigen Haken zueinandergebogen. Man kann das auch mit Hilfe eines doppelt gespannten Drahtes erreichen, der durch einen kleinen Stab oder durch einen Nagel auf die gewünschte Länge zusammengedreht wird.

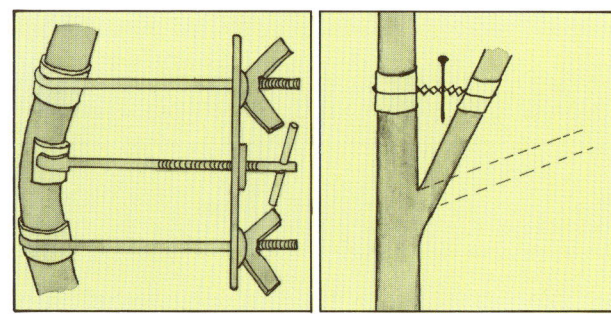

Schraubzwinge zur Formung von Stämmen und starken Ästen. Die Stellen, an denen die Halterung angebracht wird, sind mit Gummistücken o.ä. zu polstern.

6. Für größere Korrekturen am Stamm oder an starken Ästen gibt es eine spezielle Schraubzwinge. Durch sie können Krümmungen erreicht und beseitigt werden.

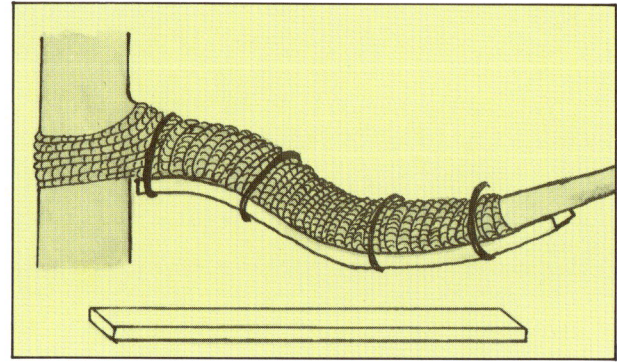

7. Ein rechteckiger Metallstab wird bei Korrektureingriffen verwendet, durch die ein besonders starker Ast oder Stamm gebogen werden soll. Parallel zum Ast oder Stamm werden mehrere Stränge Bast angebracht, die dann fest mit Bast oder Hanfschnur umwickelt werden. Man befestigt den Metallstab an der Außenseite der beabsichtigten Krümmung und biegt den Ast oder Stamm in der gewünschten Weise.

Schwarzkiefer (*Pinus thunbergii*) – Kaskade, Höhe: 40 cm, Breite: 55 cm. Das Bonsai, das in eine dunkelbraune, sechseckige Schale ohne Glasur gepflanzt ist, steht auf einem breiten Gestell. Der Wechsel von Licht und Schatten auf den Seitenflächen gibt dem großen Pflanzgefäß eine gewisse Leichtigkeit und Eleganz, die noch von den kleinen Füßen, die die Schale ein wenig vom Boden abheben, unterstrichen wird. Die Zweige verdecken den Stamm teilweise. Der als Wildling aufgewachsene Miniaturbaum hat durch die Kultivierung nichts von seiner herben Natürlichkeit verloren. Die mit Moos bedeckte Erdoberfläche steigt nach rechts hin leicht an. Diese Bewegung wird vom Stamm aufgenommen und nach links fortgesetzt.

Die Korrektur der Wuchsform durch Veredelung

Die Technik der Veredelung (s. S. 43–46) am eigenen Holz kann die Wuchsform eines Bonsai verbessern helfen. Flexible Äste, die zu lang sind, werden zurückgebunden, angepfropft, und dadurch verkürzt. Ein Mehrfachstamm kann gezüchtet werden, indem man einen tiefsitzenden Ast mit dem Stamm vereinigt. Auf ähnliche Weise können fehlende Äste ersetzt werden. Das Aufpfropfen von Zweigen kann am Stamm und an den Ästen vorgenommen werden. Auch Äste von Bonsais der gleichen Pflanzenart lassen sich durch Veredelung übertragen. Dazu stellt man die Pflanzen dicht nebeneinander und fügt Stamm

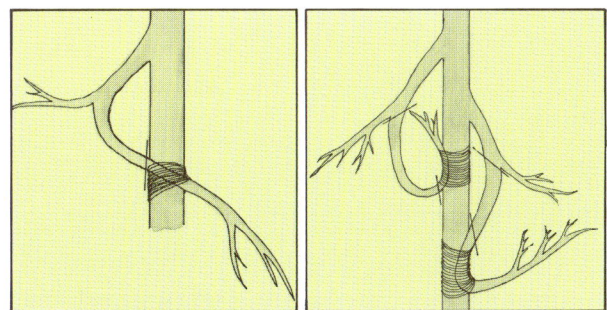

Aufpfropfen von Ästen auf den Stamm.

Die Gestaltung der Wurzeln

und Ast bzw. die Äste in der gewünschten Weise zusammen. Auch durch die Methode des Seitenpfropfens (s. S. 45) ist das Einsetzen von Zweigen möglich. Man wird einiges Geschick aufbringen müssen, um die beim Veredeln unvermeidlichen Narben zu „verstecken".

Die Stellen, die zusammenwachsen sollen, werden bis auf das Holz von der Rinde befreit und mit Bast fest zusammengebunden. Wenn zum Beispiel ein Ast verkürzt wird, schneidet man ihn an beiden Stellen zur Hälfte an und fügt die Schnittstellen zusammen.

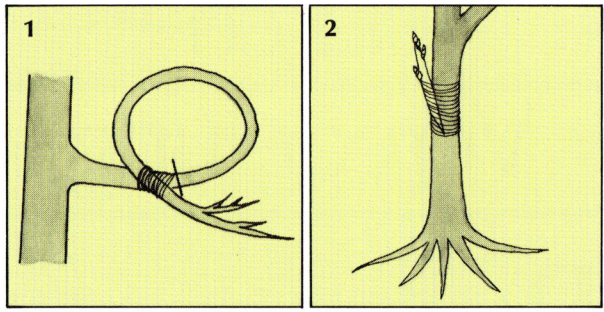

1 Verkürzen zu langer Äste durch die Veredelungsmethode.
2 Einfügen eines Astes durch Seitenveredelung.

Aufpfropfen eines fehlenden Astes von einer Pflanze der gleichen Art.

Bei Nadelgehölzen dauert es in der Regel ein Jahr, bis die Teile fest verwachsen sind. Laubgehölze wachsen rascher zusammen. Zur gegebenen Zeit wird der Ast unterhalb der Narbe abgeschnitten.

Gutgeformte Wurzeln sind für ein Bonsai von großer Bedeutung (s. S. 24). Bei der Wahl des Pflanzenmaterials wird man auf die Struktur der Wurzeln besonders achten.

Das Umtopfen ist jedesmal eine Gelegenheit zur Formung der Wurzeln. Alte und abgestorbene Wurzelstücke sowie Wurzeln, die in eine unerwünschte Richtung wachsen, können abgeschnitten werden. Pfahlwurzeln werden stufenweise gekürzt bzw. entfernt. Stärkere Wurzeln schneidet man so, daß die Biegung nach unten geht und auch die Schnittstelle nach unten weist. Große Schnittwunden werden mit Baumwachs bestrichen. Beim Einpflanzen in die Schale wird dafür gesorgt, daß die Wurzeln möglichst flach liegen und in alle Richtungen zeigen.

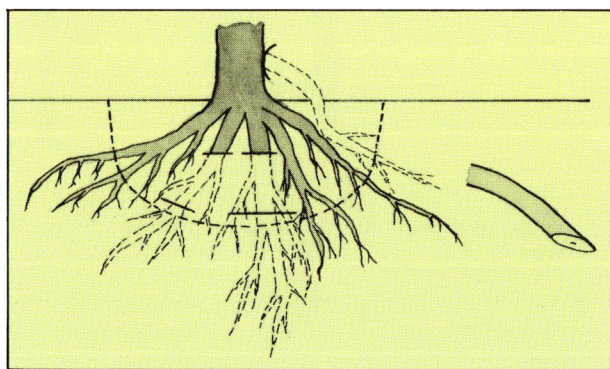

Die Wurzeln werden um ein Drittel zurückgeschnitten. Unerwünschte, alte und abgestorbene Wurzeln enfernt man. Pfahlwurzeln werden stückweise gekürzt: beim ersten Umtopfen um ein Drittel. Beim nächsten Verpflanzen um ein weiteres Drittel.
Die Wurzeln werden jeweils unterhalb einer Krümmung nach unten abgeschnitten. Die Schnittstelle zeigt nach unten.
Nach dem Wurzelschnitt sollte die Baumkrone ebenfalls entsprechend zurückgeschnitten werden, etwa in einem Verhältnis 4:6.

Falls die Struktur der Wurzeln mangelhaft ist oder Wurzeln beschädigt wurden, kann durch verschiedene Maßnahmen ein Ausgleich erreicht werden.

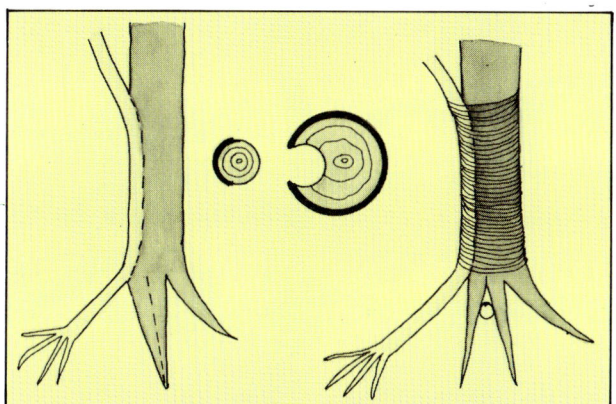

Fehlende Wurzeln können aufgepfropft werden. Dickere Wurzeln lassen sich aufspalten. Um ein Zusammenwachsen der Wurzelteile zu vermeiden, klemmt man ein Holzstückchen oder einen Kieselstein in den Spalt.
Die Unterlage (Stamm) und das Reis (junge Pflanze der gleichen Art) werden aneinander angepaßt und zusammengefügt.

Wenn die Wurzeln zum Beispiel nur nach einer Seite wachsen, wird man durch Veredelung, durch Abmoosen oder durch Verletzen der Rinde mit Hilfe eines Dorns und Aufstreuen von Hormonpuder das Wachstum neuer Wurzeln anregen bzw. eine Korrektur erreichen. Auch das Spalten dicker Wurzeln und das Drahten von Wurzeln ist möglich. Schwach entwickelte Wurzeln können durch ein Bewurzelungshormon zu stärkerem Wachstum angeregt werden.

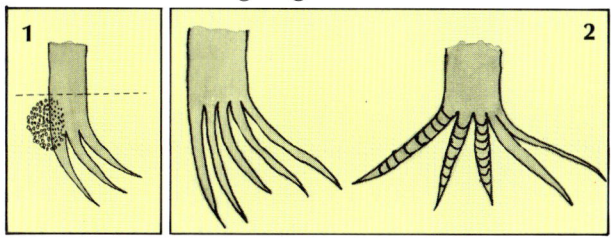

1 Die Rinde wird mit einem Dorn verletzt und Hormonpuder aufgestreut, um die Bildung neuer Wurzeln anzuregen. Man umgibt die Stelle mit einer sandhaltigen Erdmischung von grober Körnung.
2 Zum Drahten von Wurzeln verwendet man am besten plastikbeschichteten Kupferdraht, der in der Erde nicht oxidiert.

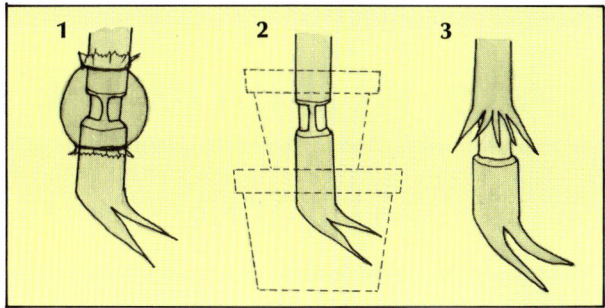

1 Entwicklung besserer Wurzeln durch das Abmoosen (siehe auch S. 49). Die Stelle, an der die neuen Wurzeln wachsen sollen, wird mit feuchtem Torf oder Moos bzw. mit einer Mischung von beiden umgeben und in eine durchsichtige Plastikfolie eingehüllt.
2 Auch ein durchgesägter Blumentopf kann verwendet werden.
3 Nach der Bildung neuer Wurzeln wird der untere Teil abgetrennt.

Dickrindige Schwarzkiefer (*Pinus thunbergii* 'Corticosa') – streng aufrechte Form, Höhe: 63 cm. Die sehr zerklüftete, korkartige Rinde erweckt den Eindruck, als wäre der Stamm dieser Kiefer aus gegeneinander verschobenen Teilen zusammengefügt. Die Aufspaltung ist so stark, daß sie fast künstlich wirkt. Die Äste sind horizontal bzw. leicht nach unten gerichtet. Die hellgrünen Nadeln wachsen in kompakten und dennoch durchsichtigen Büscheln.
Die Position des Bonsai ist genau in der Mitte einer runden, dunkelbraunen Schale ohne Glasur. Durch den kleinen Rand und den Absatz beim Übergang zu den verzierten Füßen wird dem Pflanzgefäß ein wenig von der Strenge seiner Form genommen.

Das künstliche Altern (jin und shari)

Die Lebenszeit eines Baumes ist abhängig von der jeweiligen Pflanzenart und der individuellen Lebensdauer des einzelnen Baumes. Der natürliche Vorgang des Alterns läßt sich daher bei Miniaturbäumen ebensowenig beeinflussen wie bei anderen Lebewesen. Man kann jedoch durch künstliche Eingriffe einem Bonsai ein älteres Aussehen geben. Zum Beispiel kann der Ast eines jungen Baumes zu einer Spirale gedreht und dann abgerissen werden. Die klaffende Wunde, die am Stamm entsteht, erweckt später den Eindruck, als sei sie während eines schweren Sturmes oder durch Blitzschlag entstanden. Wenn das Alter eines Bonsais nicht bekannt oder belegt ist, kann es nur annähernd geschätzt werden.

Manchmal sterben Zweige oder ganze Teile eines Baumes ab. An diesen Stellen kann die Rinde abgeschält werden. Sie wirken, als seien sie vom Wetter gebleicht und geben dem Baum ein ungewöhnliches Aussehen. Mit der gleichen Technik kann man auch gesunde Stämme und Äste behandeln, um die dekorative Wirkung des gebleichten Holzes für die Bonsaigestaltung zu nutzen. An den vorgesehenen Stellen wird die Rinde mit einem Messer entfernt. Man glättet das Holz und bleicht es in der unten beschriebenen Weise. Wenn die Rinde vollständig entfernt wird, so daß die betreffenden Stellen absterben, nennt man das *jin*. Werden nur Teile der Rinde am Stamm, an Ästen oder an den sichtbaren Wurzeln abgeschält, wird dies *shari* genannt (siehe Abb. S. 28).

Die silberhelle Färbung des Holzes wird erreicht, indem die von der Rinde befreiten Stellen mit Schmirgelpapier abgerieben und mit einer Lösung aus einem Teil ungelöschtem Kalk und zwei Teilen Schwefel bestrichen werden.

Bei Pflanzen in fortgeschrittenem Alter kann durch Abschälen der Rinde (jin) der Eindruck eines höheren Alters erweckt werden. Die Rinde wird mit einem Messer bis auf das Holz entfernt. Man spitzt den Aststummel zu und glättet die blanken Flächen. Zum Bleichen kann eine Lösung aus ungelöschtem Kalk und Schwefel aufgetragen werden.

Die Lösung wird zubereitet, indem man 60 g ungelöschten Kalk und 120 g Schwefel in Pulverform getrennt mit jeweils einem Viertelliter Wasser anrührt und dann vermischt. Das Gemisch wird etwa eine Stunde gekocht. Nach einem halben Jahr entfernt man die Lösung und trägt neue auf.

Zum Bleichen des Holzes kann auch Zitronensäure verwendet werden.

Einige Beispiele spezieller Bonsaigestaltung

Granatapfel (*Punica granatum*) – Halbkaskade, Höhe: 33 cm. Die formvollendete Struktur der Äste und Zweige ist trotz der Belaubung deutlich erkennbar. Die charakteristische Wuchsform des Granatapfelbaumes, seine kleinen, glänzenden Blätter und die schönen roten Blüten sind nur einige Eigenschaften, die seine Beliebtheit als Bonsai erklären.

Die tiefe, blauglasierte Schale mit dem schmalen Absatz und den schräg angefügten, verzierten Füßen eignet sich vorzüglich als Pflanzgefäß für den Miniaturbaum, der bereits das beachtliche Alter von ca. 80 Jahren erreicht hat.

Die Gestaltung einer Baumschulpflanze zum Bonsai

Für die erfolgreiche Gestaltung einer Baumschulpflanze zum Bonsai ist bereits die Wahl des Pflanzenmaterials von entscheidender Bedeutung. Die Kriterien für das Aussuchen geeigneter Pflanzen sind auf Seite 126 aufgeführt.

Man wird es vermeiden, der Pflanze eine bestimmte Form aufzuzwingen. Die Gestaltung eines Bonsai kann nur gelingen, wenn die in einer Pflanze angelegten Wuchsformen herausgearbeitet werden. In manchen Fällen ist das einfach und leicht. Oft ist jedoch ein geduldiges Betrachten und Warten nötig, bis man weiß, was für eine Gestalt in einer bestimmten Pflanze steckt.

Die Abbildungen zeigen, wie aus einem in einer Baumschule erworbenen Wacholder (Juniperus chinensis) ein Bonsai geformt wird. Von der buschigen Baumkrone bleiben nur verhältnismäßig wenige Äste erhalten. Eine einfach und klar geformte Grundgestalt ist entstanden, in die der Baum im Laufe der Jahre „hineinwachsen" kann. Einige Äste wurden durch „künstliches" Altern (jin) geschickt in die Gesamtgestalt des Baumes einbezogen. Das Drahten brachte schließlich noch eine weitere Verbesserung und Verfeinerung der Wuchsform. Als Pflanzgefäß wurde eine einfache Züchterschale gewählt.

1 Baumschulpflanze (5–6 jährig. *Juniperus chinensis*, Höhe: 39 cm), die sich durch einen kompakten Wuchs auszeichnet. Von den in alle Richtungen wachsenden Ästen können die für eine Formung zum Bonsai geeigneten ausgewählt werden.
2 Alle Zweige und Äste, die nicht zur gewählten Wuchsform passen, werden entfernt. Zum Schneiden stärkerer Äste verwendet man am besten eine Konkavschnittzange. Die Schnittwunden heilen dann rascher ab, und es bleiben kaum Vernarbungen zurück.
3 Die Pflanze ist bereits stark zurückgeschnitten. An einigen Ästen wird die Rinde entfernt (jin). Die aufgespaltene Astgabel im Vordergrund kann auf diese Weise in die Gestaltung einbezogen werden.

4 Die auf ihre Grundform zurückgeschnittene Pflanze wird zusätzlich noch gedrahtet. Der Draht ist zur Sicherung auf der Rückseite der Pflanze schräg in die Erde geschoben worden.

5 Man wickelt den Draht spiralenförmig in gleichmäßigen Windungen von unten nach oben. Rechts: die Haltung der Hand beim Winden des Drahtes. Die andere Hand unterstützt die Bewegungen und verhindert ein Brechen der Äste und Zweige.

Die Äste werden vorsichtig in die gewünschte Richtung gebogen. Die Daumen unterstützen den Vorgang auf der Innenseite der Krümmung.

An die gedrahtete Pflanze wird letzte Hand angelegt. Sie ist bereits in eine quadratische Züchterschale gepflanzt.

Das Bonsai einige Wochen später. Der neue Austrieb ist bereits erfolgt.

Das Anpflanzen von Miniaturlandschaften

Die japanischen Miniaturlandschaften in Pflanzgefäßen haben ein Vorbild in der berühmten, jahrhundertealten Tradition der japanischen Gartenarchitektur. Die Kunst, eine natürliche Landschaft auf kleinstem Raum zu gestalten, stammt wahrscheinlich aus China. Dort kannte man bereits im 7. Jahrhundert Bonkei, „Landschaft auf dem Tablett" (s. S. 11).

Das Zusammenstellen und Kultivieren einer Miniaturlandschaft macht nicht nur Freude, sondern regt auch die Phantasie an und veranlaßt Bonsaifreunde, nach geeigneten Vorbildern und Beispielen in der Natur Ausschau zu halten. Außerdem können einzelne Elemente des Arrangements gesammelt werden: geeignete Felsbrocken, Pflanzen, Gräser, Moos usw.

Bei den Miniaturlandschaften unterscheidet man in Japan zwei Hauptrichtungen. Man kennt die klassisch strengen Gruppen- und Felsenpflanzungen, die auf vielfache Weise variiert werden können, je nach dem Stein- und Pflanzenmaterial, das zur Verfügung steht. Daneben gibt es die freiere Gestaltung von Miniaturlandschaften, die in einigen Fällen das Aufstellen von kleinen Häusern, Brücken und Figuren u.ä. mit einbezieht. Diese weniger formale Auffassung knüpft an die alte Tradition des Bonkei an.

Die kleinen Nachbildungen einer hügeligen Landschaft mit Bäumen und Baumgruppen, in die Steine eingefügt sind, deren helle Einschlüsse wie über Felsen herabschießende Wasserfälle erscheinen, nennen die Japaner Saikei. Auch künstliche Bachläufe, die mit feinem weißen Sand gefüllt sind, werden gestaltet.

Der Bonsaifreund mag selbst entscheiden, welcher Auffassung er den Vorzug gibt, oder ob er einen Kompromiß für angebracht hält.

Im folgenden werden einige Beispiele aus dem großen Gebiet der Gestaltung von Miniaturlandschaften beschrieben.

Wasserstein – suiseki. Besonders schön geformte Steine legt man in Japan oft in eine flache Schale und stellt sie für sich oder zusammen mit einem Bonsai auf.

Die Felsenpflanzungen

Zwei Grundformen werden bei den Felsenpflanzungen unterschieden: Bonsais, die *auf* einem Felsen wachsen beziehungsweise in der Erde, die in die Vertiefungen des Steines eingebettet ist. Die Pflanzung steht in einer flachen Schale, die mit Sand oder mit Wasser gefüllt ist. Und Bonsais, die *über* einen Felsen wachsen, das heißt, die mit den Wurzeln einen Felsbrocken umklammern, um sich die Nahrung aus der Erde zu holen, die den Felsen umgibt (s. S. 81).

Beim Anpflanzen einer Felsenlandschaft kann die *Perspektive* als Gestaltungselement mit einbezogen werden. Man kann zum Beispiel eine Landschaft aus der *Nahsicht* betrachten, ähnlich dem Ausschnitt, den ein Fernglas aus einer bestimmten Gegend herausvergrößert.

Bei der Felsenpflanzung erreicht man diesen Effekt, indem größere Bäume auf kleineren Steinen angepflanzt werden.

Betrachtet man dagegen eine entfernt liegende Landschaft mit dem bloßen Auge, wirken die Bäume klein. Die Perspektive der *Fernsicht* wird dadurch erzielt, daß kleine, kleinblättrige Bäumchen auf einem großen, zerklüfteten Felsen angepflanzt werden.

Alle schön geformten *Natursteine* in der richtigen Größe eignen sich zur Gestaltung einer Felsenpflanzung. Man findet sie an Bach- und Flußufern, in Kiesgruben, in den Bergen und an der Küste. Findlinge von der Meeresküste müssen von allen Salzresten befreit werden, um eine Schädigung der Pflanzen zu vermeiden. Sie werden für einige Monate ins Wasser gelegt, das öfter erneuert wird, damit sich das noch verbliebene Salz vollständig auflöst.

Form und Farbe der Felsen sind entscheidend für die Wahl und Anordnung der Pflanzen. Steine, die für eine Pflanzung *auf* dem Fels verwendet werden, sollten nicht zu klein sein.

Auf einem hochragenden Stein mit mehreren Stufen und säulenartiger Zerklüftung kann eine Hochgebirgslandschaft entstehen. Ein großer, flacher Fels, der Platz für eine oder mehrere Baumgruppen bietet, wirkt nach der Bepflanzung wie eine bewaldete Insel.

Die gezackte Oberfläche eines Steines erinnert vielleicht an eine Felsküste oder die Gipfel eines weit entfernten Gebirgszuges. Eine vertikal eingelagerte Quarzschicht kann einen Wasserfall symbolisieren.

Besonders schöne Steine, die eine ausgeprägte

Pflanzung auf dem Fels – Ezofichte (*Picea jezoensis*), Höhe: 43 cm. Kleine Büsche von Zwergazaleen sowie verschiedene Gräser und Moose beleben die Miniaturlandschaft. Die extrem flache, blauglasierte Schale könnte eine Wasserfläche versinnbildlichen, so daß der Stein wie eine aus dem Meer herausragende Klippe wirkt.

Form besitzen, etwa die eines schneebedeckten Berges, einer engen Schlucht oder einer steilen Klippe, können auch ohne Bepflanzung in eine mit einem Moospolster, Sand oder Wasser gefüllte Schale gelegt werden. Diese Art von Arrangement nennt man *suiseki*, „Wasserstein". Es wird allein für sich aufgestellt oder mit einem Einzelbonsai bzw. mit einer Miniaturlandschaft aus Pflanzen kombiniert.

Für eine Pflanzung *über* den Fels, bei der die Wurzeln den Stein umklammern, eignet sich ein flacher, abgerundeter oder kantiger Felsbrocken von geringerer Größe.

Die Form und Größe des Steines sowie des Pflanzgefäßes, die Wuchsform der Pflanzen und die das Gesamtbild ergänzenden Zwergbüsche, Farne, Gräser und Moose sollten bei einer Felsenpflanzung sorgfältig aufeinander abgestimmt werden. Die Form des Felsens muß dem Wuchs der Pflanzen entsprechen. Ein stark gekrümmter Baum zum Beispiel harmoniert mit einem gezackten Felsen. Zu einer weich wirkenden Wuchsform paßt ein abgerundeter Stein.

Fast alle Bonsaiformen für Einzel- und Gruppenbonsais können bei einer Felsenpflanzung Verwendung finden. Man wählt am besten einen Baum mit geneigtem Stamm zur ähnlich geschichteten Struktur des Steines. Ein windgepeitschter Baum wird auf der Spitze eines Felsens angepflanzt. Ein Bonsai der Kaskadenform findet seinen Platz im oberen Drittel oder in der Mitte des Steines.

Auch die Farben sollten harmonieren. Ein grauer Kalkstein kontrastiert gut zum dunklen Grün der Fichten oder Cryptomerien. Zu einem schwarzen Basaltbrocken paßt die Farbe der Kiefern oder des rotblättrigen Ahorns. Die dunkel gefärbten Steine sind übrigens vielseitiger verwendbar.

Das natürliche Aussehen der Pflanzungen kann noch durch das Hinzufügen von kleinen Büschen wie Preiselbeeren, Zwergazaleen, Zwergbambus oder von Gräsern, Farnen und Moosen unterstützt werden. Die Zwergbüsche und Gräser sollen ein wenig Abwechslung und Farbe in die Pflanzung bringen. Man wählt sie so aus, daß sie untereinander und mit dem gesamten Arrangement eine Einheit bilden. Die Pflanzen müssen kleinwüchsig, robust, anspruchslos sein und auch an schattigen Plätzen gedeihen. Das Moos, dessen Farbenpalette vom dunklen Grün bis zum Rostbraun reichen kann, sollte vor allem fein sein. Jedes Anlegen einer Felsenpflanzung verlangt eine sorgfältige Planung. Eine Skizze kann helfen, die beste Anordnung der Steine und Pflanzen herauszufinden.

Beim Auswählen der Pflanzen kommt es vor allem auf einen kompakten Wuchs und kleine Blätter an. Eine Aufzählung der für die Felsenpflanzung geeigneten Pflanzen befindet sich auf Seite 141. Die Pflanzzeiten sind die für das Umtopfen üblichen, nämlich im Frühjahr und im Herbst.

Eine Pflanzung auf dem Fels

Für eine Pflanzung auf dem Fels benötigt man außer den Pflanzen (s. S. 141) und dem Felsen folgendes Material: die für das Umtopfen gebräuchlichen Werkzeuge (s. S. 94), Bonsaierde (s. S. 95–97), eine Mischung aus je einem Teil feuchtem Torf und Lehm, Kupferdraht, plastikbeschichteten Draht, haarnadelförmige Klammern aus Kupferdraht, Streifen aus Plastiknetz, Bleistücke (Angelgewichte), Hammer, Körner, frisches Moos. Der Stein, der an den Pflanzstellen möglichst Vertiefungen haben sollte, wird auf den Arbeitstisch gelegt. Ein Drehtisch erleichtert die Arbeit. Kupferösen für die plastikbeschichteten Drähte zum Befestigen der Pflanzen werden am Felsen fixiert. Man schlägt sie mit Hilfe eines Körners zusammen mit Bleistücken in kleine Risse und Spalten. Eventuell müssen mit einem Steinbohrer zusätzlich noch einige Löcher gebohrt werden. Zuvor prüft man aber, ob der Stein für solche Bohrungen genügend Festigkeit besitzt. Ausreichend viele Drähte werden durch die Ösen gezogen und fest-

Das Anpflanzen von Miniaturlandschaften

Das Material für eine Felsenpflanzung:
Zwergbüsche und Gräser (links vorn). Kugeln aus je einem Teil feuchtem Torf und Lehm, gut durchgeknetet. Frisches Moos in kleinen Stücken. Fertig geformte Pflanzen (Wacholder – *Juniperus chinensis*). Auf dem Drehtisch: ein ausreichend großer Stein (Kalkstein). Kupfer- oder Aluminiumdraht, plastikbeschichteter Draht. Bleistücke (Angelgewichte). Feines Nylonnetz. Nicht zu sehen: Abfalleimer und Wasserbehälter. Werkzeuge: Hammer, Körner, verschiedene Scheren, Zangen, Pinzette.

Die Felsenpflanzung ist auf eine mit Sand gefüllte, flache Schale gesetzt. Der auf die höchste Stelle gepflanzte Baum steht aufrecht. Der zweite, tiefer sitzende Baum und der Baum im Hintergrund sind jeweils in eine andere Richtung geneigt. Die schönsten Partien des Steines sind frei von Bepflanzung und als ein wichtiges Element in die Pflanzung einbezogen. Die Maße des Steines: 60 × 30 × 45 cm.

Die Rückseite der Pflanzung ist sorgfältig gestaltet. Ein großer Teil des Steines ist mit Moos in verschiedenen Farben bedeckt. Auch ein Zwergbusch wurde beigefügt.

gemacht. Die Drähte können auch direkt am Stein mit Bleistücken oder Steinkitt fixiert werden. Nur müssen sie dann dort belassen werden.
Die endgültige Anordnung der Pflanzen wird ausprobiert: man hält sie versuchsweise an die vorgesehenen Stellen. Falls die Pflanzen gedrahtet werden müssen, geschieht das vor dem Anpflanzen. Die Erde wird fast vollständig aus den Wurzeln herausgewaschen, indem man den Wurzelballen in einem halbgefüllten Wasserbehälter hin und herschwenkt. Die Wurzeln werden *nicht* zurückgeschnitten.
Die vorbereitete Mischung aus einem Teil feuchtem Torf und einem Teil Lehm wird über die Stelle geschmiert, an der die Pflanze ihren Platz finden soll. An flachen Stellen kann noch etwas Bonsaierde hinzugefügt werden. Man stellt die Pflanze darauf, verteilt die Wurzeln und fügt weitere Erde hinzu. Streifen aus feinem Plastiknetz werden um die Wurzeln gelegt, damit der Draht nicht ein-

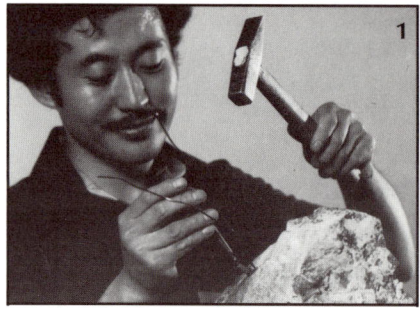  

1 Zur Befestigung der Pflanzen werden ausreichend viele Drähte mit Hilfe von Bleistücken in geeigneten Vertiefungen des Steines fixiert.

2 Die von Erde befreiten Pflanzen werden auf eine Schicht der Mischung aus Torf und Lehm gesetzt. Man verteilt die Wurzeln, die *nicht* zurückgeschnitten wurden, und umgibt sie mit dem Erdgemisch. Ein 3–4 cm breites, feines Nylonnetz wird zum Schutz über die Wurzeln gelegt und die Pflanze mit Draht befestigt.

3 Die Wurzeln der befestigten Bäumchen werden dicht mit dem feuchten Torf-Lehmgemisch umgeben. Diese Erdmischung ist der künftige Lebensraum der Pflanzen. Es wird deshalb so viel davon aufgetragen, als der Platz es erlaubt.

schneidet. Man befestigt die Pflanze mit Draht und umgibt die Wurzeln mit dem Gemisch aus Torf und Lehm.

Wenn alle Pflanzen, auch die kleinen Büsche und Gräser, angepflanzt sind, wird feuchtes, frisches Moos auf die Erde aufgedrückt. Die kleinen Moosstücke befestigt man an besonders steilen Stellen mit haarnadelförmigen Klammern aus Kupfer- oder Aluminiumdraht.

Die Drahtfixierung wird erst entfernt, wenn sich – spätestens nach einem Jahr – neue Wurzeln gebildet haben und das Moos zu einer festen, geschlossenen Decke geworden ist. Wenn der Draht geschickt und unsichtbar angebracht ist, kann er auch belassen werden. In diesem Fall darf kein Kupferdraht verwendet werden, der möglicherweise oxydiert und die Wurzeln beschädigt. Der bepflanzte Fels wird in eine flache Schale gestellt, die mit Sand oder Wasser gefüllt ist.

Man schützt die Felsenpflanzung einen Monat vor direkter Sonne, Wind und starkem Regen. Die ersten zwei Jahre muß besonders häufig gewässert werden, wegen des drastischen Auswaschens der Wurzeln. Überhaupt werden Pflanzungen *auf* dem Fels öfter gegossen als Bonsais in normalen Pflanzgefäßen. Zum Wässern sollte man eine sehr feine Brause oder ein Sprühgerät benutzen.

4 Die Erdoberfläche wird der Form des Felsens angepaßt.

5 Zwergbüsche und Gräser werden an passende Stellen gepflanzt, die man durch Ausprobieren herausgefunden hat.

6 Kleine Stücke frischen Mooses werden aufgelegt und fest angedrückt. An steilen Stellen befestigt man sie mit haarnadelförmig gebogenen Aluminiumdraht-Stücken.

Nach einem Monat kann zum ersten Mal leicht gedüngt werden. Das regelmäßige Düngen ist wegen der geringen Erdmenge für die Ernährung der Pflanzen wichtig. Gleichzeitig muß ein Überdüngen vermieden werden. Man wird deshalb bei einer wöchentlichen Düngung den Flüssigdünger sehr schwach dosieren.

Wenn die Erde völlig ausgelaugt und die Wurzelbildung zu stark geworden ist, werden die Pflanzen vorsichtig vom Fels abgelöst. Man entfernt die Erde und schneidet alte und abgestorbene Wurzeln heraus. Der Verpflanzvorgang ist im übrigen der gleiche, wie er beim Anpflanzen beschrieben ist.

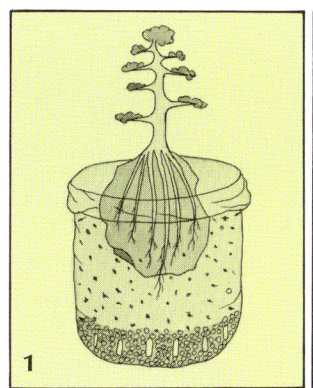 

1 Der Stein kann bereits in die vorbereitende Pflanzung einbezogen werden.

2 Um das Längenwachstum der Wurzeln anzuregen, kann man die Pflanze in einen schlauchartigen Plastiksack einpflanzen, dessen Rand im Abstand von 2–3 Monaten jeweils in Streifen entfernt oder stückweise heruntergewickelt wird.

Die Pflanzung über den Felsen

Ein oder mehrere Bonsais können auch so auf einen Felsen gepflanzt werden, daß die Wurzeln, die den Fels umklammern, sichtbar sind. Im folgenden wird die gebräuchlichste Form, die Pflanzung *eines* Bonsai über den Felsen beschrieben.

Für das Anlegen dieser Art von Felsenpflanzung wird weitgehend das gleiche Material benötigt, das im vorausgehenden Kapitel angegeben wurde, außer Hammer, Körner und Bleistücken.

Pflanze, Stein und Schale werden sorgfältig aufeinander abgestimmt. Für Felsenpflanzungen geeignete Pflanzen sind auf Seite 141 angeführt. Sie sollten möglichst lange, kräftige Wurzeln von guter Struktur und weit herabreichende Äste haben.

Manche Bonsaifreunde bereiten die Pflanzen, die besonders lange Wurzeln haben sollen, für die Pflanzung über den Fels vor. Diese werden für ein oder zwei Jahre in eine Kiste gepflanzt, die aus dünnen Latten gefertigt ist. Die Pflanzerde hat einen hohen Sandanteil. Jedes Vierteljahr wird eine Lage der Brettchen entfernt. Die Wurzeln werden dadurch immer mehr freigelegt und zu größerem Längenwachstum angeregt. Als Pflanzgefäß kann auch ein schlauchartiger Plastiksack mit ausreichend großen Abzugsöffnungen im untersten Teil verwendet werden. Von der Plastikumhüllung wird dann jeweils ein Streifen abgeschnitten oder heruntergewickelt.

Der Stein kann bereits in die vorbereitende Pflanzung einbezogen werden. Die Wurzeln umgreifen immer mehr den in der Pflanzenerde eingebetteten Felsen.

Wenn die Wurzeln einer Baumschulpflanze zum Beispiel ausreichend lang sind, füllt man eine flache Schale zu drei Vierteln mit Bonsai-Erde (s. S. 95–97). Der Fels wird zu einem Viertel in die Pflanzerde eingegraben. Man verteilt die Wurzeln der Pflanze über den Stein. Die Wurzeln der Vorderseite sollten besonders kräftig und attraktiv sein. Die Wurzelenden werden in die Erde eingegraben. Man füllt die Schale bis zum Rand mit Erde und streicht die Oberfläche glatt. Falls es nötig ist, wird die Pflanze mit Naturbast am Felsen befestigt. Der Teil der Wurzeln, der über die Erdoberfläche hinausragt, wird mit einer Mischung aus je einem Teil feuchtem Torf und Lehm bedeckt. Man pflanzt frisches Moos darauf, das mit haarnadelförmigen Klammern aus rostfreiem Draht befestigt wird. Auch auf der Erdoberfläche der Schale kann Moos angepflanzt werden. Nach einem Jahr entfernt man die Torf-Lehmschicht, so daß die Wurzeln sichtbar werden.

Alle Felsenpflanzen sind besonders empfindlich gegen das Austrocknen. Einen Monat wird die neue Pflanzung schattiert, windgeschützt und vor starkem Regen sicher aufgestellt. Sie will durch häufiges Überbrausen gut feuchtgehalten werden.

Umgetopft wird in der für Bonsais üblichen Weise (s. S. 97–100). Man erneuert die Erde und kürzt eventuell die Wurzeln. Die Pflanze wird jedoch nicht vom Felsen gelöst.

Waldform – Scheinkamelie (*Stewartia pseudocamellia*), Höhe: 70 cm, auf einen flachen, leicht konkaven Stein gepflanzt. Das Wäldchen ist in drei verschieden große Gruppen aufgeteilt. Die gemeinsame Umrißlinie der Baumspitzen bildet ein ungleichseitiges Dreieck.

Ein kleiner Wald entsteht

Eine Baumgruppe, aufgelockert durch Lichtungen und Felsen, kann verhältnismäßig leicht als Landschaftsbonsai nachgestaltet werden. Die Pflanzung gleicht dann vielleicht einer Baumgruppe in den Bergen, einem Wäldchen am Strand oder einem Ausschnitt aus einem tiefen Wald. Die Bäume können so ausgewählt und gruppiert werden, daß sie ganz nah oder weit entfernt zu sein scheinen (vgl. den Abschnitt über die Perspektive auf Seite 76).
Das Wäldchen kann aus Bäumen bestehen, die aufrecht oder geneigt wachsen bzw. wirken, als wären sie vom Wind gepeitscht. Auch Bäume des frei aufrechten Stils und der Besenform werden in Gruppen angepflanzt.
Die Wahl der Pflanzen ist abhängig vom Entwurf, den man für die Pflanzung gemacht hat. Die Pflanzen sollten vor allem in ihrer Größe zueinander passen. Besonders empfehlenswert sind vier- bis sechsjährige Baumschulpflanzen, wenn sie einen festen Wurzelballen haben. Oft können Bäumchen, die wegen bestimmter Fehler (zum Beispiel wegen einer einseitig entwickelten Baumkrone) als Einzelbonsais nicht mehr in Frage kommen, noch für eine Gruppenpflanzung verwendet werden.
Meistens sind die Bäume eines Waldbonsai von der gleichen Pflanzenart. Selbstverständlich gibt es auch Miniatur-Mischwälder aus Laub- und Nadelgehölzen. Ihre Pflege wird jedoch dadurch erschwert, daß die Bedürfnisse verschiedener Pflanzenarten unterschiedlich sind. Die Pflanzen der einen Art sind vielleicht recht genügsam, während die der anderen gut gedüngt und gewässert werden wollen. Vor allem sollten die Pflanzen, die man zusammen in eine Schale pflanzt, etwa gleichschnell wachsen, damit nicht die Harmonie und das Gleichgewicht des Arrangements nach kurzer Zeit zerstört ist.
Pflanzen mit großen Blättern, Blüten oder Früchten würden die Proportionen beeinträchtigen und eignen sich deshalb kaum für die Waldform. Eine Liste auf Seite 141 nennt die Pflanzenarten, die häufig für Gruppenpflanzungen verwendet werden.
Die beste *Zeit* für das Anpflanzen ist das Frühjahr, wenn das neue Wachstum gerade einsetzt.
Die *Gefäße* für Gruppenpflanzungen sind meist sehr flach und haben eine ovale oder rechteckige Form. Als brauchbare mittlere Schalengröße hat sich zum Beispiel die von 60 × 40 × 5 cm erwiesen. Auch eine größere Steinplatte, die flach und möglichst konkav sein sollte, kann zum Bepflanzen verwendet werden.
Die Pflanzen werden so *angeordnet*, daß größere Zwischenräume bleiben. Der Abstand zwischen den Pflanzen ist unterschiedlich groß. Man pflanzt die Bäume so an, daß sie sich nicht gegenseitig verdecken, wenn man sie von vorn oder von der Seite betrachtet. Auch die Höhe der Pflanzen ist

Bei Gruppenpflanzungen bilden die Baumspitzen ein Dreieck, eine gewellte, eine kreisförmige oder eine elliptische Umrißlinie.
Kein Baum hat die gleiche Höhe wie ein anderer.

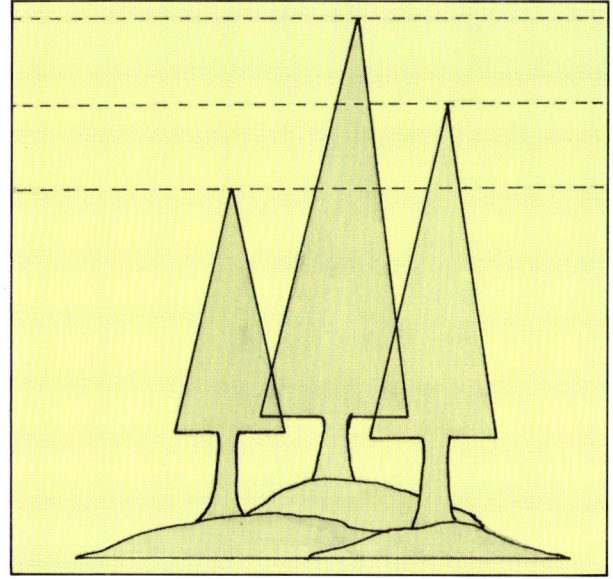

Beispiele für die Anordnung der Pflanzen bei der Waldform

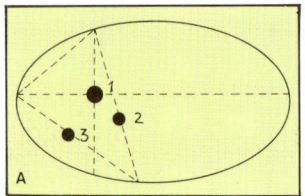
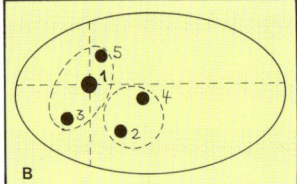
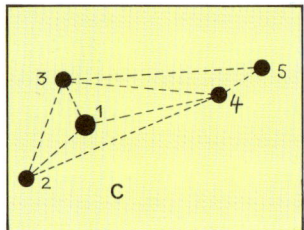
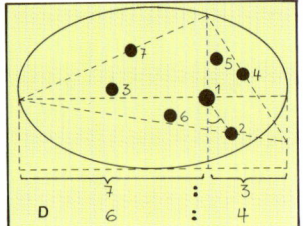

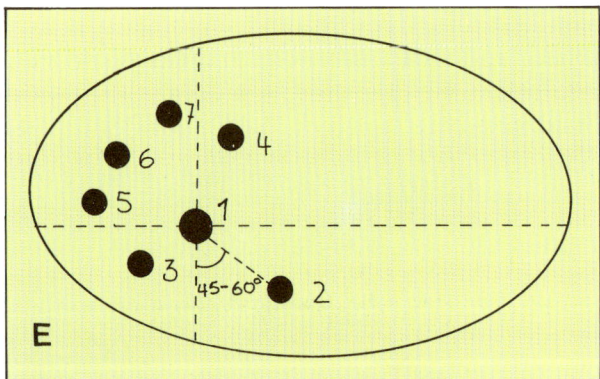

Der Hauptbaum (1) wird auf der Linie gepflanzt, die die Fläche im Verhältnis 3:7 oder 4:6 aufteilt. Die Verbindungslinie zwischen Baum 1 und Baum 2 verläuft in einem Winkel von 45–60° zur Senkrechten.
Die Bäume werden immer leicht diagonal gesetzt und nie direkt hintereinander.
Die freien Zwischenräume sind bei Gruppenpflanzungen ein wichtiges Gestaltungselement.

verschieden. Man bringt die Bäume ihrer Größe nach in eine Anordnung, daß ihre Spitzen eine halbkreisförmige, leicht gewölbte, wellige oder dreieckige Umrißlinie bilden. Bei größeren Pflanzgefäßen kann die Erde zu einem oder mehreren Hügeln angehäuft werden.

Das Material für eine Gruppenpflanzung: Baumschulpflanzen (Rotbuchen – *Fagus sylvatica*). Die Abzugslöcher der flachen, ovalen Schale (60 × 40 × 5 cm) sind mit Plastiknetzen abgedeckt. Kupfer- und Aluminiumdraht. Ein kleiner Stein (links) zur Verzierung.
Werkzeuge: Scheren zum Schneiden der Wurzeln und Äste. Zange für den Schnitt starker Wurzeln. Konkavschnittzange. Drahtschere. Zange zum Befestigen des Drahtes. Holzstäbchen, mit dessen Hilfe die Erde entfernt wird. Besen zum Glattstreichen der Erdoberfläche.
Nicht sichtbar: Bonsaierde. Abfallkübel. Wasserbehälter. (Siehe auch Seite 109).

In Japan wurden zahlreiche verschiedene Anordnungsschemen für Gruppenpflanzungen entwickelt. Jeder Bonsaimeister besitzt eigene Entwürfe, denen er den Vorzug gibt. Hier werden nur einige Grundmuster gezeigt, die man nach Belieben abändern oder als Anregung zum Erfinden neuer Modelle betrachten kann.

Als *Beispiel* die Anordnung, die Shigio Kato für seine Gruppenpflanzung aus Rotbuchen (Fagus sylvatica) wählte: Der größte Baum wird etwas außerhalb der Mitte einer ovalen Schale und leicht in der Richtung, die einmal die Vorderseite sein wird, ein wenig erhöht angepflanzt. Der zweite, kleinere Baum findet seinen Platz um ein geringes vor dem ersten, um diesen größer erscheinen zu lassen. Ein dritter Baum, der die gleiche Funktion hat, wird in noch kleinerem Abstand ebenfalls vor den ersten Baum gepflanzt, aber auf der anderen Seite. Die übrigen Pflanzen, die allesamt kleiner sind, werden im Hintergrund aufgereiht, um dem Wald eine gewisse Tiefe zu geben. Die eine Hälfte der Schale bleibt frei. Ein Stein wird hinzugefügt.

Das Anpflanzen von Miniaturlandschaften

1 Entfernen der Pflanzerde aus dem Wurzelballen. Nur ein Teil der Pflanzerde wird belassen.

3 Man probiert die beste Anordnung der Pflanzen aus und setzt sie in die Schale. Die Hauptbäume werden leicht erhöht angepflanzt. Kein Baum darf einen anderen verdecken oder überkreuzen. Die Erde wird fest angedrückt. Man befestigt die Pflanzen mit dem eingezogenen Draht.

2 Durch die Abzugsöffnungen der Schale ist Draht gezogen. Die Wurzeln werden kräftig zurückgeschnitten.

4 Die Erdoberfläche wird glattgestrichen. Man pflanzt um die Bäume herum Moos an, das fest angedrückt wird.

Bäume, die auf einer Seite besser entwickelte Äste haben, kommen an die Außenseite. Die Pflanzung kann in mehrere Untergruppen aufgeteilt werden. Die Anzahl der Bäume ist immer ungerade und beträgt in den meisten Fällen fünf oder mehr.
Das *Material*, das für die Gruppenpflanzung benötigt wird, ist das Werkzeug zum Umtopfen (s. S. 94), Bonsaierde (s. S. 95–97), Kupferdraht, falls die Pflanzen gedrahtet werden, plastikbeschichteter Draht zum Befestigen der Pflanzen, Netze zum Abdecken der Abzugslöcher, das Pflanzgefäß, die Pflanzen, Moos und eventuell kleinere Steine.

Wenn es erforderlich ist, werden die Pflanzen zuerst gestaltet, das heißt geschnitten und gedrahtet (s. S. 64). Man nimmt die Pflanzen aus den Ge-

Zum Schluß kann noch ein Zierstein beigefügt werden.

Die Waldpflanzung aus Buchen (*Fagus sylvatica*) nach ihrer Vollendung. Ungefähr die Hälfte der Pflanzfläche ist frei gelassen. Die Baumspitzen, die anfangs noch gekrümmt waren, sind gedrahtet.

Der Waldpflanzung aus Zwergmispeln (*Cotoneaster horizontalis*), Höhe: 43 cm, liegt das Schema D zugrunde. Das Pflanzgefäß ist eine ovale, weißglasierte Schale (60 × 37 × 5 cm). Die Bäume waren bereits im frei aufrechten Stil vorgeformt. Die deutlich erkennbare Bewegung von rechts nach links kann durch weitere Formschnitte noch besser herausgearbeitet werden, so daß der Eindruck eines vom Wind gepeitschten Wäldchens noch verstärkt wird. Die zwei Baumgruppen sind jeweils auf kleine Erhöhungen gepflanzt.

fäßen, entfernt die Erde bis auf ein Drittel und schneidet die Wurzeln um ein Drittel zurück. Die Abzugslöcher am Schalenboden werden mit Plastiknetzen bedeckt und so viele Drähte hindurchgezogen, daß alle Pflanzen damit befestigt werden können.

Auf eine Schicht groben Kies oder einer groben Körnung der Pflanzerde füllt man bis zur Hälfte der Schale Bonsaierde. Die Anordnung der Pflanzen wird ausprobiert. Für die größten Bäume wird die Erde leicht angehäuft, damit sie etwas höher sitzen. Man kann die Bäume stützen, indem man ihre Wurzeln in die Erde einbettet und diese anfeuchtet.

Wenn das Arrangieren beendet ist, wird jede Pflanze einzeln mit Draht befestigt und weitere Erde eingefüllt. Dabei ist darauf zu achten, daß die Erde die Wurzeln dicht umgibt. Man kann das mit den Fingern nachprüfen, und eventuell mit einem Holzstäbchen nachhelfen. Die Erde wird fest angedrückt.

Ein Wald entsteht aus einem einzelnen Baum

Waldform – Zelkoven (*Zelkova serrata*), Höhe: 47 cm. Pflanzgefäß: (70 × 35 × 6 cm), rechteckig, blauglasiert. Die Umrißlinie der Baumgipfel zeigt drei Erhebungen, die eine Wellenbewegung bilden. Beim nächsten Zurückschneiden können die Stämme, die bereits eine beachtliche Stärke aufweisen, noch mehr von verdeckenden Zweigen befreit werden.

Die „Floßform" (s. S. 35) ist eine weitere Möglichkeit um einen kleinen Wald zu gestalten. Der Stamm eines Baumes wird flachgelegt und in die Erde gegraben. Die Äste werden als die Stämme einer Baumgruppe aufgerichtet und geformt.

Man wählt im frühen Frühjahr einen kräftigen, jungen Baum aus, eine Baumschulpflanze zum Beispiel, der gutgewachsene Äste hat. Der japanische Ahorn, die Kerbbuche, die Zelkova und die japanische Weißkiefer eignen sich besonders gut für die Floßform.

Die Äste werden auf einer Seite abgeschnitten. Alle anderen Äste drahtet man und biegt sie auf eine Seite des Stammes. Auf der gegenüberliegenden Seite kann die Rinde in Stücken von je einem Drittel des Stammumfanges entfernt und Hormonpuder aufgestreut werden. Es ist auch möglich, die Rinde mit Hilfe eines Dorns zu verletzen, um die Bildung von Wurzeln anzuregen. Die Wurzeln werden um ein Drittel zurückgeschnitten. Man bringt die Pflanze in Seitenlage und befestigt sie mit Draht in einem ausreichend großen, vorläufigen Pflanzgefäß. Durch die Verankerung ist ein direkter Kontakt zur Erde gewährleistet. Man bedeckt den Stamm zu zwei Dritteln mit Erde, die fest angedrückt wird. Die Erdmischung besteht

Am Schluß kann noch eine dünne Schicht feuchter Torf oder feine Erde aufgestreut werden, damit das frische Moos, das in kleinen Stücken angepflanzt wird, besser anwächst. Die Schale wird bis zum Rand in ein Wassergefäß gestellt, bis die Erde gut naß ist. Dann überbraust man die Pflanzen. Die weitere Pflege ist die bei frischverpflanzten Bonsais übliche (s. S. 100).

Beim regelmäßigen Formschnitt achte man darauf, daß die Baumstämme von vorn gut sichtbar bleiben und die Äste nicht ineinander verwachsen. Auch die Umrißlinie der Baumspitzen sollte erhalten bleiben bzw. verbessert werden.

Nach etwa zwei Jahren wird meistens das erste Umpflanzen erforderlich. Pflanzen, die eingegangen sind, können bei dieser Gelegenheit entfernt oder ausgetauscht werden. Oder man arrangiert die Pflanzen neu. Oft genügt schon die veränderte Anordnung weniger Pflanzen, um einen völlig anderen Gesamteindruck entstehen zu lassen.

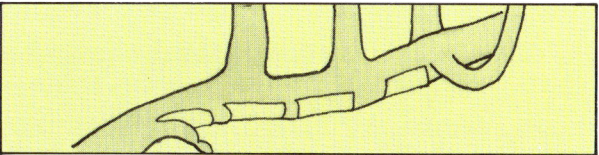

Die Rinde auf der Unterseite des Stammes kann zu einem Drittel entfernt werden. Auch das Verletzen der Rinde mit Hilfe eines Dorns zur Anregung der Wurzelbildung ist möglich. Zusätzlich kann noch Hormonpuder aufgestreut werden.

Das Anpflanzen von Miniaturlandschaften

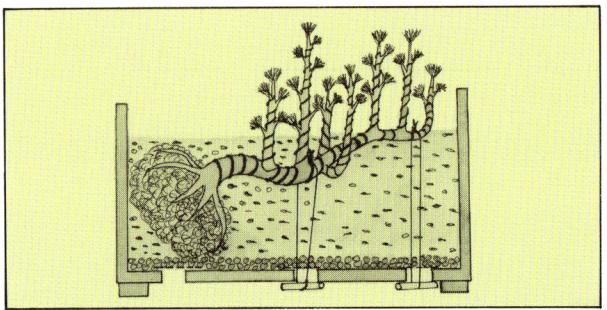

Die Pflanze wird mit Draht im Pflanzgefäß verankert, um einen guten Kontakt mit der Erde zu garantieren. Man bedeckt den Stamm zu zwei Dritteln mit Erde.

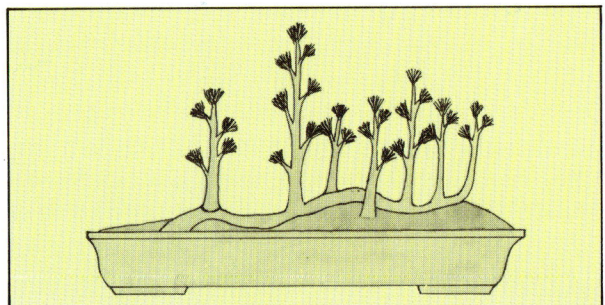

Nach 3–4 Jahren kann der ursprüngliche Wurzelballen abgetrennt und die Gruppe in eine flache Bonsaischale gepflanzt werden.

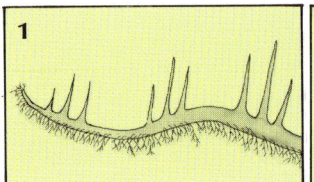 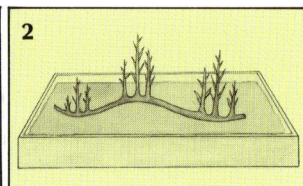

1 Floßform aus einem Ableger (siehe auch S. 48): Man wählt einen tiefsitzenden, gut gewachsenen Ast, der mehrere Krümmungen aufweist, beispielsweise von einer Azalee. Er wird am besten im Mai oder Juni eventuell mit einem Holzhaken im Boden befestigt und mit Erde umgeben. Die Erde ist ständig feucht zu halten.
2 Im zweiten Jahr wird der bewurzelte Ast in ein Gefäß gepflanzt und mit Draht befestigt.

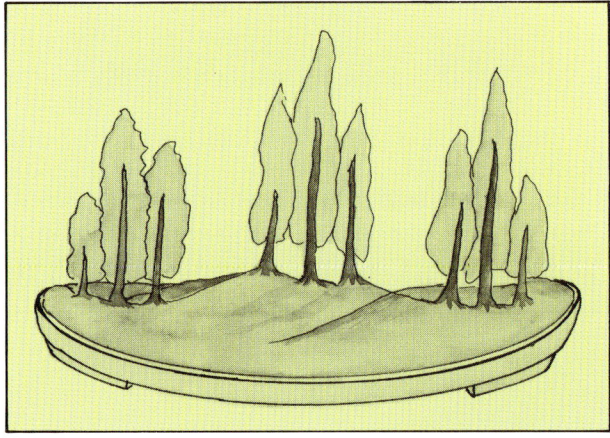

Im dritten Jahr pflanzt man die kleine Baumgruppe in eine Bonsaischale und gestaltet sie durch Drahten und Schneiden.

aus einem Teil Torf und einem Teil grobem Sand. Nach einem Jahr, wenn die neuen Triebe eine Länge von 8–10 cm erreicht haben, wird der Draht abgenommen. Die für eine weitere Gestaltung ungeeigneten Triebe entfernt man und schneidet die übrigen auf Form (siehe Kapitel über die Waldform).
Wenn sich nach ungefähr drei Jahren genügend Wurzeln dem Stamm entlang gebildet haben, kann der ursprüngliche Wurzelballen teilweise oder ganz abgetrennt werden. Im darauffolgenden Jahr wird die Baumgruppe in eine passende Bonsaischale gepflanzt.
Die Floßform kann auch mit Findlingen, Sämlingen, Stecklingen und Ablegern angelegt werden. Bei der Absenker-Methode (s. S. 48 + 49) wird im Mai oder Juni ein tiefsitzender Ast, von einer Azalee oder einem Ahorn zum Beispiel, mit mehreren Krümmungen und geeigneten Zweigen ausgesucht. An der Unterseite werden die Triebe entfernt, und man behandelt die verletzte Rinde mit Hormonpuder. Wenn es nötig ist, wird der Ast mit Holzhaken im Boden befestigt. Man bedeckt die Oberseite mit einer dünnen Erdschicht und hält die Erde ständig feucht. Es ist auch möglich, den Ast abzuschneiden, und ihn wie einen Steckling (s. S. 42 + 43) zu behandeln. Die Erfolgschancen für eine ausreichende Wurzelbildung sind dann allerdings nicht so groß.
Nach der Bewurzelung, im zweiten Jahr wird der Ast in ein Gefäß gepflanzt und mit Draht befestigt. Im dritten Jahr kann die Pflanze in eine Bonsaischale gepflanzt und durch Schneiden und Drahten gestaltet werden.

Die Bonsaipflege

Die Pflege von Miniaturbäumen ist ein wenig anspruchsvoller als die von gewöhnlichen Zierpflanzen. Die Betreuung der Bonsais verlangt täglich einen Zeitaufwand von wenigstens einigen Minuten.

Ein gutes Bonsai ist eine Pflanze von außerordentlicher Schönheit. Aber schon der Verlust eines Astes oder weniger Zweige, verursacht durch Versäumnisse in der Behandlung, können eine Pflanze für immer verunstalten.

Die pflegende Beschäftigung mit Bonsais, dazu gehören die Wahl des richtigen Standortes, das Gießen, das Umtopfen, das Düngen, die Überwinterung und die Krankheitsvorsorge, läßt mit der Zeit ein sicheres Gespür für die Bedürfnisse der Pflanzen entstehen. Auch das Entfernen brauner Blätter und das Schneiden der Wurzeln, die aus den Abzugsöffnungen wachsen, darf nicht versäumt werden.

Der Neuling neigt dazu, es „zu gut" zu meinen und die wirklichen Ansprüche der Bonsais, die oft weit geringer oder ganz andere sind, zu übersehen. Die nachfolgenden Anweisungen wollen helfen, entscheidende Fehler zu vermeiden.

Japanische Ahornbäume (Acer palmatum) auf einen Felsen gepflanzt. Größe: 50 × 30 × 35 cm.

Die Wahl und die Vorbereitung des Standortes

Moderne Bonsaigärtnerei, wie sie in verschiedenen Teilen Japans, beispielsweise in Omiya bei Tokio, in großer Zahl anzutreffen sind. Die Pflanzen stehen auf Steinbänken in Tischhöhe (60–70 cm). Diese Art der Plazierung erleichtert die Pflegearbeiten und gestattet ein Betrachten von allen Seiten.

Bonsais verlangen einen Platz im *Freien*, zum Beispiel im Garten, auf der freien Terrasse, auf dem Dachgarten, auf dem offenen Balkon. Die Bäumchen brauchen die normalen Witterungseinflüsse – Sonne, Wind und Regen – für ihre Entwicklung und Gesundheit.

Wenn ein Bonsai zum Schmuck in die Wohnung genommen wird, sollte er spätestens nach zwei Tagen wieder an seinen Platz im Freien gebracht werden. Diese Grundregel gilt für alle herkömmlichen Miniaturbäume, die in gemäßigten Regionen beheimatet sind. Besonders taugliche, zum Beispiel aus den Tropen stammende Pflanzenarten, können auch länger oder dauernd in der Wohnung gehalten werden (s. S. 114–119).

Vor der Wahl des Standortes für Bonsais prüft man genau die Lichtverhältnisse. Die meisten Bonsaiarten brauchen volles Sonnenlicht, wenn das Laub oder die Blüten intensiv gefärbt und der Wuchs kompakt sein soll. Selbstverständlich haben die verschiedenen Pflanzen unterschiedliche Lichtbedürfnisse (vgl. Tabelle auf Seite 144–151). Ideal für die Bonsaikultur ist direktes Sonnenlicht, das bei Bedarf durch Schattieren abgeschwächt werden kann.

Ungünstige Lichtverhältnisse können durch künstliche Beleuchtung erheblich verbessert werden (s. S. 117).

Wenn das Licht hauptsächlich von einer Seite einfällt, werden die Pflanzen alle zwei bis drei Wochen gedreht, damit sie sich nicht einseitig entwickeln.

Im Sommer dürfen Bonsais nicht zu nahe an eine sonnenbeschienene Wand gestellt werden, die Licht und Wärme stark reflektiert.

Wenn die Pflanzen in Tischhöhe auf ein Bord gestellt werden, kann man sie besser betrachten und pflegen. Stehen sie im Garten auf der Erde, können leicht Schädlinge in die Pflanzerde eindringen. Außerdem wären sie durch Haustiere gefährdet, die an die Pflanzen anstoßen oder urinieren. Der Abstand zwischen den einzelnen Bäumchen muß ausreichend groß sein (20–30 cm).

Bei kleineren Pflanzen ist es ratsam, die Schalen mit Draht o.ä. zu fixieren, damit sie nicht von einem Windstoß erfaßt und herabgeworfen werden. Bäume und größere Büsche sind nicht die besten direkten „Nachbarn" für Bonsais. Sie geben oft zuviel Schatten und sind häufig Ansteckungsherde für Krankheiten und Schädlinge (s. S. 105).

In der Wohnung

Wenn in Japan ein Bonsai für ein paar Stunden in die Wohnung genommen wird, stellt man es gern in die Tokonoma, die Schmucknische. Der Boden in der Vertiefung der Wand ist etwas erhöht. Weil man in der traditionellen japanischen Wohnung keine Stühle kennt, steht das Bonsai gerade so hoch, daß man es gut betrachten kann. Der Blickwinkel liegt leicht oberhalb des Schalenrandes.

An der Wand hängt neben oder über dem Bonsai oft eine Bildrolle mit einer Kalligraphie oder einem farbigen Holzschnitt, zur Pflanze passend ausgewählt.

Manchmal steht neben dem Bonsai ein wertvol-

Blühender Kaskadenbonsai in der Tokonoma (Schmucknische) eines modernen japanischen Hauses. Das Bonsai steht auf einem hohen Gestell. In der Mitte unterhalb der Bilderrolle mit kalligraphischen Zeichen fand auf einem Tischchen eine kleine Plastik Aufstellung. Links auf einer polierten Holzplatte eine Zierpflanzung.

Miniaturlandschaft (Saikei) mit einer Kiefer, einem Laubgehölz, Steinen, Gräsern, Moos und weißem Sand. Die Farben der Bilderrolle und die der Pflanzung sind fein aufeinander abgestimmt.

les, kleines Kunstwerk aus Keramik oder Bronze. Auch in Schalen gepflanzte Gräser oder schöngeformte Steine sind als Ergänzung gebräuchlich.

Das ungleichseitige Dreieck, das durch die Anordnung entsteht, wird wie beim Ikebana als Sinnbild für die Einheit von Himmel, Mensch und Erde betrachtet.

Gibt es eine bessere Möglichkeit, die jeweilige Jahreszeit in die Wohnung zu holen, als durch die Wahl eines entsprechenden Bonsai und eines dazu passenden Wandbehangs?

In unseren Wohnungen wird das Bonsai höher stehen, auf einem Sideboard, seitlich auf einem einfachen Tisch oder auf einem eigens dafür vorgesehenen Gestell. Eine große helle Wandfläche, die durch ein passendes Bild geschmückt sein kann, läßt die Schönheit eines Bonsai voll zur Wirkung kommen. Ein zweites, kleineres Bonsai kann hinzugefügt werden.

Miniaturbonsais werden meist zusammen mit anderen in einem speziellen Regal aufgestellt.

Kleine niedere Mahagoni-Holztischchen für Bonsais, die in Form und Größe auf die Pflanzen abgestimmt werden, sind im Fachhandel erhältlich. Für die Kaskadenform eignen sich besonders schmale, hohe Gestelle, von deren Standfläche die Pflanze tief herabhängt.

Als dekorative Unterlagen für Pflanzschalen sind dünne, polierte Holzplatten sehr beliebt, die durch Abschneiden von einem Baumstamm entstanden sind. Die schöne Maserung bildet die Oberfläche. Bonsais der weniger strengen Stile stellt man im Sommer auch auf kleine Matten, die aus Bambusstäben zusammengefügt sind. Sie wirken hell, freundlich und kühl.

Weiße Rose, in eine roh geformte, flache Tonschale gepflanzt. Die Bilderrolle, das Blumenbonsai und der schön geformte Stein bilden eine Dreiheit, die nach traditioneller japanischer Auffassung Himmel, Mensch und Erde symbolisiert.

Das Gießen

Bonsaischalen bieten nur für eine geringe Erdmenge Platz, deren Feuchtigkeit rasch aufgebraucht ist. Dies macht die Pflanzen abhängig von einer zuverlässigen Versorgung mit Wasser.

Richtig gießen kann man meistens erst nach jahrelanger, praktischer Erfahrung. In der Wachstumszeit, bei hohen Temperaturen oder starkem Wind braucht ein Bonsai mehr Wasser als im Winter. Es gibt Bonsaiarten, die bei gut feuchter Erde besser gedeihen, und andere, denen eine geringere Feuchtigkeit besser bekommt (vgl. Tabelle auf Seite 144–151). Die Pflanzgefäße sind verschieden groß. Die Zusammensetzung der Erde und ihre Granulierung ist ein weiterer Faktor, der Beachtung verdient. Auch der Zustand der Pflanzen kann unterschiedlich sein. Mit der Zeit bekommt man ein Gespür für den Wasserbedarf jeder einzelnen Pflanze und wird sich darauf einstellen.

Für die verschiedenen *Jahreszeiten* sollen einige Faustregeln genannt werden: Im Frühling und im Herbst kann es genügen, einmal am Tag zu gießen. Im Sommer wird in der Regel zwei bis dreimal gewässert. Und während des Winters bekommen die Bonsais oft nur alle zwei Tage Wasser.

Die Pflanzerde eines Bonsai darf nie völlig austrocknen, weil sonst die feinen Wurzeln absterben, durch die Feuchtigkeit und Nahrung aufgenommen werden. Die Erdoberfläche sollte immer leicht feucht sein. Wenn sie gerade beginnt, trocken zu werden – man kann es an der Verfärbung erkennen –, ist es Zeit zum Wässern.

Wer sicher gehen will, kann einen Feuchtigkeitsmesser benützen, der den Feuchtigkeitsgrad der Erde genau anzeigt. Aber auch der Umgang mit diesen Geräten verlangt ein wenig Erfahrung.

Ein Überwässern ist für Bonsais genauso schädlich

wie ein Mangel an Feuchtigkeit. Wird eine Pflanze zum Beispiel zu naß gehalten, entwickelt sie ein üppiges Wachstum, oder die Wurzeln beginnen zu faulen.

Wenn die Erde einmal sehr trocken geworden ist, wird die Pflanze bis zum Schalenrand in ein Gefäß mit Wasser gestellt, bis sie sich wieder richtig vollgesaugt hat.

Wurden beim Wässern eines Bonsai größere Fehler gemacht – Anzeichen dafür sind braune, eingeschrumpfte Blätter – wird man behutsam das Gleichgewicht des Feuchtigkeitshaushaltes wieder herstellen (s. S. 107).

Sauberes *Regenwasser* oder weiches Brunnenwasser ist zum Gießen am besten geeignet. Beim Sammeln von Regenwasser sollte man die Luftverschmutzung mancher Gegenden beachten. Nach langen Trockenperioden ist das Regenwasser dort oft erst verwendbar, wenn Schmutzteile und Giftstoffe, die sich auf den Dächern abgelagert haben, weggeschwemmt sind.

Falls der *Härtegrad* des Brunnen- oder Leitungswassers eine mittlere Härte überschreitet – das zuständige Wasserwerk gibt Auskunft über die Wasserqualität – kann es durch Tabletten enthärtet werden. Enthärtungstabletten sind in Fachgeschäften für Pflanzenbedarf erhältlich.

Leitungswasser sollte man zwei bis drei Tage *abstehen* lassen, damit eventuell vorhandene Chlorreste ausgeschieden sind, wenn es verwendet wird. Abgestandenes Wasser ist zudem noch leicht temperiert. Wenn Bonsais mit zu kaltem Wasser gegossen werden, kann bei höheren Außentemperaturen ein Schock die Folge sein.

Im *Sommer* darf man die Pflanzen nie bei starker Sonne überbrausen, weil das zu Verbrennungen der Blätter führen kann.

Bonsais werden mit einer *sehr feinen Brause* gegossen, damit die Erde nicht herausgeschwemmt wird. Zuerst überbraust man die ganze Pflanze. Dadurch werden Staub- und Schmutzteile, die sich abgelagert haben, gelöst und abgespült. Außerdem wird die Luftfeuchtigkeit im Bereich der Pflanze für einige Zeit erhöht. Dann gießt man das Wasser auf die Erdoberfläche und wartet, bis es abgesickert ist. Der Wasserstrahl darf nur so stark sein, daß die Erde das Wasser aufnehmen kann, das heißt, es sollte möglichst kein Wasser über den Schalenrand hinauslaufen. Das Wässern wird so lange fortgesetzt, bis das Wasser aus den Dränageöffnungen wieder austritt.

Es ist ratsam, wenigstens einmal in der Woche Bonsais mit einem kräftigen Wasserstrahl abzusprühen. Diese Reinigung ist in Industriegebieten besonders wichtig.

Eine längere *Abwesenheit* ist für einen Bonsaibesitzer immer ein Problem. Es gibt zwar gut funktionierende, künstliche Bewässerungssysteme, die in Gartencentern und in Geschäften für Gärtnereibedarf angeboten werden; die beste Lösung ist jedoch immer noch, die Pflanzen jemandem in Pflege zu geben, der vielleicht selbst Bonsais besitzt. Auch darauf spezialisierte Gärtnereien und Bonsai-Center nehmen oft Miniaturbäume in „Pension".

Für drei bis vier Tage kann man seine Bonsais auch einmal in einen durchsichtigen Plastiksack packen und im Schatten aufstellen.

Tagsüber können Pflanzen, die im Sommer sehr viel Wasser brauchen, in mit Wasser gefüllte Untersetzer gestellt werden. Die Wassermenge wird so dosiert, daß sie am Nachmittag verbraucht ist.

Einige Male pro Woche sollte man die Pflanzen mit einem kräftigen Wasserstrahl aus einer feinen Brause absprühen.

Das Umtopfen

Ein Bonsai muß durchschnittlich alle zwei bis fünf Jahre umgetopft werden. Die *Häufigkeit* des Verpflanzens ist abhängig von der Schnelligkeit des Wachstums. Langsamwachsende Pflanzenarten, wie die meisten Nadelgehölze und alte Bäume, werden alle drei bis fünf Jahre umgepflanzt. Laubgehölze, zum Beispiel Ahorn und Ulme sowie junge Pflanzen, verpflanzt man nach ein bis drei Jahren. Blühende Bäume werden jedes zweite Jahr oder, wie die sehr schnell wachsenden Pflanzenarten, zum Beispiel die Weide oder tropische Pflanzen, jährlich umgetopft.

Wenn die Wurzeln zu dicht geworden sind oder wenn die Erde ausgelaugt ist, wird es Zeit für das Umpflanzen. In der Tabelle auf Seite 144–151 ist die Häufigkeit des Verpflanzens für die verschiedenen Bonsaiarten angegeben.

Die beste *Jahreszeit* für das Umtopfen ist das frühe Frühjahr, wenn die Knospen zu schwellen beginnen. Auch im frühen Herbst (September) kann verpflanzt werden. Im Winter darf ein herkömmliches Bonsai nie umgetopft werden.

Falls wegen Krankheit oder weil die Pflanzschale zerbrochen ist, ein Umpflanzen außerhalb der Verpflanzzeiten nötig wird, müssen im Sommer bei Laubbäumen die Blätter entfernt und bei den Kiefernarten die neuen, weichen Nadeln ausgezupft werden. Dadurch wird die Verdunstung reduziert.

Pflanzen, die blühen, bevor die Blätter erscheinen, zum Beispiel Aprikosen und Mandeln, topft man nach der Blüte und vor dem Austrieb der Blätter um. Fruchtbäume, wie Äpfel und Kirschen, die im späten Frühjahr blühen, werden vor der Blüte verpflanzt.

Die richtigen Zeiten für das Umtopfen sind in der Tabelle auf Seite 144–151 angegeben.

Ein Miniaturbaum wäre kein echtes Bonsai, wenn es nicht in eine *Schale* gepflanzt wäre. Das Einpflanzen eines Bonsai in das Pflanzgefäß ist bereits ein Element seiner Gestaltung. Die Wahl einer passenden Schale (s. S. 57) ist deshalb wichtig.

Bei den geneigten Formen, wie Kaskade und Halbkaskade, wird der Baum in die Mitte eines runden oder quadratischen Gefäßes gepflanzt. Aufrecht wachsende Bonsais plaziert man in rechteckigen oder ovalen Schalen seitlich von der Mitte und leicht in der Richtung, die einmal die Vorderansicht bzw. die Rückseite bilden soll. Die längeren Äste ragen in den größeren Teil der Schale hinein. Auch bei Gruppenpflanzungen wird der größte Baum etwa ein Drittel vom seitlichen Schalenrand entfernt angepflanzt. Dies sind einige Grundregeln, die bei der Anordnung der Pflanzen beachtet werden wollen.

Außer der Schale wird zum Verpflanzen folgendes *Material* benötigt:

Die Pflanzerde in verschiedener Körnung (grob, mittel, fein).

Eine Gartenschaufel.

Eine kräftige Schere zum Schneiden der Wurzeln.

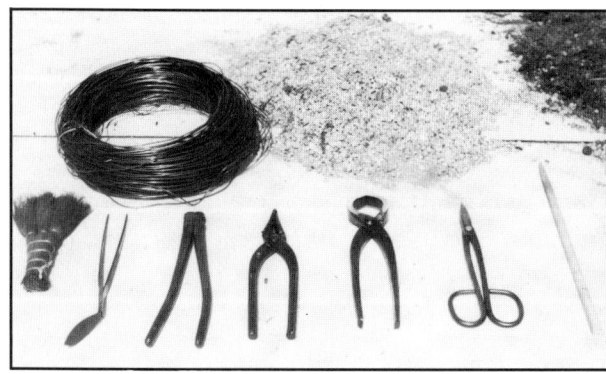

Material und Werkzeuge für das Umtopfen: Draht zum Befestigen der Pflanzen. Erde in verschiedener Körnung. Kleiner Besen zum Glattfegen der Erdoberfläche. Pinzette für das Anpflanzen des Mooses. Drahtschere. Zange zum Biegen und Befestigen des Drahtes. Zange zum Schneiden starker Wurzeln. Schere für den Wurzelschnitt. Holzstäbchen, mit dessen Hilfe die Erde gelockert wird. Nicht zu sehen: Abfalleimer und Gefäß mit Wasser, dem ein Eßlöffel Vitamin B1 beigemischt ist.

Arbeitsplatz in einem Bonsai-Zentrum. Der Tisch bietet ausreichend Platz für Material und Werkzeuge. Der kleine Drehtisch (Mitte) erleichtert die Bearbeitung der Pflanzen. Die Ablage unter dem Tisch dient zur Aufbewahrung der Schalen. Ein genügend großer Abfallkübel sollte immer bereitstehen.

Ein zugespitztes Holzstäbchen oder ein Bleistift zum Entfernen der Erde.
Ein Gefäß mit Wasser, in das ein Eßlöffel Vitamin B_1 gemischt ist.
Getrocknetes oder frisches Moos zum Anpflanzen auf der Erdoberfläche. Geeignet sind die feinen Moosarten, die an schattigen und feuchten Stellen im Wald oder im Garten wachsen.

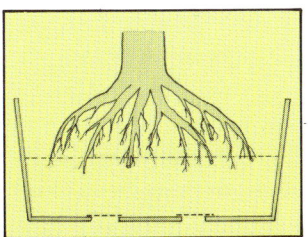

Die Größe des Pflanzgefäßes wird so gewählt, daß die Wurzeln es in der Tiefe zur Hälfte bzw. zu drei Vierteln und seitlich zu zwei Dritteln füllen.

Eine Gießkanne mit einer sehr feinen Brause oder ein Sprühgerät.
Der *Arbeitsplatz* wird so gewählt, daß der Schmutz, der bei der Beschäftigung mit Bonsais anfällt, nicht stört. Ein Hobbyraum, eine Ecke auf einer Terrasse oder ein schattiger, windgeschützter Platz im Freien, an dem die feinen Wurzeln nicht so rasch austrocknen, ist zu Arbeiten wie Umtopfen, Schneiden, Drahten usw. geeignet. Ein Tisch von normaler Größe reicht aus für Pflanzen, Material und Werkzeug. Wasser und ein Abfallbehälter sollten in der Nähe sein. Ideal ist ein Raum, in dem man Erde, Schalen und Gerät ständig griffbereit hat.
Die *Pflanzschale* wird vorbereitet, indem man sie, wenn sie bereits gebraucht ist, mit Wasser reinigt und desinfiziert. Die Dränageöffnungen am Schalenboden sollten einen Durchmesser von mindestens 1,5 cm haben, damit das Wasser rasch abfließen kann. Um ein Ausrieseln der Erde zu vermeiden, werden die Abzugslöcher mit feinen Plastiknetzen abgedeckt.
Das Pflanzgefäß wird in seiner Größe so gewählt, daß die Wurzeln es ringsum zu zwei Dritteln und in der Tiefe zur Hälfte füllen.

Die Bonsaierde

Die richtige Zusammensetzung und Granulierung der *Pflanzerde* ist für die optimale Entwicklung eines Bonsai von entscheidender Bedeutung. Die Erde gibt der Pflanze Halt. Sie erlaubt eine gute Wurzelbildung und liefert die Nährstoffe. Bonsaierde ist grobkörnig und durchlässig, denn die Wurzeln müssen mit Wasser in der richtigen Menge, mit Sauerstoff und Kohlendioxyd versorgt werden. Gleichzeitig soll die Erde absorptionsfähig sein und Feuchtigkeit speichern.

Feuchtigkeit ist übrigens etwas anderes als Nässe, die die feinen Haarwurzeln absterben läßt und zu Wurzelfäule führt.

Bonsaierde muß auch den richtigen pH-Wert aufweisen. Mit pH bezeichnet man die Einheit, in der die Säurehaltigkeit bzw. der Alkaligehalt einer Substanz gemessen wird. Der pH-Wert der Bonsaierde kann mit einem einfachen Gerät festgestellt werden, das im Fachhandel erhältlich ist. Die meisten Bonsaiarten gedeihen am besten in einer Erde mit einem annähernd neutralen pH-Wert (5–7). Man achte auf die Bedürfnisse der jeweiligen Pflanzenart. Saure Erde kann durch Beimischen von Holzkohle, Holzasche oder, wenn die Pflanze es verträgt, von geringen Mengen Kohlensauren Kalks ($CaCO_3$) neutralisiert werden. Für ein Pflanzgefäß mittlerer Größe streut man im Abstand von zwei Wochen zwei Teelöffel Kohlensauren Kalk auf. Bei der Verwendung von Branntkalk (CaO) genügt ein Teelöffel. Pflanzenarten mit Vorliebe für saure Böden, wie Azalee, Heidekraut, Nandina, Rhododendron u.a., verlangen die Beimischung größerer Torfmengen.

Wie jede gute Pflanzerde sollte Bonsaierde sauber sein, d.h. frei von Schädlingen, Krankheitskeimen, Unkrautsamen und Unkrautwurzeln.

Die klassische Standardmischung für Bonsais besteht aus je einem Teil Walderde oder Torf, Lehm und grobem gewaschenem Sand. Walderde und Torf sind organische Substanzen, die Feuchtigkeit und Nährstoffe speichern. Lehm dient vor allem als Feuchtigkeitsspeicher. Er kann das Anderthalbfache seines Eigengewichtes an Wasser aufnehmen. Sand sorgt für die Durchlässigkeit des Bodens und für die Bildung eines feinverästelten Wurzelsystems.

Wenn man die Erdmischung selbst herstellen will, kann man Gartenerde verwenden. Zu ihrer Gewinnung wird zuerst eine Schicht von mindestens 30 cm abgetragen. Die darunterliegende Erdschicht ist frei von Unkrautsamen. Auch die Erde von Maulwurfshügeln ist unkrautfrei und außerdem locker. Am Pflanzenwuchs der Umgebung ist die Brauchbarkeit der Gartenerde zu erkennen. Die Erde darf nicht zu stark gedüngt sein. In den meisten Fällen enthält Erde aus dem Garten bereits Lehmanteile.

Auch handelsübliche Blumenerde, die normalerweise keimfrei verpackt ist, kann verwendet werden. Man sollte auf die Zusammensetzung achten.

Walderde wird am besten aus Eichenlaub kompostiert oder gesammelt.

Der grobe Flußsand muß frei sein von allen Zusätzen wie Salzen und Chemikalien. Anstatt des Sandes wird auch Perlite oder Bimskies beigemischt. Die verschiedenen Bestandteile werden, falls es erforderlich ist, keimfrei gemacht. Man kann die Erde zum Beispiel mit Wasser tränken und in einem alten Kochtopf auf 90 °C erhitzen oder sie mit einem Schädlingsbekämpfungsmittel und einem Fungizid besprühen.

Die verschiedenen Anteile der Erde werden getrocknet und gesiebt, um die gröbsten und die feinen, staubartigen Elemente auszuscheiden. Außerdem wird eine unterschiedliche Körnung des Materials erreicht. Man verwendet Siebe in vier verschiedenen Größen. Die Maschenweiten betragen jeweils 10–12 mm, 5–6 mm, 3–4 mm, 1–2 mm. Die ganz groben Anteile im ersten Sieb werden ausgeschieden. Das in den übrigen Sieben zurückbleibende Material besitzt die Körnungen grob, mittel und fein. Erde, die durch die Maschen des letzten Siebes fällt, ist unbrauchbar, weil sie zu fein ist. Man bewahrt die verschiedenen Bestandteile der Erde getrennt auf.

Bei Bedarf wird eine Erdmischung hergestellt, die auf die Bedürfnisse der einzelnen Pflanze abgestimmt ist. Laubgehölze wollen zum Beispiel eine kompaktere Mischung. Sie kann aus einem Teil Lauberde oder Torf, einem Teil Gartenerde und einem Teil Sand bestehen. Nadelgehölze verlangen dagegen eine trockenere und leichtere Erde. Man mischt sie aus zwei Teilen Sand, einem Teil Gartenerde und einem Teil Torf oder Walderde. Trockenere Mischungen empfehlen sich auch für ältere Pflanzen der Laubgehölze.

Man wird die genannten Grundmischungen für die verschiedenen Pflanzenarten dem individuellen Bedarf des einzelnen Bonsais anpassen und entsprechend variieren. Für Kiefern kann zum Beispiel ein weiterer Teil Sand beigefügt werden. Für die Ahornarten ist eine Mischung aus einem Teil Gartenerde, zwei Teilen Lauberde oder Torf und zwei Teilen Sand zu empfehlen.

Auch die Granulierung der Erde verdient Beachtung. Je feiner die Pflanzerde ist, desto mehr Wasser wird von ihr aufgenommen und gespeichert. Grobe Erdmischungen sind durchlässiger und trockener. Als Faustregel kann gelten, daß der Erde für jüngere und für größere Pflanzen eine gröbere Körnung des Sandes beigemischt wird als der Erde für ältere und kleinere Bäume.

Bei Angaben über die Zusammensetzung von Bonsaierde handelt es sich immer um Erfahrungswerte. Die Pflanzerde für Bonsais ist eine Art Mikro-Organismus, in dem sich komplizierte physikalische und biochemische Vorgänge abspielen. Ihre Wirkung auf die Entwicklung der verschiedenen Bonsaiarten ist noch nicht genau erforscht. Dies erklärt die Widersprüchlichkeit mancher Angaben über die Zusammensetzung der Erde. Ein Bonsaifreund wird selbst mit Erdmischungen experimentieren und vielleicht neue Entdeckungen machen. Mit einer leicht lehmhaltigen Granitverwitterung wurden zum Beispiel ausgezeichnete Ergebnisse erzielt.

In jedem Fall ist es richtig, die Zusammensetzung der Pflanzerde möglichst den Bodenverhältnissen anzugleichen, in denen der jeweilige Baum in der freien Natur am besten gedeiht (vgl. die einschlägige Literatur oder Baumschulkataloge).

Fertige Bonsaierde für die verschiedenen Bonsaiarten kann auch über den Fachhandel bezogen werden.

Der Vorgang des Umtopfens

Für das Umpflanzen eines Bonsai ist Erde in drei verschiedenen Granulierungen vorbereitet: Eine grobe, die den Schalenboden bedeckt, eine mittlere Körnung, die später die Wurzeln umgibt, und eine feine Erde, mit der in einer dünnen Schicht die Erdoberfläche abgedeckt wird; sie verhindert, daß die Erde beim Wässern herausgeschwemmt wird.

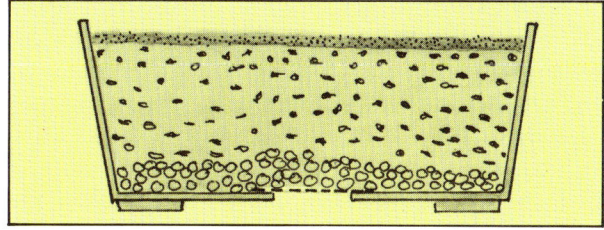

Schichtung der Bonsaierde im Pflanzgefäß: Eine Schicht grober Körnung bedeckt den Schalenboden. Die Pflanzenerde, die die Wurzeln umgibt, ist von mittlerer Körnung. Die Erdoberfläche wird mit einer dünnen Schicht feiner Granulierung abgedeckt.

Die Pflanze wird vorsichtig aus dem Gefäß gehoben. Eventuell muß durch Klopfen mit dem Handballen auf den Schalenrand nachgeholfen werden oder durch Ablösen der Wurzeln mit Hilfe eines alten Messers.

Man entfernt die alte Erde zu etwa zwei Dritteln. Am Tag vor dem Umtopfen wird die Pflanze nicht

Die Erde wird mit Hilfe eines zugespitzten Holzstäbchens vorsichtig aus dem Wurzelballen herausgelöst.

Die alte Erde wird etwa zu zwei Dritteln entfernt.

gewässert, damit die Erde fast trocken ist. Mit einem zugespitzten Holzstäbchen wird die Erde vorsichtig herausgelöst. Die feinen Wurzeln dürfen nicht beschädigt werden.

Die Wurzeln werden in das Wasser getaucht, dem ein Eßlöffel Vitamin B_1 beigefügt wurde. Der Vitamin-Zusatz macht die Wurzeln geschmeidig und regt sie zu neuem Wachstum an.

Man schneidet die Wurzeln um ungefähr ein Drittel mit einer scharfen, kräftigen Schere zurück. Abgestorbene, alte und zu stark entwickelte Wurzeln werden entfernt. Unterhalb des Stammes, in der Mitte des Wurzelballens, sollte eine kleine Vertiefung entstehen. Das Kürzen von Pfahlwurzeln wird über mehrere Jahre verteilt. Man schneidet die Wurzeln möglichst immer unterhalb einer Krümmung nach unten, vor allem die an der Erdoberfläche liegenden. Weitere Angaben über das Schneiden der Wurzeln finden Sie im Kapitel über die Gestaltung der Wurzeln.

Man schneidet die Wurzeln um etwa ein Drittel zurück und entfernt alte und abgestorbene Wurzelteile.

Durch die mit Plastiknetzen bedeckten Abzugsöffnungen im Schalenboden kann plastikbeschichteter Draht zur Befestigung der Pflanze gezogen werden, der dem frischverpflanzten Bonsai einen festen Halt gibt. Die Pflanzerde sollte fast trocken sein, damit sie gut rieselt und die Hohlräume zwischen den Wurzeln leicht ausfüllt. Auf eine Schicht von grobem Kies oder einer gröberen Körnung der Erdmischung wird die Pflanzerde mittlerer Körnung so hoch aufgefüllt, daß die sichtbaren Wurzeln etwa auf die Höhe des Schalenrandes bzw. etwas darüber zu liegen kommen. Man häuft dabei die Erde zu der Stelle hin leicht an, auf die das Bonsai gepflanzt wird. Die Pflanze wird fest auf die kleine Erhöhung gedrückt. Man hält das Bonsai am Stamm fest, während man die Erde einfüllt. Das Auffüllen der Pflanzerde kann vorsichtig mit einem Holzstäbchen unterstützt werden, damit keine Hohlräume zwischen den Wurzeln zurückbleiben. Die Erde sollte die Wurzeln dicht, aber nicht zu fest umschließen.

Wenn es bei größeren Pflanzen erforderlich ist, befestigt man das Bonsai mit dem durch die Abzugsöffnungen gezogenen Draht. Er wird ungefähr nach einem halben Jahr, wenn sich neue Wurzeln gebildet haben, wieder entfernt.

Die Erde wird dann bis zum Schalenrand aufgefüllt. Man drückt sie gleichzeitig fest an, vor allem am Schalenrand. Die Erdoberfläche soll an die Weite der Landschaft erinnern, deshalb bleibt beim Bonsai allenfalls ein kleiner Gießrand von höchstens 0,5 cm.

Wenn Oberflächenwurzeln noch hochragen, können sie mit haarnadelförmigen Klammern aus rostfreiem Draht im Boden befestigt werden.

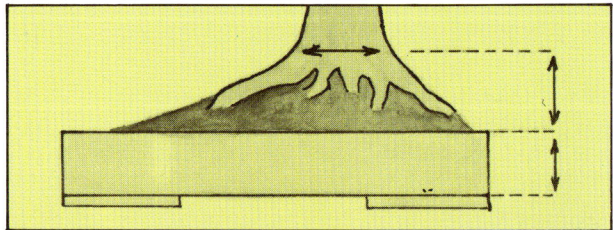

Die Oberflächenwurzeln kommen auf die Höhe des Schalenrandes oder leicht darüber zu liegen. Die Höhe der Schale entspricht bei älteren Pflanzen ungefähr der Dicke des Stammes.

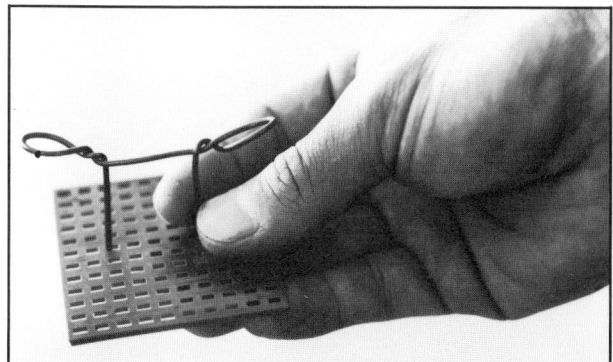

Die Abzugsöffnungen im Schalenboden werden mit Plastiknetzen oder Plastikgittern abgedeckt, damit die Erde nicht ausrieselt und ein rasches Abfließen des Gießwassers gewährleistet ist. Die Gitter können mit Drahtklammern befestigt werden.

Durch die Abzugsöffnungen und die mit Klammern befestigten Plastikgitter zieht man einen Draht zur Fixierung der Pflanze.

Die Unterseite des Schalenbodens mit den Fixierungsdrähten.

Auf eine Erdschicht grober Körnung wird die Pflanzerde mittlerer Granulierung eingefüllt. Man häuft sie an der Stelle, auf die das Bonsai gesetzt wird, leicht an. Die Pflanze wird fest auf die kleine Erhöhung gedrückt und weitere Erde eingefüllt.

Das Auffüllen der Erde kann vorsichtig mit einem Holzstäbchen unterstützt werden, damit zwischen den Wurzeln keine Hohlräume zurückbleiben und die Pflanzerde die Wurzeln dicht umschließt.

Die Erdoberfläche der bis zum Rand gefüllten Schale wird mit einem kleinen Besen glattgestrichen.

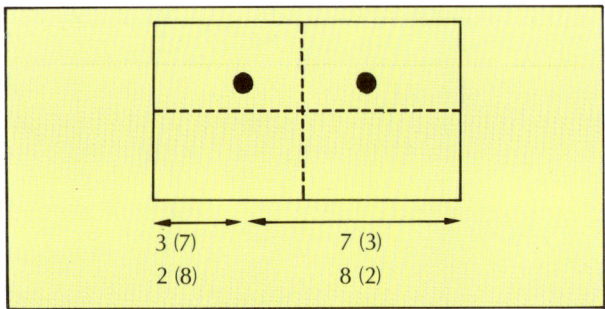

Die schwarzen Punkte zeigen die Position eines Bonsai der *geneigten Form* an. Die Pflanzenfläche kann im Verhältnis 3 (7):7 (3) oder 2 (8):8 (2) aufgeteilt werden.

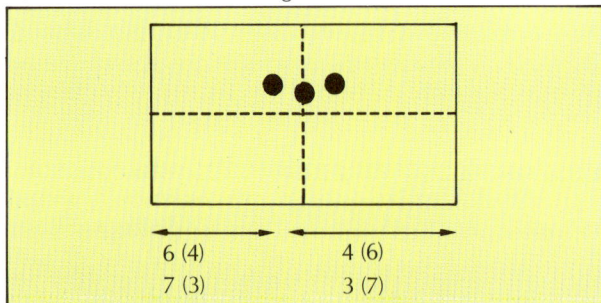

Bei der *streng aufrechten Form* und der *frei aufrechten Form* kann die Fläche im Verhältnis 6 (4):4 (6) oder 7 (3):3 (7) aufgeteilt werden. Für den *Mehrfachstamm* und den *Zwillingsstamm* wird normalerweise die mittlere Position gewählt.

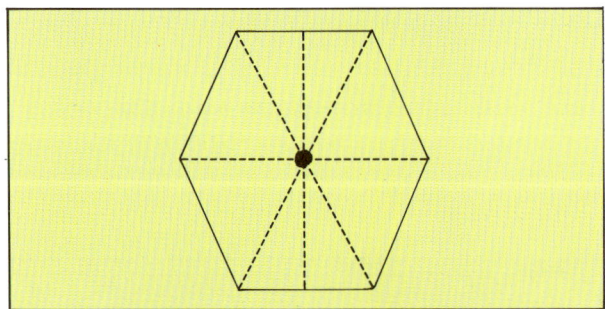

Bonsais der *Kaskaden-*, *Halbkaskaden-* und *Literatenform* pflanzt man meist in die Mitte einer runden, quadratischen, sechs- oder achteckigen Schale.

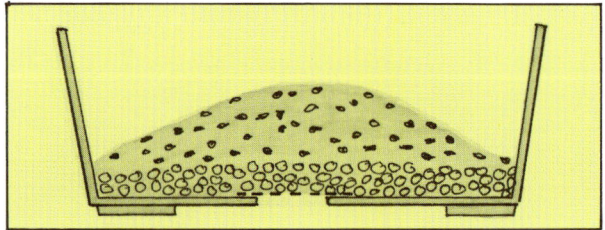

Die Pflanzerde wird zur Stelle hin, auf die das Bonsai gesetzt wird, leicht angehäuft.

Das bereitstehende frische Moos wird mit einer Pinzette gereinigt.

Man legt das Moos in kleinen Stücken auf die mit feiner Erde abgedeckte Erdoberfläche und drückt diese fest an.

Man fegt die Erdoberfläche mit einem Pinsel glatt und streut eine dünne Schicht feiner Erde auf. Schließlich kann noch getrocknetes Moos angesät und mit einer kleinen Schaufel festgedrückt werden. Wenn frisches Moos verwendet wird, zerteilt man es in kleine Stücke und pflanzt es zuerst den Wurzeln entlang und dann rings um das Bonsai.

Nach dem Einpflanzen wird das Bonsai bis zum Schalenrand in einen Behälter mit Wasser gestellt. Die Erde soll sich dabei richtig vollsaugen. Gleichzeitig wird die Pflanze überbraust.

Ein frisch verpflanztes Bonsai wird für eine Woche an einem schattigen, windgeschützten Platz aufgestellt. Auch vor einem Regenguß, der die Erde herausschwemmen könnte, muß die Pflanze geschützt werden.

In der ersten Woche wird das Bonsai gut gewässert (dreimal am Tag). Dann wird es langsam an die direkte Sonne gewöhnt und normal gegossen (s. S. 92 + 93). Frühestens nach einem Monat wird die Pflanze zum ersten Mal leicht gedüngt.

Das Düngen

Wenn Bonsais gesund bleiben und schön aussehen sollen, müssen sie regelmäßig gedüngt werden. Bonsais brauchen wie alle Pflanzen Nährstoffe in ausreichender Menge. Eine Pflanze, der lebenswichtige Nahrung vorenthalten wird, wächst zwar langsamer, aber das geht auf Kosten ihrer Gesundheit. Ein Miniaturbaum, dessen Lebensraum auf ein Minimum reduziert ist, und der größere Eingriffe wie das Zurückschneiden oder das Drahten verkraften muß, braucht eine gute Konstitution. Das regelmäßige und richtig dosierte Düngen trägt entscheidend zur normalen Entwicklung eines Bonsai und zur Erhaltung seines frischen Aussehens bei.

Die Ansprüche der Pflanzen hinsichtlich der Ernährung sind verschieden. Junge Bonsais brauchen zum Beispiel mehr Nährstoffe als ausgewachsene, alte Bäume. Und blühende Pflanzenarten verlangen eine andere Zusammensetzung des Düngers als Nadelgehölze.

Normalerweise wird während der gesamten Wachstumszeit von März bis Oktober gedüngt. Nur während der heißesten Zeit des Sommers sollte man den Dünger absetzen. Unmittelbar nach dem Verpflanzen darf für ein bis zwei Monate nicht gedüngt werden. Auch kranke Pflanzen vertragen keinen Dünger. Die blühenden und früchtetragenden Bonsaiarten werden während der Blüte nicht gedüngt. Erst wenn sie Früchte angesetzt haben, kann das Düngen fortgesetzt werden. Pflanzen, die während der Blüte und zu Beginn der Fruchtbildung gedüngt wurden, werfen häufig die Früchte ab.

Bei Nadelgehölzen, vor allem den Kiefern, kann man bereits im Januar langsam mit dem Düngen beginnen. Die Herbstdüngung fördert zwar das Dickenwachstum der Stämme und Äste, aber Pflanzen, die im Freien überwintert werden, dürfen nicht bis zum Kälteeinbruch weitergedüngt werden. Bei ihnen ist es ratsam, den Dünger spätestens im Oktober abzusetzen. Pflanzen, die auch im Winter weiterwachsen, wie die tropischen Pflanzenarten, werden in dieser Jahreszeit wegen des reduzierten Wachstums mit geringeren Düngermengen weiterversorgt.

Bonsaiexperten empfehlen den organischen Dünger. Er ist dem schnellwirkenden anorganischen vorzuziehen, bei dem die Gefahr einer Überdüngung besteht. Die Grundbestandteile des organischen Düngers sind Stickstoff, Kalium, Phosphor und Kalk. Außerdem sollte Bonsaidünger auch Spurenelemente wie Bor, Eisen, Kobalt, Kupfer, Molybdän, Nickel, Zink enthalten. Der Mangel an Spurenelementen führt zu einer Schwächung der Pflanze, die sich unter anderem durch gelbe und gefleckte Blätter äußert.

Zum Düngen von Miniaturbäumen können Hornspäne, kann Blutmehl, Fischmehl, Knochenmehl, Pottasche, Rapsschrot, gut kompostierter Mist u.ä. verwendet werden. Der Bonsaifreund wird selbst die Düngermischungen für seinen Bedarf herstellen. Stickstoffhaltiger Dünger wie Rapsschrot und kompostierter Mist fördert das Wachstum der Pflanze und der Blätter. Zur Entwicklung und zur intensiven Färbung der Blüten und Früchte braucht die Pflanze mehr Kalium und Phosphor. Dem Bedürfnis wird man gerecht, indem man dem normalen, vor allem Stickstoff enthaltenden Dünger etwas Knochenmehl, Fischmehl, Hornspäne u.ä. beimischt.

Selbstverständlich eignen sich auch handelsübliche Pflanzendünger für Bonsais. Man achte jedoch darauf, daß die Zusammensetzung den Bedürfnissen von Miniaturbäumen entspricht.

Der Dünger kann in flüssiger und in fester Form verabreicht werden. Vor dem Düngen werden die Bonsais gut gegossen. Dies ist vor allem bei der Anwendung von Flüssigdünger wichtig.

Grundsätzlich ist es besser, häufiger in kleinen Mengen als selten in großen Mengen zu düngen. Denn eine zu hohe Konzentration des Düngers kann zu unerwünscht starkem Wachstum oder zu ernsten Schäden wie Verbrennen der Wurzeln und zur Wurzelfäule führen. Von einem handelsüblichen organischen Flüssigdünger wird beispielsweise die Hälfte der angegebenen Menge im Abstand von vierzehn Tagen gegeben. Die Dosierung des Düngers in fester Form ist abhängig von seiner Konzentration. Für eine Schale von 25–30 cm Durchmesser genügt zum Beispiel eine Menge von zwei Teelöffeln pulverisierten Rapsschrots. Der Dünger wird gleichmäßig über die Erdoberfläche verteilt. Bereits kleine Anhäufungen können das Moos zerstören.

In der warmen Jahreszeit werden durch den Dünger oft Fliegen angelockt. Die kleinen Maden, die aus den in die Pflanzerde abgelegten Fliegeneiern schlüpfen, können durch Einsprühen mit einem Insektizid wirksam bekämpft werden.

Bequem zu handhaben ist ein organischer Dünger in Kugelform, der im Abstand von ca. 30 cm in die Mitte zwischen Stamm und Schalenrand gelegt wird. Für ein Bonsai mittlerer Größe genügen zwei Kugeln. Beim Wässern lösen sich die Nährstoffe und werden nach einem Umsetzungsprozeß in der Erde von der Pflanze aufgenommen. Wenn eine Düngekugel aufgebraucht ist, wählt man für das Auflegen der neuen eine andere Stelle.

Das Herstellen von Dünger aus Rapsschrot

Rapsschrot ist ein Abfallprodukt, das bei der Ölgewinnung aus Raps (Brassica napus) anfällt. Der Kuchen, der nach dem Auspressen des Öls entsteht, ist ein vorzüglicher Bonsaidünger. Das Öl sollte möglichst nur ausgepreßt und nicht noch zusätzlich durch chemische Mittel herausgelöst sein. Rapsschrot ist in Ölmühlen, in Handlungen für Viehfutter oder in Bonsaizentren erhältlich.

Rapsschrot wird in fester Form, nämlich pulverisiert bzw. in Kugelform, oder flüssig verabreicht. Für die blühenden und früchtetragenden Bonsaiarten kann Knochenmehl, Fischmehl, können Hornspäne u.ä. beigemischt werden, und zwar in einem Verhältnis 5:1.

Die Düngekugeln werden hergestellt, indem man das Rapsschrot in Pulverform mit Wasser versetzt und gut durchknetet, bis die Masse teigig weich ist. Daraus formt man Kugeln in der Größe eines Tischtennisballs und läßt sie trocknen. Die Düngekugeln können mit einem Insektizid eingesprüht werden. Ein trockener, luftdicht verschlossener Behälter eignet sich am besten für die Aufbewahrung. Es ist ratsam, immer nur so viele Düngekugeln herzustellen, wie man in ungefähr einem Vierteljahr verbraucht.

Rapsschrot kann auch zu Flüssigdünger verarbeitet werden. Pulverisiertes Rapsschrot wird in eine große Flasche geschüttet und zehnmal soviel Wasser beigefügt. Die offene Flasche wird im Freien aufgestellt, während die Masse etwa vier bis sechs Wochen fermentiert. Dann schüttet man den flüssigen Teil ab und verdünnt ihn zum Düngen im Verhältnis 1:10 mit Wasser. Die Anwendung des Flüssigdüngers aus Rapsschrot erfolgt im Abstand von vierzehn Tagen.

Die Überwinterung

In einem milden Winter ist die Versorgung der Bonsais recht einfach. Sie können an ihrem Platz im Freien bleiben und müssen nur ausreichend feucht gehalten werden. In den meisten Jahren müssen wir jedoch mit längeren Frostperioden rechnen. Aus diesem Grund sind einige Maßnahmen zum Schutze der Pflanzen erforderlich.

Während der kalten Jahreszeit werden die Pflanzen am Morgen gegossen, um das Gefrieren der feuchten Erde bei Nachtfrösten zu verhindern. Wurzeln und Pflanzgefäße könnten durch ein rasches Einfrieren und Wiederauftauen beschädigt werden.

Abgesehen von den tropischen und subtropischen Pflanzen sowie den blühenden Bonsaiarten und einigen Laubgehölzen, sind die meisten Miniaturbaumarten winterhart und überstehen auch einen strengen Frost. In der Tabelle auf Seite 143 ist die unterschiedliche Winterhärte der Pflanzen vermerkt.

Bei länger anhaltenden Frösten sind auch robuste Pflanzen gefährdet, und zwar durch Austrocknen. Weil die Erde gefroren ist, vermögen die Wurzeln kein Wasser mehr aufzunehmen, während die Pflanze weiterhin Feuchtigkeit verdunstet.

Bonsais, die im Freien überwintert werden, sollte man vom Herbst an nicht mehr in die Wohnung nehmen, damit sie bis zum Einbruch der Kälte abgehärtet sind.

Die Pflanzen müssen unbedingt während der kältesten Monate vor Wind geschützt werden. Zur Abschirmung der Bonsais können dichte Schilf- und Strohmatten, wie man sie in Gärtnereien verwendet, in der Hauptwindrichtung aufgebaut werden.

Um ein Zerspringen der Schalen bei Frost zu vermeiden, kann man sie bis über den Schalenrand in ein Gemisch aus zwei Teilen feuchtem Torf und einem Teil grobem Sand einschlagen. Als Behälter kann eine Holzkiste Verwendung finden. Gegossen wird nur, wenn das Torf-Sandgemisch trocken wird. Das Gießwasser muß rasch abfließen können.

Bei starkem Frost sollten die Pflanzen mit durchsichtiger Plastikfolie abgedeckt werden, die bei frostfreien Temperaturen und bei Sonnenschein wieder entfernt wird.

Manche Bonsaifreunde überwintern ihre Bonsais in kalten Gewächshäusern oder in kleinen Frühbeeten, die man selbst aus Brettern und alten Fenstern herstellen kann, die aber auch im Handel erhältlich sind. Die Gewächshäuser und Frühbeete müssen gut gelüftet werden. Frische Luft und eine gute Luftzirkulation ist im Winter für Bonsais wichtiger als Wärme. Bonsais, die im Winter zu warm gehalten werden, treiben zu frühzeitig aus. Dadurch wird die Gesundheit der Pflanzen erheblich geschwächt.

Auch in einem hellen, ungeheizten und gut durchlüfteten Raum, zum Beispiel in einem Speicherraum oder in einem Treppenhaus, bei Temperaturen zwischen 0–10 °C, können Bonsais über den Winter gebracht werden.

Winterjasmin (*Jasminum nudiflorum*) – frei aufrecht, Höhe: 65 cm.

Die Krankheitsvorsorge – Schädlinge und Krankheiten

Der beste Schutz gegen Krankheiten und Schädlinge ist eine sorgfältige Pflege und regelmäßige Kontrolle der Bonsais. Je früher beispielsweise Schädlinge entdeckt werden, desto wirksamer kann man sie bekämpfen.
Grundsätzlich sind Bonsais genauso anfällig für Krankheiten und Schädlingsbefall wie andere Haus- oder Gartenpflanzen. Es ist deshalb ratsam, Bäume und Sträucher, in deren Nähe Bonsais stehen, regelmäßig mit Schädlingsbekämpfungsmitteln zu behandeln, um einer Übertragung von Krankheiten und Insekten vorzubeugen.
Bei ersten Anzeichen einer Krankheit wird man zuerst einmal selbst eine Diagnose stellen. Im folgenden werden einige mögliche Ursachen für das Braunwerden und Schrumpfen der Blätter genannt. Die Therapie besteht meistens in der Beseitigung der erkannten Ursachen.
Die Knospen waren bereits durch Anstoßen, Frost, Schädlinge o.ä. beschädigt:
Es kann sich um Druckstellen handeln, die beim Transportieren entstanden sind. Auch ein starker Wind kann am frischen Laub eines Bonsai Flekken hervorrufen und die Blätter einschrumpfen lassen.
Starker Sonnenschein nach einer langen Regenperiode kann junges Laub schädigen. Die Pflanzen sollten deshalb um die Mittagszeit schattiert werden.
Wenn die Pflanze bei starker Sonne überbraust wird, führt das oft zu Verbrennungen.
Es wurde nicht richtig gegossen. Die Pflanze bekam zu viel oder zu wenig Wasser.
Wurde zu stark oder zu früh nach dem Umtopfen gedüngt?
Wurde eine zu starke Dosierung eines Schädlingsbekämpfungsmittels angewendet?
Ein rascher Temperaturwechsel kann einer Pflanze, die noch nicht akklimatisiert ist, Schaden zufügen. Die Pflanze braucht in diesen Fällen vorübergehend einen geschützten Platz.
Das wiederholte Urinieren größerer Haustiere an Pflanzen, die am Boden stehen, kann ernste Schäden verursachen.
Bei Krankheitssymptomen, die nicht durch eine falsche Behandlung der Pflanzen verursacht sind, und für die keine Hinweise im Bereich der Erdoberfläche oder der Baumkrone entdeckt werden können, muß man auch die Wurzeln untersuchen. Ein gut eingewurzeltes Bonsai kann man vorsichtig aus dem Pflanzgefäß heben. Kräftige, weiße Wurzelspitzen lassen in den meisten Fällen darauf schließen, daß das Wurzelsystem in Ordnung ist.
Eine feine, weiße Ablagerung mit Pilzgeruch, die bei manchen Nadelgehölzen und seltener bei Laubgehölzen angetroffen wird (s. auch S. 107), die Mykorrhiza, trägt zur Gesunderhaltung der Pflanzen bei. Es handelt sich um die symbiotische Verbindung von Pilzen und den Wurzeln bestimmter Pflanzen.
Bei Anzeichen einer Erkrankung, deren Ursachen nicht eindeutig festzustellen sind, wende man sich an einen Fachmann.
Die Folgen einer Schädigung oder Krankheit, wie braune Blätter und verdorrte Zweige, entfernt man. Wenn der größte Teil des Laubes betroffen ist, kann bei Laubgehölzen im Sommer ein Blattschnitt (s. S. 62 + 63) durchgeführt werden. Abgestorbene Äste werden durch *jin* (s. S. 72) in die Ge-

staltung des Bonsai einbezogen oder abgeschnitten. Die handelsüblichen Pflanzenschutzmittel werden für Bonsais schwächer dosiert, als auf der Gebrauchsanweisung angegeben ist.

Schädlinge

Ameisen verursachen keine eigentlichen Schäden, wenn sie kein Nest in der Pflanzerde haben. Sie schleppen jedoch Blattläuse und Mehlkäfer an.
Ameisen bekämpft man mit einer starken Pyrethrum-Lösung. Wenn sich ein Ameisennest in der Pflanzerde befindet, muß das Bonsai sofort umgetopft werden (s. S. 97–100). Die Erde wird entfernt. Man taucht die Wurzeln in eine schwache Pyrethrum-Lösung und verwendet für das Eintopfen neue Erde.
Blattläuse sitzen gern an Knospen, neuen Trieben und an der Unterseite junger Blätter. Gewölbte und eingerollte Blätter sind Anzeichen für saugende Insekten.
Blattläuse lassen sich verhältnismäßig leicht entfernen. Oft genügt es schon, die kleinen, grünen Insekten mit einem kräftigen Wasserstrahl abzuspülen. Auch das Einsprühen der Blätter mit einer mittelstarken Pyrethrum-Lösung ist wirksam.
Mehlkäfer und *Wollblattläuse* befallen meistens Kiefern, aber auch Apfelbäume und Buchen.
Die saugenden Insekten werden wie Blattläuse (s.o.) bekämpft. Die Maßnahmen können noch zusätzlich durch Einpinseln der betroffenen Stellen mit Methylalkohol unterstützt werden.
Raupen – es handelt sich selten um mehr als ein oder zwei Exemplare – machen sich durch Fraßstellen an Knospen und Blättern bemerkbar.
Wenn sie nicht entdeckt und entfernt werden können, hat das Einsprühen mit Pyrethrum oder einem ähnlichen Mittel meist die gewünschte Wirkung.

Nematoden, auch Älchen oder Fadenwürmer genannt, verursachen an den Wurzeln warzenartige Anschwellungen. In den meisten Fällen werden sie an Rosengehölzen (Cotoneaster, Quitte) angetroffen. Die Pflanze wird dann schlaff und stockt im Wachstum.
Man behandelt die befallenen Pflanzen am besten zu den Umtopfzeiten (Frühling oder Herbst). Mit einem scharfen Messer werden die kranken Wurzelteile entfernt und die Umgebung der Schnittwunden mit einem Fungizid behandelt. Nach dem Umpflanzen behandelt man das Bonsai noch ein bis zwei Monate weiter mit dem Fungizid.
Regenwürmer richten im allgemeinen keine ernsten Schäden an. Ihre Anwesenheit ist an kleinen Löchern in der Erdoberfläche und winzigen Erdanhäufungen zu erkennen.
Das Auftreten von Regenwürmern wird verhindert, wenn man beim Verpflanzen keimfreie Erde verwendet und die Bonsais nicht auf den Erdboden, sondern auf ein erhöhtes Bord stellt. In den meisten Fällen kann mit dem Entfernen der Regenwürmer bis zum nächsten Umtopfen gewartet werden.
Von der *Roten Spinne* (Spinnmilben), die zumeist in niederschlagsarmen Jahren im Frühling oder im Sommer angetroffen wird, werden vor allem Fichten, Kiefern und Wacholderarten befallen. Die Blätter bzw. Nadeln färben sich braun. Oft sind große Teile der Pflanze betroffen. Die Rote Spinne verbirgt sich im Laub. Aber sie kann trotz ihrer Winzigkeit entdeckt werden, wenn man ein Blatt weißes Papier unter einen Ast hält, während man ihn schüttelt. Die abgefallenen Insekten sehen aus wie Paprikapulver. Mit Hilfe einer Lupe können sie eindeutig identifiziert werden.
Die Schädlinge werden mit Malathion bekämpft, das einmal im Monat angewendet wird.
Schildläuse, die hauptsächlich bei Laubbäumen an Zweigen und an der Unterseite der Blätter sitzen, treten als kleine, braune, pockenartige Anschwellungen in Erscheinung.
Schildläuse können meistens mit der Hand entfernt werden. Bei starkem Befall muß wegen

des Panzers, durch den sich die saugenden Insekten schützen, eine höhere Dosierung eines malathionhaltigen Bekämpfungsmittels angewendet werden.

Schnecken sind an den glänzenden Schleimspuren zu erkennen, die sie hinterlassen. Bei Schneckenfraß helfen einige Körnchen Schneckenkorn.

Die *weiße Fliege* oder Mottenschildlaus verrät sich dadurch, daß sie bei leichter Erschütterung der Pflanze auffliegt. Die Saugstellen verfärben sich gelb. Später werden die Blätter gelb und verkümmern.

Die Bekämpfung der weißen Fliege muß möglichst frühzeitig erfolgen. Denn diese Insekten vermehren sich außerordentlich rasch. Sie befinden sich später in verschiedenen Entwicklungsstadien von unterschiedlicher Immunität gegen Insektizide und sind deshalb sehr schwer zu bekämpfen. Am besten hilft ein regelmäßiges Einsprühen der Pflanzen im Abstand von 4–6 Tagen und ein Wechsel der Wirkstoffe.

Wurzelläuse können die Ursache sein, wenn eine Pflanze, trotz ausreichender Pflege, während der Wachstumszeit die Blätter hängen läßt. In der Verpflanzzeit sollte man dann die Wurzeln sorgfältig untersuchen.

Die weißen Insekten dürfen bei Kiefern und anderen Nadelgehölzen jedoch nicht mit der weißen Ablagerung (s. S. 105) verwechselt werden, die sich normalerweise bei gesunden Pflanzen bildet. Sie erscheint als ein zusammenhängendes Gekräusel und hat einen pilzartigen Geruch.

Wurzelläuse werden durch malathion- und methoxychlorhaltige Mittel bekämpft, die direkt in die Wurzel gesprüht werden.

Krankheiten

Chloroseerscheinungen, die ein Gelbwerden der Blätter zur Folge haben, treten bei Eisenmangel auf. Pflanzen in Kalkböden sind durch die Mangelkrankheit besonders gefährdet. Sie wird mit Eisenchelaten bekämpft.

Mehltau tritt bei hohen Temperaturen und Mangel an Luftzirkulation auf. Wenn dann noch hohe Luftfeuchtigkeit hinzukommt, sind alle Voraussetzungen für das Entstehen der Pilzkrankheit gegeben.

Mehltau erscheint als ein weißer, mehlartiger und filziger Belag, vor allem an den Blättern.

Die befallenen Blätter werden entfernt und wegen Ansteckungsgefahr vernichtet. Aus dem gleichen Grund isoliert man die kranken Pflanzen. Ein Standort mit möglichst viel Sonne und frischer Luft sowie das Auflockern der Baumkrone durch Herausschneiden überflüssiger Zweige kann entscheidend zur Überwindung der Krankheit beitragen. Zusätzlich sollten die Pflanzen mit einem Fungizid behandelt werden. Nach einer oder zwei Anwendungen stellt sich oft schon ein Erfolg ein.

Rußtau ist eine rußartige Ablagerung an den Blättern, von der unter anderen die Ulmenarten betroffen werden. In vielen Fällen wird nur eine Seite der Pflanze von der Pilzkrankheit befallen.

Der Rußtau wird mit einem Fungizid bekämpft.

Wurzelfäule kann bei einem Bonsai verschiedene Ursachen haben. Es ist beispielsweise möglich, daß die Erde undurchlässig, weil zu lehmhaltig, ist. Oder die Pflanze wurde überwässert. Vielleicht bekam das Bonsai auch im Winter zu wenig Wasser, und die Wurzeln sind vertrocknet. Ein Überdüngen der Pflanze kann ebenfalls Ursache der Wurzelfäule sein.

Als Gegenmaßnahme sorgt man behutsam für einen Ausgleich. Wenn beim Wässern Fehler gemacht wurden, reduziert man das Gießen, bis die Erde beginnt, trocken zu werden. Man hält sie für zwei Wochen in einem ganz leicht feuchten Zu-

stand. Das tägliche Einsprühen der Blätter ist eine weitere hilfreiche Maßnahme.
Eine falsche Erdmischung muß durch die richtige ersetzt werden. In manchen Fällen ist es zweckmäßig, das Bonsai für einige Zeit in eine „trockene" Erdmischung zu pflanzen, die aus zwei Teilen Sand und einem Teil Torf besteht. Voraussetzung ist, daß die Pflanze noch kräftig genug ist, um das Verpflanzen zu überstehen. Wenn die Schäden überwunden sind, wird sie wieder in Bonsaierde gepflanzt.
Zusätzliches Zurückschneiden der Triebe und Zweige kann helfen, den Feuchtigkeitshaushalt der Pflanze auszugleichen. Im übrigen behandelt man das Bonsai wie ein frisch verpflanztes (s. S. 100).

Mädchenkiefer (*Pinus parviflora*) – frei aufrechte Form, Höhe: 84 cm. Das Geäst ist dreifach gestuft. Dadurch ergibt sich eine von links nach rechts aufsteigende Linie. Der Stamm setzt mit einer Gegenbewegung an, um dann die Rechtswendung aufzunehmen. Die fehlenden Äste auf der rechten Seite provozieren den Betrachter genauso wie die unbearbeitete Erdoberfläche. Die runde, rote Schale mit ihrer glatten Oberfläche ist dagegen gut gewählt.

Die Bonsaiwerkzeuge

Es sind verhältnismäßig wenige Werkzeuge, die für die Gestaltung und Pflege von Bonsais benötigt werden. Gute Scheren, ein scharfes Messer, eine Drahtschere oder ein Seitenschneider sind oft schon vorhanden, wenn ein Garten zu versorgen ist.
Die japanischen Spezialwerkzeuge sind eigens für die Verwendung in der Bonsaikultur entwickelt worden. Mit den schmalen Scheren können beispielsweise fast alle Zweige oder Wurzeln der Bonsaibäume erreicht werden.
Die im folgenden angeführten Spezialwerkzeuge haben sich bei der Gestaltung und Pflege von Miniaturbäumen bewährt. Einige der wichtigsten sind abgebildet. Es sind dies (s. nebenstehendes Foto von links nach rechts): Eine schmale, spitz zulaufende Schere für den Formschnitt. Die Schere besitzt einen langen Griff mit breiter Öffnung für die Finger. Man verwendet sie zum Schneiden von Knospen, Trieben und für den Blattschnitt.
Eine kräftige Schere für den Schnitt größerer Äste und Wurzeln.
Eine zusammenklappbare Säge zum Entfernen von Ästen, die mit anderen Werkzeugen nicht erreicht werden können.
Eine Zange für den Konkavschnitt. Die leicht konkave Schnittstelle, die sie hinterläßt, heilt rasch ab, und es bleiben keine unschönen Vernarbungen zurück.
Ein Schnitzmesser für verschiedene Zwecke, zum Beispiel zum Glätten großer Schnittwunden und zum Erzeugen von *jin* und *shari*.

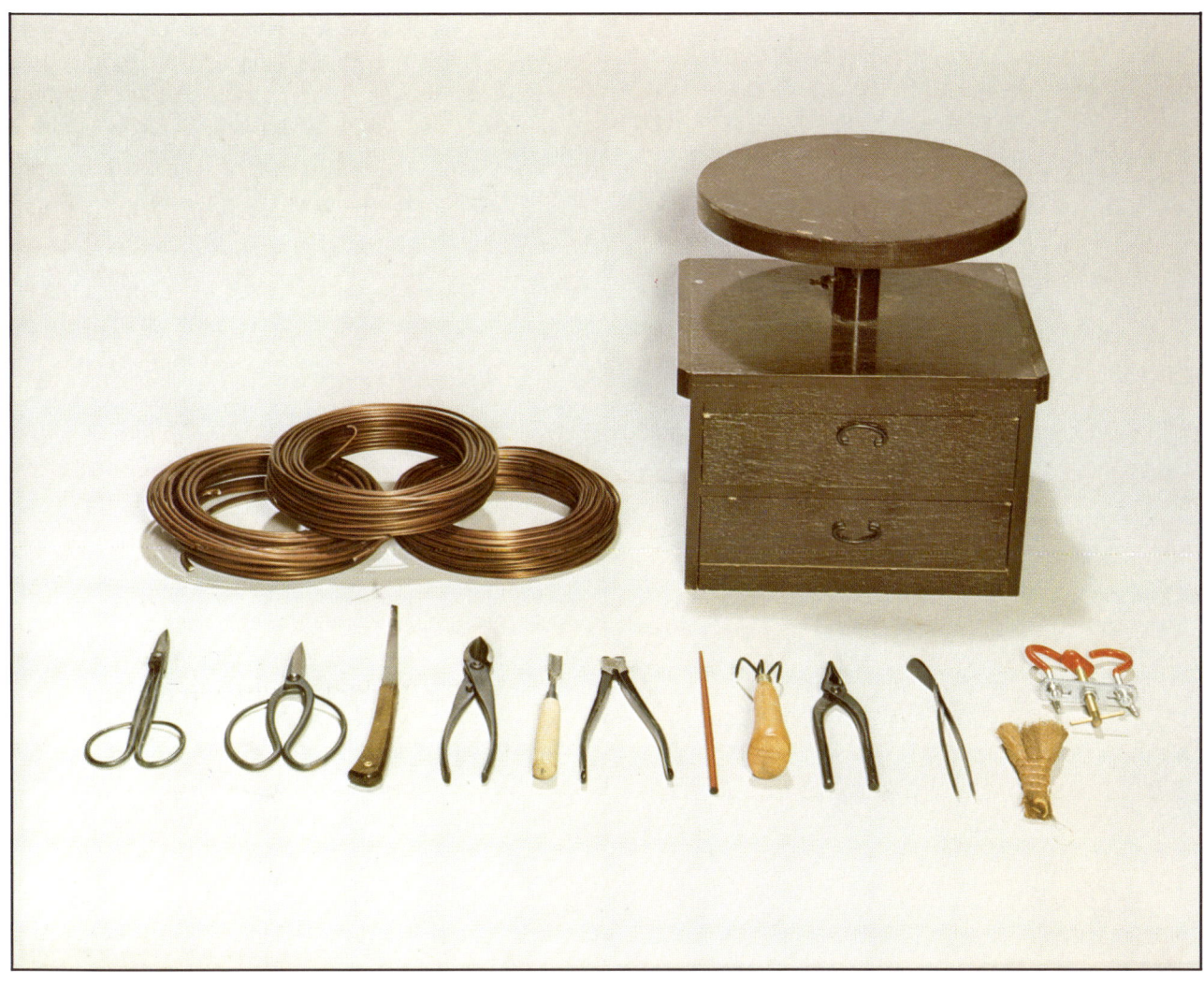

Eine Zange, die so konstruiert ist, daß beim Entfernen des Drahtes Verletzungen der Rinde vermieden werden.
Ein Holzstäbchen, mit dessen Hilfe die Erde aus dem Wurzelballen entfernt werden kann.
Eine Eisenkralle mit Holzgriff zum Entfernen der Erde bei stark verfilzten Wurzeln.
Eine Zange zum Biegen und Entfernen von starkem Draht.
Eine Pinzette für das Anpflanzen von Moos, für das Entfernen welker Blätter und junger Triebe oder Knospen. Das abgeflachte Ende kann zum Andrücken der Erde oder des Mooses verwendet werden.
Ein Besen, mit dem die Erdoberfläche nach dem Verpflanzen glattgefegt wird.
Eine kleine Schraubzwinge zum Biegen von Stämmen und starken Ästen.

Im Hintergrund:
Rollen aus kupferfarben eloxiertem Aluminiumdraht, der in Stärken von 1–5,5 mm zu Korrekturhilfen verwendet wird.
Ein Drehtisch, der die Arbeit beim Umtopfen, Schneiden, Ausputzen usw. erleichtert.

Weitere Werkzeuge:
Okulier- oder Veredelungsmesser mit vielen Verwendungsmöglichkeiten.
Zange zum Schneiden starker Wurzeln.
Kellenförmiges Schäufelchen, mit dessen Hilfe die Erde angedrückt wird.
Hebel für das Biegen starker Äste, wenn die Kraft der Hände dazu nicht ausreicht.
Spezialgießkanne für Bonsais mit einer sehr feinen Brause.
Feine Brause zum Anschließen an einen Gartenschlauch.
Handsprühgerät (5–10 Liter Inhalt).
Behälter, in dem Gießwasser gespeichert werden kann.
Siebe, mit denen bei Sand, Gartenerde, Lauberde u.a. verschiedene Körnungen erreicht werden können.
Hammer, Körner und Bleistücke, mit deren Hilfe Draht zur Befestigung der Pflanzen bei Felsenpflanzungen fixiert wird.

Weiteres Material
Plastikbeschichteter Draht zur Fixierung der Pflanzen in der Schale.

Die japanischen Bonsai-Gießkannen ermöglichen ein genaues Dosieren des feinen Wasserstrahls.

Bast, Hanfschnur, Stücke von einem Gartenschlauch zum Schutz der Rinde bei Gestaltungseingriffen.
Baumwachs zum Verschließen großer Schnittstellen.
Bewurzelungshormon, das zur Wurzelbildung anregt.
Vitamin B_1, durch das neues Wachstum angeregt und die Wurzeln geschmeidig werden.

Die Handhabung mag bei manchen Bonsaiwerkzeugen ein wenig ungewohnt sein. Es ist deshalb ratsam, sich mit dem Gerät vertraut zu machen, indem man es im Garten ausprobiert.
Bonsaischeren sollten nur für den Zweck benutzt werden, für den sie bestimmt sind, das heißt, die kleinen Scheren mit den schmalen Schneiden zum Stutzen von Trieben und kleinen Zweigen, und die kräftigen Scheren für das Schneiden der Äste und großen Wurzeln.
Nach dem Gebrauch werden die Werkzeuge sorgfältig gereinigt. Man wischt sie mit einem trockenen Tuch ab. Zur Beseitigung der Reste von Baumsäften verwendet man am besten Methylalkohol. Das Einreiben mit einem Rostschutzöl hält die Werkzeuge funktionstüchtig und erhöht ihre Lebensdauer.

Einige besondere Bonsaitypen

Chinesische Quitte (*Chaenomeles japonica*) – frei aufrechte Form, Höhe: 36 cm. Der untere Ast auf der rechten Seite ist ein wenig tiefer herabgezogen. Dadurch wird das Gleichgewicht zum nach links geneigten Stamm hergestellt. Anzahl und Position der Früchte kann teilweise gewählt werden. Die links oben sitzenden Früchte betonen die Diagonale von links unten nach rechts oben.
Gibt es ein geeigneteres Pflanzgefäß als die rustikale, flache bräunliche Schale?

Die Miniaturbonsais

Miniaturbonsais, in Japan *Mame* genannt, was „kleine Bohne" bedeutet, besitzen alle Elemente eines Bonsai und wollen genauso sorgfältig gestaltet werden wie größere Pflanzen. Die Formung beschränkt sich in den meisten Fällen ausschließlich auf das Zurückschneiden, den Formschnitt. Das Pflanzgefäß eines Mamebonsai kann annähernd die Größe eines Fingerhutes haben. Wer eine kleine Wohnung mit offenem Balkon auf der Sonnenseite besitzt, wird diese kleinsten Bonsais besonders schätzen.

Sämlinge, Stecklinge, Ableger, aber auch in der freien Natur gefundene Zwergformen bilden das *Ausgangsmaterial*. Man kann es zunächst einmal mit Gräsern und Blumen versuchen und dabei genügend Erfahrung sammeln, um später mit Erfolg Bäume im Kleinstformat zu züchten.

Erste Anzeichen einer künftigen Form zeigen sich bereits nach zwei bis drei Jahren. Es dauert dann jedoch mindestens noch einmal so lange, bis man die Pflanze als Bonsai bezeichnen kann. Die wichtigste Regel für die Gestaltung lautet, „vom Baum zu lernen", das heißt, die ihm eigene Wuchsform zu entdecken und zur Entfaltung zu bringen. Man sollte also beim Miniaturbonsai nicht unbedingt eine klassisch strenge Form erreichen wollen. Eine Kiefer etwa oder eine Ulme in ihrer natürlichen Wuchsform ist das Ziel der Gestaltung. Selbstverständlich können auch Miniaturlandschaften in kleinstem Format angelegt werden.

Die ersten *Eingriffe* erfolgen bei den ganz jungen Pflanzen nach ein bis zwei Jahren. Man schneidet sie im Frühjahr auf 2–3 cm zurück. Von Jahr zu Jahr wiederholt man den Eingriff und läßt die Pflanze jeweils etwas größer werden. Bei den blühenden Pflanzenarten schneidet man im Juni, nach der Blüte, die voll entwickelten Triebe auf ein bis zwei Blattansätze zurück. Neue Triebe, die inzwischen nachgewachsen sind, werden im Herbst teilweise oder ganz entfernt. Die Blütenknospen bricht man bis auf einige wenige aus.

Miniaturbonsais werden nur *gedrahtet*, wenn keine andere Wahl bleibt. Allzu leicht können die kleinen Pflänzchen beschädigt werden. Allenfalls läßt sich der Stamm gefahrlos mit Draht formen. Äste, die nach unten wachsen sollen, bindet man besser herab (s. S. 67).

Miniaturbonsais werden, wenn sie zu den traditionellen Bonsais zählen, im *Freien* aufgestellt. Die meisten Pflanzenarten vertragen die volle Sonne im Sommer. Lediglich einige empfindliche müssen leicht schattiert werden. Im Winter bringt man die Bonsais in einen hellen, gut gelüfteten, ungeheizten Raum mit einer Temperatur von 0–10 °C. Wenn sie im Freien gelassen werden, sollte man die Pflanzen vor starkem Frost schützen.

Eine ständige ernste Gefahr für Miniaturbonsais ist ein starker Wind, der die kleinen Pflanzen vom Tisch oder vom Bord, auf dem sie aufgestellt sind, herabwerfen kann. Man sollte für sie deshalb ei-

Miniaturbonsai (*Zelkova serrata*). Die Aufnahme gestattet einen Größenvergleich.

Wacholder (*Juniperus chinensis*), Baumschulpflanze, im Container.

Das im Halbkaskadenstil geformte Miniaturbonsai, in ein sechseckiges Gefäß gepflanzt. Höhe: 9 cm.

nen windgeschützten Platz wählen und die Pflanzgefäße eventuell befestigen.

Das *Gießen* ist zu jeder Jahreszeit besonders wichtig, weil die Erde in den kleinen Schalen rasch austrocknet. Im Winter muß einmal am Tag, im Frühjahr und Herbst vielleicht dreimal und im Sommer bis zu siebenmal täglich gewässert werden. Die Häufigkeit des Gießens hängt von den individuellen Bedürfnissen der Pflanzen ab. Wichtig ist, daß die Erde nach dem Gießen völlig von Wasser durchtränkt ist. Man erreicht das, indem man die Pflanzen jeweils zwei- bis dreimal hintereinander überbraust und jedesmal wartet, bis die Erde das Wasser aufgenommen hat. Regenwasser oder abgestandenes Leitungswasser eignen sich am besten zum Wässern.

Nährstoffe sind für jede Pflanze lebenswichtig. Deswegen kommen auch Miniaturbonsais, nicht ohne *Dünger* aus. Entsprechend ihrer Größe benötigen sie nur eine ganz geringe Menge. Oft kommen die Pflanzen ein Jahr mit dem Dünger aus, der sich in der Erde befindet.

Man wird Mamebonsais also nur sehr sparsam düngen. Flüssigdünger in ganz geringer Dosie-

Schwarzkiefer (*Pinus thunbergii*), Höhe: 7 cm. Schale: 5 × 5 cm.

Igelwacholder (*Juniperus rigida*) – Halbkaskade, Höhe: 12 cm. Schale: 7 × 7 cm.

Bonsais für die Wohnung

Schalen für Miniaturbonsais. Die Filmpackung erlaubt einen Größenvergleich.

rung kann während der Wachstumszeit alle zwei Wochen *nach* dem Gießen gegeben werden. Das Gelbwerden und Schrumpfen der Blätter kann ein Zeichen von Überdüngung sein. Blühende Bonsaiarten dürfen nach dem Erscheinen der Blütenknospen bis drei Monate nach der Blüte nicht gedüngt werden.

Außer den langsamwachsenden Pflanzenarten, wie viele Nadelgehölze, werden Miniaturbonsais jährlich *umgetopft*. Die richtige Zeit dafür ist das frühe Frühjahr, und für die früchtetragenden Bonsaiarten der Herbst. Die Technik des Umpflanzens ist die gleiche wie bei allen Bonsais (s. S. 97–100).

Bei den Miniaturbonsais achte man besonders darauf, daß die Erde körnig ist und die ausreichend großen Abzugslöcher im Schalenboden mit einem Netz bedeckt sind. Jeder Mamefreund wird mit der Zeit seine Erdmischungen herausfinden, die er auf die Bedürfnisse der einzelnen Pflanzen abstimmt. Am Anfang kann man die Standardmischung für Bonsais (s. S. 96) verwenden. Der größte Teil der alten Erde wird entfernt. Die Wurzeln schneidet man um ein Drittel zurück. Nach dem Verpflanzen braucht ein Miniaturbonsai einen schattigen Platz und viel Wasser.

Herkömmliche Bonsais verlangen als Voraussetzung für ihre normale Entwicklung einen Platz im Freien. Wie kann man in einem Appartment ohne Balkon Freilandpflanzen halten? In den Vereinigten Staaten machte man aus dieser Not eine Tugend und begann vor einigen Jahren mit Pflanzen zu experimentieren, die als zimmertauglich gelten und sich gleichzeitig als Bonsais eignen. Es handelt sich um Zimmerpflan-

Serissa foetida im frei aufrechten Stil. Höhe 15 cm, ca. 5 Jahre alt. Die *Serissa* gehört zu den subtropischen Pflanzen, die ständig in der Wohnung gehalten werden können.

Kamelie *(Camellia japonica)* – Halbkaskade, Höhe: 60 cm, Breite: 75 cm. Die Kamelie kann in der Wohnung gehalten werden. Sie ist jedoch schwer zu pflegen.

zen sowie um tropische und subtropische Pflanzenarten. Bei uns werden gerade die ersten Versuche mit Bonsais für die Wohnung gemacht.
Warum gehen die meisten herkömmlichen Bonsaiarten ein, wenn sie in der Wohnung gehalten werden? Für Bäume und Sträucher, die in einem gemäßigten Klima gedeihen, sind die in diesen Klimazonen herrschenden *Temperaturunterschiede*, zum Beispiel zwischen Sommer und Winter sowie zwischen Tag und Nacht, lebenswichtig. In tropischem Klima oder bei einer gleichbleibenden Temperatur, wie sie in unseren Wohnungen herrscht, können Freilandpflanzen aus gemäßigten Klimazonen auf die Dauer nicht existieren.

Bonsais, die in der Wohnung gedeihen sollen, müssen für diese Umgebung tauglich sein. *Ein Bonsai für die Wohnung ist eine Pflanze, die mit den traditionellen Miniaturbaum-Methoden kultiviert wird und zugleich zimmertauglich ist.*
Neben der Wahl der geeigneten Pflanzen kommt es entscheidend darauf an, für das Zimmerbonsai Bedingungen zu schaffen, die den natürlichen Lebensbedingungen der jeweiligen Pflanze entsprechen. Jede Pflanze braucht Licht, die Temperaturen, die ihren Bedürfnissen angeglichen sind, Luft, Nährstoffe, Feuchtigkeit. In einigen Fällen müssen die Voraussetzungen für eine erfolgreiche Kultivierung der Pflanzen verbessert oder künstlich ge-

Azalee (*Rhododendron indicum*) – frei aufrecht, Höhe: 70 cm, Breite: 73 cm. Die Pflanze steht in voller Blüte. Das fast reine Weiß der Blüten geht an einigen Stellen in ein leuchtendes Rot über. Der Stamm und die Äste sind in diesem Stadium nicht sichtbar. Das Bonsai hat gut gebildete Wurzeln. Der dunkelbraunen Schale mit ihrer matten Oberfläche ist durch die Einkerbungen an den Ecken alles Kantige genommen. Sie entspricht damit den weichen Formen des Blütenbonsais.

schaffen werden. Die Luftfeuchtigkeit kann zum Beispiel durch Einsprühen erhöht oder mangelndes Sonnenlicht durch künstliche Beleuchtung ersetzt werden.
Ein großer Vorteil der meisten Bonsais für die Wohnung ist zweifellos, daß bei ihnen die Pause der Überwinterung wegfällt. Man kann sich das ganze Jahr über mit den Pflanzen beschäftigen.
Es folgen einige Hinweise auf den Standort, die Gestaltung und die Pflege von Bonsais für die Wohnung. In der Liste auf Seite 127–137 sind zimmertaugliche Pflanzen durch ein z gekennzeichnet. Ihre Eigenschaften und Ansprüche werden kurz beschrieben.

Der richtige Platz für Zimmerbonsais

Zimmertaugliche Bonsais entwickeln sich am besten an einem Fenster nach Süden. Bei weniger günstigen Verhältnissen (Fenster auf der Nordseite) empfiehlt sich die Verwendung von *Kunstlicht*. Unter künstlicher Beleuchtung können auch in den dunkelsten Ecken der Wohnung Bonsais gehalten werden, vorausgesetzt, man sorgt für eine gute Luftzirkulation.
Leuchtröhren, die eigens für die Pflanzenzucht entwickelt wurden, haben sich bei der Kultivierung von zimmertauglichen Bonsais gut bewährt. Man bringt sie im Abstand von 10–30 cm über den Spitzen der Pflanzen an. Wenn zum Beispiel zwei Leuchtkörper im Abstand von ca. 15 cm auf ein an der Unterseite weiß lackiertes Brett montiert werden, benötigt man keine Reflektoren.
Das Licht wird am Tag für ungefähr 16 Stunden (evtl. automatisch mit Timer) eingeschaltet. Im Winter (Dezember) kann die Beleuchtungszeit auf 10 Stunden reduziert werden. Zum Frühjahr hin verlängert man die Einschaltzeiten allmählich wieder auf die normale Dauer.

Unmittelbar am Fenster unterscheidet sich die Temperatur von der im übrigen Raum. Die Differenz kann erheblich sein. Für die meisten Bonsaiarten ist es günstig, wenn die Nachttemperatur um einige Grade (5–10 °C) tiefer liegt als bei Tag. Um dies zu erreichen, kann das Fenster geöffnet oder ein schwerer Vorhang vorgezogen werden, der die Temperatur zwischen Fenster und Vorhang absinken läßt. Unter Umständen ist es auch möglich, den Thermostaten um einige Grade herunterzuschalten. Sinkt die Temperatur jedoch bei Nacht unter 15 °C, werden empfindliche Pflanzen an einen wärmeren Platz gebracht.
Gute *Luftzirkulation* und ausreichende *Luftfeuchtigkeit* sind weitere Bedingungen für eine normale Entwicklung der Pflanzen. Trockene Luft, wie sie in zentralgeheizten Wohnungen im Winter herrscht, ist eine ernste Gefahr für Bonsais. Ein Luftbefeuchter sowie täglich ein mehrmaliges Einsprühen der Pflanzen kann die schlimmsten Schäden verhindern.
Wenn die Pflanzen in flache Plastikkisten gestellt werden, die mit einer ca. 5 cm hohen Schicht aus Kieselsteinen, Lecaton oder Perlite gefüllt sind, kann überflüssiges Wasser rasch abfließen, und man muß weniger häufig gießen. Das Wasser am Boden der Behälter sollte nicht höher stehen als 1,5 cm. Für das Nachfüllen wird gesorgt, wenn das Wasser verdunstet ist.
Im *Sommer* können Bonsais für die Wohnung *ins Freie* gebracht werden. Sie müssen jedoch langsam an die direkte Sonnenbestrahlung gewöhnt werden, indem man die Pflanzen während zwei bis drei Wochen im Schatten, im Halbschatten und schließlich ohne Schattierung aufstellt, sofern sie die volle Sonne vertragen. Wegen der größeren Wasserverdunstung werden Bonsais, die im Freien stehen, öfter gegossen.
Wenn keine andere Möglichkeit besteht, können die Bonsais im Sommer auch am offenen Fenster aufgestellt werden. Befindet sich das Fenster auf der Südseite, gewöhnt man die Pflanzen wie im Freien allmählich an das volle Sonnenlicht; der Abstand zum Fenster wird immer mehr verringert.

Die Pflege

Wie alle Pflanzen haben auch Zimmerbonsais individuelle Bedürfnisse. Manche Pflanzenarten wollen eher trocken, andere dagegen etwas feuchter gehalten werden. Man gießt die Bonsais von oben mit einer feinen Brause oder mit einem Sprühgerät. Das regelmäßige Einsprühen ist vor allem im Winter wichtig, wenn die Wohnung geheizt ist. Es sollte während dieser Jahreszeit möglichst mehrmals am Tag wiederholt werden. Wenn man das Wässern im Badezimmer besorgt, gibt es keine Probleme mit Wasserflecken am Fenster oder an den Wänden.
Falls die Pflanzen wegen Überwässern oder wegen Mangel an Wasser die Blätter abwerfen, sorgt man behutsam für einen Ausgleich. In den meisten Fällen wachsen die Blätter nach einigen Wochen wieder nach.

Das Umtopfen

Bei der Wahl des Pflanzgefäßes muß die Größe der Pflanze und ihre Wuchsform berücksichtigt werden (s. S. 57). Das Umtopfen erfolgt im frühen Frühjahr oder im Winter, wenn das Wachstum reduziert ist. Die Häufigkeit des Verpflanzens richtet sich nach der Schnelligkeit des Wachstums. Auch bei raschwüchsigen Pflanzenarten muß nicht häufiger als einmal im Jahr umgetopft werden.
Die *Pflanzerde* kann aus 6 Teilen (sterilisierter) Gartenerde oder Blumenerde und 3 Teilen Sand bzw. aus 1 Teil Torf und 1 Teil Sand gemischt werden. Die Standardmischung für Bonsais (s. S. 96) hat sich bei zimmertauglichen Bonsais ebenfalls als brauchbar erwiesen. Eine grobe Körnung der Pflanzerde garantiert eine gute Wasser- und Luftdurchlässigkeit. Im übrigen muß man die Erdmischung auf die Bedürfnisse der einzelnen Pflanzen abstimmen.
Die alte Erde wird zu zwei Dritteln entfernt. Man schneidet die Wurzeln um ein Drittel zurück, vor allem die stark wuchernden. Der Vorgang des Umtopfens ist der gleiche wie der für herkömmliche Bonsais (s. S. 97–100).

Das Düngen

Bonsais für die Wohnung werden während der gesamten aktiven Wachstumszeit gedüngt. Empfehlenswert ist ein organischer Dünger in fester oder flüssiger Form, dessen Zusammensetzung den Ansprüchen der jeweiligen Pflanzenart gerecht wird. In Zeiten geringeren Wachstums muß auch die Menge des Düngers reduziert werden. Über das Düngen von Bonsais siehe auch Seite 101.

Die Krankheitsvorsorge

Günstige Wachstumsbedingungen sind die beste Voraussetzung für die Gesundheit eines Zimmerbonsai und auch zugleich ein sicherer Schutz gegen Krankheiten und Schädlinge. Vor allem ist für eine gute Luftzirkulation und ausreichende Luftfeuchtigkeit im Bereich der Pflanzen zu sorgen.
Weitere Maßnahmen zum Schutz der Pflanzen sind: Eine regelmäßige Kontrolle und das wöchentliche kräftige Absprühen der Blätter, einschließlich der Unterseite.
Blattläuse, Spinnmilben (Rote Spinne) und die weiße Fliege sind Schädlinge, die bei zimmertauglichen Bonsais am häufigsten auftreten. Gegen

Blattläuse hilft oft schon das Eintauchen der Baumkrone in reine Seifenlauge, die dann mit Leitungswasser gründlich abgespült wird.

Die handelsüblichen Schädlingsbekämpfungsmittel sind in der Wohnung mit Vorsicht anzuwenden. Man kann die Pflanze vor dem Einsprühen in einen Plastiksack stellen oder man trägt Gummihandschuhe, wenn man die Pflanze mit einer verdünnten Lösung des Mittels abwäscht.

Auf jeden Fall sollte die Erdoberfläche mit Plastikfolie abgedeckt werden, um die Erde zu schützen.

Die Gestaltung

Die Gestaltungstechniken für Zimmerbonsais sind weitgehend die gleichen wie bei herkömmlichen Bonsais. Die Bonsaiformen sollten dem Wuchs der Pflanzen in ihrer natürlichen Umgebung entsprechen. Bei den schnellwachsenden tropischen Bäumen trifft man zum Beispiel fast immer abgerundete und kompakte Baumkronen an. Auch Luftwurzeln kommen vor. Bonsais aus tropischen und subtropischen Pflanzenarten benötigen zur vollen Entwicklung ungefähr die Hälfte der Zeit, die eine Pflanze aus gemäßigten Klimazonen braucht. Um bei der Schnellwüchsigkeit die für Bonsais typische Wuchsform zu erhalten, müssen die Pflanzen häufig zurückgeschnitten werden. Jedesmal, wenn sich neue Triebe gebildet haben, ist ein Formschnitt fällig.

Steht das Bonsai am Fenster oder befindet sich die Lichtquelle auf einer Seite, muß es alle zwei bis drei Tage gedreht werden, damit es sich nicht einseitig entwickelt. Eine Pflanze, die auf einer Seite zu stark gewachsen ist, wird kräftig zurückgeschnitten, damit wieder ein Ausgleich hergestellt wird.

In vielen Fällen reicht der Formschnitt zur Gestaltung eines Zimmerbonsai aus. Wenn jedoch ein Stamm oder größere Äste geformt werden sollen, wird man auf das Drahten oder ähnliche Techniken (s. S. 64–69) kaum verzichten können.

Am besten drahtet man unmittelbar vor dem Einpflanzen des Bonsai in die Schale, falls es sich um größere Eingriffe handelt. Kleinere Korrekturen sind auch sonst während der Wachstumszeit möglich.

Die Rinde der zimmertauglichen Bonsais ist oft weich, man sollte deshalb den Draht mit Kreppapier umwickeln, um Verletzungen zu vermeiden.

Die Dauer der Korrekturhilfe hängt vom Wachstum der Pflanze ab. In den meisten Fällen reichen bei Zimmerbonsais drei bis sechs Wochen, um den erwünschten Erfolg zu erzielen. Gelegentlich dauert es länger. Wegen des raschen Wachstums ist vor allem bei tropischen und subtropischen Pflanzen eine regelmäßige Kontrolle der gedrahteten Stellen erforderlich. Oft muß die Korrekturmaßnahme wiederholt werden. Der neue Versuch kann unmittelbar nach dem Entfernen des Drahtes gemacht werden.

Wenn Früchte entstehen sollen, müssen die Blüten der Bonsais für die Wohnung meistens künstlich befruchtet werden. Im Freien besorgen das normalerweise die Insekten.

Viele Pflanzenliebhaber entwickeln eine Art Intuition für die Bedürfnisse ihrer Gewächse. Die Pflege von Bonsais ist ein wenig komplizierter als die von normalen Zimmerpflanzen. Es kann deshalb hilfreich sein, *Aufzeichnungen* von den Lebensbedingungen, den Pflegemaßnahmen und der Entwicklung der Pflanzen zu machen. Die Gründe für Erfolge und Mißerfolge lassen sich auf diese Weise leichter ausfindig machen. Das Muster einer *Merktabelle (s. S. 152) für die Pflege von Bonsais für die Wohnung* kann mit entsprechenden Änderungen auch als Vorlage der Pflege-Aufzeichnungen bei herkömmlichen Bonsais dienen.

Bonsais mit Gräsern, Farnen, Sukkulenten, Stauden und einjährigen Pflanzen

Ein dankbares Gebiet für den Anfänger ist die Gestaltung von Bonsais mit Gräsern, Farnen, Sukkulenten, Stauden und einjährigen Pflanzen. Es handelt sich dabei nicht um Bonsais im eigentlichen Sinne, sondern um die Anwendung von Bonsaitechniken bei den genannten Pflanzenarten. Die Pflanzen werden in Schalen kultiviert, in Miniaturform gehalten und, soweit das möglich ist, in einem der klassischen Bonsaistile geformt. In Schalen gepflanzte *Gräser* werden in Japan oft zusammen mit einem Bonsai zum Schmuck in der Wohnung aufgestellt (siehe Seite 91 + 92) und bilden eine Art Kontrapunkt zum Miniaturbaum und dem Wandbehang.
Für das Kultivieren in Pflanzgefäßen werden *Gras-* und *Farnarten* gewählt, die eine niedrige Wuchsform und schmale Blätter besitzen. Widerstandsfähigkeit und kräftige Wurzeln sind weitere wünschenswerte Eigenschaften. Im folgenden werden einige geeignete Gräser und Farne angeführt.

Gräser für das Aufstellen im Freien

Festuca amethystina (Regenbogenschwingel), *Festuca ovina* (Schafschwingel), *Festuca scoparia* (Bärenfellgras), *Pennisetum alopecuroides* (Federborstengras), *Sesleria varia* (Blaugras), *Stipa barbata* (Reiherfedergras), *Stipa pennata* (Federgras).

Gräser, die sich für die Wohnung eignen

Cyperus alternifolius (Schirmgras), *Carex brunnea* 'Variegata' (Segge), *Ophiopogon japonicus* (Schlangenbart).

Farne

Asplenium viride (Grüner Streifenfarn), *Asplenium trichomanes*, *Blechnum penna-marina* (Feuerlandfarn), *Blechnum spicant* (Rippenfarn), *Ceterach officinarum* (Schriftfarn – für Felsenpflanzungen geeignet), *Cystopteris fragilis* (Felsen-Blasenfarn), *Gymnocarpium dryapteris* (Eichenfarn), *Phyllitis scolopendrium* (Hirschzungenfarn), *Pteris cretica* (Saumfarn – zimmertauglich), *Thelypteris phegopteris* (Buchenfarn).

An die Pflege stellen Gräser und Farne meist keine hohen Anforderungen. Viele sind winterhart. Ihr Standort ist in der Regel im Freien. Gedüngt werden die Pflanzen am besten mit Flüssigdünger. Ein Umtopfen ist häufig erst nach mehreren Jahren erforderlich. Manche Gräser müssen immer wieder zurückgeschnitten werden, während andere in ihrer natürlichen Größe belassen werden können. Der Rückschnitt erfolgt am besten im Frühjahr (Mai, Juni) nach dem Austrieb.

Zierpflanzung aus zwei verschiedenen Pflanzenarten kombiniert. Vor dem neutralen Hintergrund kommen die feinen gelben Blüten gut zur Wirkung.

Die flache, runde, blauglasierte Schale wird von dem üppig entwickelten Blattwerk fast verdeckt.

Eine Sammlung von Miniaturgräsern und Zwergfarnen ist auch von Vorteil, wenn eine Miniaturlandschaft angelegt werden soll. Je größer die Auswahl an Pflanzen ist, desto vollkommener können sie auf die übrige Bepflanzung bzw. die Felsen abgestimmt werden (siehe Seite 76 + 77). Es gibt auch Pflanzen, die einen holzigen Stamm entwickeln, beispielsweise der Rosmarin (*Rosmarinus officinalis*), der Lavendel (*Lavendula angustifolia, L. latifolia*), der Salbei (*Salvia officinalis, S. viridis*), der Thymian (*Thymus vulgaris*) u.a. Bei diesen Pflanzen können baumartige Wuchsformen erreicht werden. Die Gestaltung erfolgt durch Zurückschneiden.

Verholzende Gräser und Kräuter sind ausgesprochene Freilandpflanzen und deshalb nur bedingt zimmertauglich. In der Wohnung brauchen sie viel Licht und einen möglichst kühlen Platz im Winter. Außerdem dürfen sie nicht zu feucht gehalten werden.

Für Gruppenpflanzungen der Waldform ist der *Bambus* (siehe Seite 127) Favorit unter den Gräsern. Bambus wird in flachen Schalen oder auf Steinplatten angepflanzt. Wegen seiner Schnellwüchsigkeit wird der Bambus ungefähr alle zwei Jahre umgetopft, eine Gelegenheit, um zu dicht gewordene Pflanzungen durch Teilung aufzulockern. Als Pflanzerde kann eine Mischung aus einem Teil Garten- oder Komposterde, drei Teilen Torf und zwei Teilen grobem Sand verwendet werden.

Wenn die Pflanzen die gewünschte Höhe erreicht haben, entfernt man die neuen Triebe, indem man sie herauszieht. Alle wilden Austriebe im Wurzelbereich werden sofort nach dem Erscheinen beseitigt. Im späten Frühjahr oder im frühen Sommer kann auch ein Radikalschnitt vorgenommen werden. Die Stämme werden knapp über der Erdoberfläche abgeschnitten. Die Bambuspflanzen treiben erneut durch und bilden junge Schößlinge.

Bambus verlangt einen schattigen Standort. Er will gut gewässert und des öfteren eingesprüht werden. Bambus wird kühl bei 5–10 °C überwintert. Einige Bambusarten sind winterhart.

Bambuspflanzen sind in Europa nicht leicht zu beschaffen. Das mag damit zusammenhängen, daß die Bambusstaude nur alle paar Jahrzehnte blüht und Samen ansetzt. Die Vermehrung durch Wurzelteilung (siehe Seite 50) ist dagegen einfach. Man kann auch Stammstücke mit zwei bis drei Internodien wie Stecklinge (siehe Seite 42 + 43) in die Erde stecken. Der Spezialbetrieb Dr. Simon, Marktheidenfeld, bietet eine große Auswahl von Bambusarten an.

Euphorbia balsamifera. Die 22 cm hohe Sukkulente mit Baumcharakter beginnt gerade neu auszutreiben.

Ähnlich wie die bereits genannten Gräser mit dem „Baumlook" können auch einige besonders widerstandsfähige Bambusarten ständig in der Wohnung gehalten werden (siehe Seite 120, 127). Zimmertauglich sind auch einige Sukkulenten, bei denen wegen ihrer baumähnlichen Wuchsform eine Gestaltung mit Bonsaitechniken möglich ist. Dazu gehören: die *Euphorbia balsamifera* (Wolfsmilch), *Crassula argentea, C. lycopodioides, C. tetragona* (Dickblatt), *Trichodiadema bulbosum* u.a.

Viele *Zwergsträucher* und *kleinwüchsige Stauden* haben sich bei der Bepflanzung von Kübeln und Troggärten bewährt. Folgende Pflanzen – es handelt sich vorwiegend um Steingartengewächse – lassen sich in der Art von Bonsais kultivieren. Beachten Sie die Kultur- und Pflegeanleitung der Züchter.

Falls Gräser zurückgeschnitten werden, geschieht das im Frühjahr (Mai, Anfang Juni). Nach dem Schneiden gießt man die Pflanzung ein- bis zweimal im Monat mit einer stark verdünnten Flüssigdüngerlösung.

Für einen sonnigen Standort

Acaena microphylla (Stachelnüßchen), *Acantholimon olivieri* (Igelpolster), *Androsace sarmentosa, A. sempervivoides* (Mannsschild), *Antennaria dioica, A. parvifolia* (Katzenpfötchen), *Arabis caucasica* 'Schneehaube' (Gänsekresse), *Armeria juniperifolia, A. maritima* (Grasnelke), *Campanula cochleariifolia, C. excisa, C. portenschlagiana* (Glockenblume), *Dianthus deltoides* (Heidenelke), *D. gratianopolitanus* (Pfingstnelke), *Erinus alpinus* (Leberbalsam), *Gentiana acaulis* (Enzian), *G. septemfida* (Sommerenzian), *G. sino-ornata* (Herbstenzian), *Geum coccineum, G. montanum* (Nelkenwurz), *Geranium dalmaticum, G. sanguineum* 'Prostratum', *G. subcaulescens* (Storchschnabel), *Globularia cordifolia, G. nudicaulis* (Kugelblume), *Hypericum polyphyllum* 'Citrinum' (Johanniskraut), *Iris pumila, I. reticulata* (Schwertlilie–zimmertauglich), *Mahonia aquifolium* (Mahonie), *Ranunculus aconitifolius* 'Pleniflorus' (Ranunkel), *Saxifraga fortunei* (Steinbrech), *Sedum acre* (Mauerpfeffer), *S. dasyphyllum* (Fetthenne), *Silene acaulis, S. maritima, S. saxifraga* (Leimkraut), *Soldanella alpina, S. montana* (Alpenglöckchen), *Thymus rotundifolius, T. serpyllum* (Thymian), *Veronica prostrata, V. surculosa* (Ehrenpreis), *Vaccinium vitis-idaea* (Preiselbeere).

Für einen Standort im Schatten

Ajuga reptans 'Elliott' (Güldengünsel), *Cyclamen coum, C. linearifolium, C. purpurascens* (Alpenveilchen), *Gaultheria procumbens* (Scheinbeere), *Haberlea rhodopensis* (Haberlee), *Hepatica nobilis* (Leberblümchen), *Saxifraga cochlearis, S. cotyledon* (Steinbrech), *S. umbrosa* (Prozellanblümchen), *Pachysandra hiemalis* (Ysander).

Einjährige Pflanzen für Direktsaat oder mit Vorkultur

Ageratum houstonianum (Leberbalsam), *Dorotheanthus bellidiformis* (Mittagsblume), *Linaria maroccana* (Leinkraut), *Lobelia erinus* (Lobelie), *Phacelia campanularia* (Bienenfreund), *Portulaca grandiflora* (Portulakröschen), *Tagetes tenuifolia* (Sammetblume), *Zinnia angustifolia, Z. elegans* (Zinnie).

„Blumenbonsais" sind leicht und in kurzer Zeit heranzuziehen. In der Pflege sind sie weniger anspruchsvoll als eigentliche Bonsais. Die Gestaltungseingriffe beschränken sich auf ein Mindestmaß. Die Pflanzen können einzeln, in Gruppen, als Landschaft mit Felsen und freien Flächen oder wie ein Miniaturbonsai gestaltet werden. Obwohl durch die geringe Größe des Pflanzgefäßes eine gewisse Reduktion des Größenwachstums erreicht wird, sollte man für die Mameformen (siehe Seite 112–114) möglichst kleinwüchsige Pflanzenarten mit kleinen Blüten und Früchten auswählen.

Chrysanthemen eignen sich besonders gut zum „Blumenbonsai". Sie können in einem Jahr herangezogen und 15–20 Jahre weiterkultiviert werden. Man wählt Jungpflanzen von schönem Wuchs und Sorten mit kleinen Blättern und Blüten. Auch die künftige Gestalt wird beim Aussuchen der Pflanzen berücksichtigt. Die Bonsaiformen „frei aufrecht", „geneigt", „Halbkaskade", „Kaskade", „Zwillings- und Mehrfachstamm" sind mögliche Vorbilder für die Gestaltung von Chrysanthemen. Besonders attraktiv und lohnend ist die Pflanzung über den Fels (siehe Seite 81 + 82). Die Aufzählung läßt erkennen, welche Vielfalt an Verwendungsmöglichkeiten die Chrysantheme bietet.

Die jungen Pflanzen, beispielsweise bewurzelte Stecklinge, werden am besten im frühen Frühjahr in eine vorbereitete Erdmischung aus einem Teil Gartenerde, einem Teil Torf und einem Teil grobem Sand gepflanzt. Die Schale bzw. der Fels sollte in Größe, Form und Farbe zur Pflanze und ihrer Wuchsform passen. Nachdem die Chrysantheme gut eingewurzelt ist, kann mit der Formung begonnen werden. Wenn das Drahten unvermeidlich ist, gehe man mit größter Vorsicht ans Werk, weil die Zweige sehr leicht brechen. Die Triebe werden während der Wachstumszeit (Frühjahr bis Sommer) auf die gewünschte Länge zurückgestutzt.

Nach der Blüte schneidet man die Pflanze kräftig zurück und überwintert sie bei gutem Licht, kühl und frostfrei.

Hemionitis (*Hemionitis arifolia*) – Zierpflanzung. Die Hemionitis stammt aus Asien bzw. dem tropischen Amerika. Sie gehört zu den Tüpfelfarngewächsen. Luftig, warm und luftfeucht gehalten, kann die Hemionitis in der Wohnung kultiviert werden. Die Pflanze ist auf einen Steinbrocken gesetzt. Verschiedene Moose bedecken die Erdoberfläche und den größten Teil des Steines. Zierpflanzungen werden in Japan gern auf kleine Bambusmatten gestellt. Neben einem Einzelbonsai bilden sie einen Kontrast in Farbe, Form und Größe.

Pflanzen, die sich für die Bonsaikultur eignen

Bambuswäldchen, Höhe: 65 cm, auf eine flache Steinplatte gepflanzt.

Wer selbst ein Bonsai gestalten will, wird folgende Überlegungen anstellen: Entscheide ich mich für einen immergrünen Baum, für ein Laubgehölz, das mich den Wechsel der Jahreszeiten miterleben läßt, oder für eine blühende Pflanzenart? Welche Bonsaiform sagt mir am meisten zu?

Die natürliche Wuchsform des Baumes muß zu dem Bonsaistil passen, den man formen möchte. Am leichtesten ist in den meisten Fällen der Stil „frei aufrecht" und „Halbkaskade" zu gestalten. Nicht so einfach ist die Gestaltungsarbeit für die „Kaskade" und „streng aufrecht".

Bei der Auswahl der Pflanzen betrachtet man sie so, daß der Blick auf die Mitte des Stammes fällt. Die Pflanzen sollten einen kräftigen, gut geformten Stamm besitzen. Die Äste setzen möglichst tief an und sind gut verteilt. Zur Spitze des Baumes hin werden die Abstände zwischen den Ästen kleiner. Die Pflanze hat einen kompakten Wuchs, gute Proportionen und kleine Blätter. Im übrigen gelten die Kriterien für ein gutes Bonsai (s. S. 24 + 26) auch für die Wahl von Jungpflanzen. Nicht zuletzt sollte die Pflanze gesund und robust genug sein, um die Gestaltungseingriffe mühelos zu überstehen.

Die meisten bei uns vorkommenden Bäume und Sträucher können als Bonsais kultiviert werden. Die folgende Liste stellt eine Reihe von Pflanzenarten vor, die häufig und mit Erfolg als Bonsais gestaltet werden. Bei der Auswahl wurde an die Anfänger gedacht, die sich zuerst einmal an Pflanzen versuchen wollen, welche sich in der Bonsaikultur bewährt haben.

Die Pflanzen werden kurz charakterisiert. Hinweise auf ihre Bedürfnisse finden Sie in der Tabelle auf Seite 144–151.

Die zimmertauglichen Pflanzen sind mit einem z gekennzeichnet. Bei den bedingt zimmertauglichen Pflanzen (z) ist eine Kultivierung in der Wohnung möglich. Es handelt sich um Freilandpflanzen, die ein Anpassen der äußeren Bedingungen an ihre Bedürfnisse verlangen. Um allzu große Mißerfolge zu vermeiden, sollte man einige Erfahrungen im Umgang mit Pflanzen haben.

Sehr gute Lichtverhältnisse (s. S. 117) sind eine wichtige Voraussetzung für eine erfolgreiche Pflege von Zimmerbonsais. Das gilt vor allem für die Pflanzenarten, die wegen ihrer Blüten und Früchte kultiviert werden.

Alle Temperaturangaben beziehen sich auf die Winterzeit. Im Sommer können die Temperaturen weit höher liegen. Bei der Angabe: 16–23 °C handelt es sich um Grenzwerte einer durchschnittlichen Temperatur und gleichzeitig um die Differenz zwischen Nacht- und Tagestemperatur, die für viele zimmertaugliche Bonsaiarten lebenswichtig ist. Einige Pflanzenarten brauchen eine Temperatur, die ständig 5–7 °C unter der üblichen Zimmertemperatur liegt.

Schließlich ist noch eine Liste angefügt, in der verschiedene Pflanzenarten bestimmten Bonsaiformen zugeordnet werden, für die sie sich vor allem eignen.

Die Beschaffungsmöglichkeiten von Jungpflanzen sind auf Seite 39–46 und 48–52 beschrieben.

Japanische Ezofichte (*Picea jezoensis*) – frei aufrechte Form, Höhe: 68 cm. Der unproportioniert dicke Stamm weist zwei Krümmungen auf. Er verjüngt sich stark zur Spitze hin. Die Äste und Zweige erscheinen dafür zart und fein. Sie nehmen dem Stamm ein wenig von seiner Klobigkeit. Auch die massive, braun getönte Schale wirkt klein gegenüber dem zum Bonsai geformten Findling.

Eine Auswahl bewährter Bonsai-Arten

Ahorn
Ahornbäume werden in Japan seit der Edo-Epoche (1615–1867) als Miniaturbäume kultiviert.
Der *Dreispitzahorn* (*Acer buergerianum*) und der *Fächerahorn* (*Acer palmatum 'Dissectum'*) werden wegen der Wuchs- und Blattform und wegen der Verfärbung des Laubes im Herbst als Bonsais besonders geschätzt.
Besonders reizvoll sind die *rotblättrigen Ahorn-Sorten* (*Acer palmatum 'Atropurpureum', A. palmatum 'Dissectum Ornatum', A. palmatum 'Dissectum Garnet'*). Sie sind nur ein wenig empfindlicher als die erstgenannten.
Beim robusten *Rotahorn* (*Acer rubrum*) werden die Blätter mit zunehmendem Alter kleiner.

Apfel
Der *Wildapfel* oder Holzapfel (*Malus sylvestris*) sowie die Apfelarten mit kleinen Früchten (*Malus angustifolia, M. halliana, M. pumila*-Zwergapfel, *M. zumi* 'Professor Sprenger'-Schmuckapfel) sind in ihren Ansprüchen bescheiden und als Miniaturbäume beliebt.

Aprikose
Von den blühenden Bäumen wird die *japanische Aprikose* (*Prunus mume*) besonders gern als Bonsai gestaltet. Der kräftige Stamm, die kleinen Blätter und die ebenfalls kleinen schönen Blüten mit ihrem feinen Duft begeistern den Bonsaifreund. Aus der großen Zahl der Aprikosenarten werden meist die wilden ausgewählt.

Araukarie, Zimmertanne z
Die *Araukarie* (*Araucaria heterophylla*) ist eine der bekanntesten subtropischen Zimmerpflanzen. Die Araukarie braucht viel Licht, wenn auch nicht unbedingt Sonne. Sie wird bei normaler Zimmertemperatur gehalten (16–23 °C).

Azalee (z)
Die meist schnellwachsenden, kleinblättrigen *Azaleen* wie *Rhododendron japonicum, R. kiusianum, R. molle, R. impeditum, R. forrestii* gehören wegen ihrer Wuchsform und Blüte zu den beliebtesten Bonsaiarten.
Von zahlreichen verschiedenen Topfazaleen (*Rhododendron indicum*) eignen sich diejenigen mit kleinen Blüten für die Bonsaikultur in der Wohnung. Azaleen wollen einen hellen Standort und vor allem während der Blüte gut gewässert werden (16–23 °C).

Bambus (z)
Ein Bambuswäldchen in einer Schale oder auf einer Steinplatte wirkt in unsern Breiten exotisch. Dabei ist *Bambus* (*Bambusa eutuldoides, Chusquee-Inkabambus, Nandina domestica*-Berberidaceae, *Phyllostachus aurea, P. kumasasa, P. nigra, Pseudosasa japonica, Sasa albomarginata*) recht bescheiden in seinen Ansprüchen. Am leichtesten sind die robusten Zwergbambusarten (*Arundinaria pygmaea, A. simonii*) in Schalen zu kultivieren. Einige wenige besonders widerstandsfähige Bambusarten haben sich als zimmertauglich erwiesen.

Birke
Von den uns bekannten Baumarten hat sich die schnellwüchsige *Birke* (*Betula nigra* – Schwarzbirke, *Betula pendula, B. papyrifera*) als Bonsai bewährt. Die weiße Rinde, die nicht allzu großen Blätter und ihre Anspruchslosigkeit machen die Birke interessant.

z = zimmertauglich
(z) = bedingt zimmertauglich   (siehe Seite 126)

Bougainvillea z
Viele kennen die *Bougainvillea* von Reisen in Mittelmeerländer. Sie gedeiht am besten bei sehr guten Lichtverhältnissen (möglichst viel Sonne), und wenn sie nicht zu feucht gehalten wird. Bei Nässe und zu tiefen Temperaturen wirft die Bougainvillea die Blätter ab (18–23 °C).

Brassaia actinophylla z
Die *Brassaia actinophylla* (Schefflera) ist eine immergrüne Blattpflanze aus den Tropen von außerordentlicher Anpassungs- und Widerstandsfähigkeit. Ihr Wuchs wird um so kompakter, je mehr Licht sie erhält. Die Brassaia verkraftet leicht ein starkes Zurückschneiden. Sie gehört zu den Zimmerpflanzen, denen man ein bonsaiähnliches Aussehen verleihen kann (18–23 °C).

Buche
Die japanische *Kerbbuche* (*Fagus crenata*) und die europäische *Rotbuche* (*Fagus sylvatica*) sind dekorativ und widerstandsfähig. Außer der Hainbuche (*Carpinus betulus, C. laxiflora*), die während der Winterzeit das kupferbraune Laub behält, werfen die übrigen Buchenarten die Blätter im Herbst ab.

Buchs – siehe Zwergbuchs

Citrus z
Citrus-Bäume (*Citrus sinensis* 'Marco Orange', 'Otaheite Orange', 'Seville Orange' – Orange, *Citrus microcarpa* – Calamondinorange, *Citrus reticulata* – Mandarine, *Citrus limon* – Zitrone, *Poncirus trifoliatus* – Bitterorange) werden in Gärtnereien und Blumengeschäften angeboten.
Gute Düngung, viel Sonne und ein kühler Platz im Winter sind die Voraussetzungen, die die Bäumchen auch zu dankbaren Zimmerbonsais machen.

Efeu z
Efeu (*Hedera helix*) ist in Europa als immergrüne, widerstandsfähige Kletter- und Topfpflanze bekannt, die mit zunehmendem Alter verholzt. Die kleinblättrigen Efeu-Arten werden gern als Miniaturbonsais gestaltet. Efeu stellt die Pflegeansprüche einer Zimmerpflanze (16–23 °C).

Eibe
Die *Eibe* (*Taxus cuspidata*), ein immergrünes Nadelgehölz mit rötlichbrauner Rinde, gehört zu den langlebigsten Pflanzen überhaupt. Sie soll bis zu 3000 Jahre alt werden. In der freien Landschaft wird die Eibe nur vereinzelt angetroffen. Für die Bonsaikultur ist die weibliche Pflanze mit ihrem scharlachroten Samenmantel vorzuziehen.

Eibisch z
Der *Eibisch* (*Hibiscus rosa-sinensis*) wird vor allem wegen seiner schönen Blüten gezüchtet. Viel Licht, möglichst Sonne und keine Nässe sind die Bedingungen einer erfolgreichen Kultivierung (16–23 °C).

Eiche
Die Eigenschaften der aufrecht und langsam wachsenden Eiche (*Quercus dentata, Q. acutissima, Q. robur* – einheimische Stieleiche) sind uns von den Wäldern und Parks her bekannt. Der kräftige Stamm, die knorrigen Äste und die rauhe Rinde werden als gute Bonsaieigenschaften gewertet. Bei jungen Pflanzen wirken die Blätter unproportioniert groß.

Esche
Die *Esche* (*Fraxinus sieboldiana, F. excelsior* 'Pendula') mit ihrer grünlichgrauen Rinde zählt zu den Ölbaumgewächsen. Sie teilt mit ihren „Verwandten" deren Anspruchslosigkeit. Wegen der Früchte ist die weibliche Pflanze vorzuziehen.
Die heimische *Eberesche* (*Sorbus aucuparia*), auch Vogelbeerbaum genannt, gehört zu den Rosengehölzen. Sie zeichnet sich ebenso wie die *Mehlbeere* (*Sorbus aria*) durch Robustheit und Bescheidenheit der Ansprüche aus.

Feigenbaum – siehe Gummibaum

z = zimmertauglich

Gardenie (*Gardenia jasminoides*) – frei aufrechte Form, Höhe: 69 cm. Die immergrüne Pflanze trägt ihre orangefarbenen Früchte. Die Äste setzen in unterschiedlicher Höhe an, ohne daß dies das harmonische Gesamtbild stören würde. Das kegelförmig geschnittene Gezweig, die sanfte Neigung des knotigen Stammes und die ruhig wirkenden Flächen der mittelhohen Schale sind wie aus einem Guß.

Pflanzen, die sich für die Bonsaikultur eignen

Mädchenkiefer (*Pinus parviflora*) – frei aufrecht, Höhe: 76 cm. Die große Schnittverletzung am Fuß des Stammes verrät die Herkunft der Pflanze: sie wuchs in der freien Natur auf, bevor sie zum Bonsai geformt wurde.

Feuerdorn (z)

Der *Feuerdorn (Pyracantha angustifolia, P. coccinea)* ist nach seinen orangeroten Früchten benannt. Die kleinen Blätter, die schönen weißen Blütenbüschel und die kleinen Früchte empfehlen den Feuerdorn in besonderer Weise. Als weitere Eigenschaft kommt seine Widerstandsfähigkeit hinzu.

Der Feuerdorn kann wie eine Zimmerpflanze gehalten werden (16–23 °C).

Fichte

Die japanische *Ezofichte (Picea jezoensis),* die auch *Ajanfichte (Picea ajanensis)* genannt wird, ist wegen der kleinen Zweige und feinen Nadeln besonders bonsaitauglich. Sie wird seit dem späten 19. Jahrhundert als Bonsai kultiviert. Die Ezo-Fichte wächst langsam und kann ungünstige Witterungsbedingungen gut verkraften. Ansonsten ist sie leicht zu pflegen.

Gute Bonsaieigenschaften besitzen auch die *Serbische Fichte (Picea omorika)* und die *Zuckerhutfichte (Picea glauca 'Conica').*

Gardenie z

Die *Gardenie (Gardenia jasminoides)* besitzt lange, schmale, glänzende Blätter und cremeweiße Blüten von der Größe eines Zehnpfennigstücks. Die Früchte sind goldgelb. Der Wuchs der Gardenie ist kompakt und üppig. Sie gehört zu den immergrünen Pflanzen.

Die Gardenie verlangt eine möglichst gleichbleibende Temperatur und will gut feucht gehalten werden (16–23 °C).

Ginkgo

Der *Ginkgo (Ginkgo biloba)* stammt aus China. Er kommt als männliche und als weibliche, d.h. früchtetragende Pflanze vor. In der Bonsaikultur wird letzterer der Vorzug gegeben. Der Ginkgo ist außerordentlich robust. Die Blattfarbe wandelt sich im Herbst in ein intensives Gelb.

(z) = bedingt zimmertauglich

Geißblatt, Lonizera (z)

Geißblatt (Lonicera japonica) ist in unseren Gärten weit verbreitet. Das buschartige Gewächs stammt aus China und läßt sich leicht zum Bonsai gestalten. Kleine Blätter und schöne, cremefarbene, duftende Blüten sind weitere Empfehlungen. Das Geißblatt braucht einen sonnigen Platz und ist in der Pflege nicht anspruchsvoll (16–23 °C).

Glyzine

Die *Glyzine (Wisteria floribunda, W. sinensis)* ist bei uns als Kletterpflanze bekannt und wegen ihrer hellbau-violetten Blütentrauben recht beliebt. Die Blüten der japanischen Glyzine sind von einer Größe, wie sie bei Miniaturbäumen erwünscht ist.

Granatapfel (z)

Der *Granatapfel (Punica granatum 'Nana'),* der aus China stammt, gehört zu den früchtetragenden Laubgehölzen. Er wird häufig als Bonsai kultiviert. Die hell- bis dunkelroten Blüten sind genauso ansprechend wie die etwas großen Früchte. Der Granatapfelbaum zählt zu den anspruchslosesten Bonsaiarten. Möglichst viel Sonne und eine hohe Luftfeuchtigkeit sind seine wichtigsten Bedürfnisse. Die Gestaltung des Granatapfelbaumes sollte durch den regelmäßigen Formschnitt erfolgen und weniger durch starkes Zurückschneiden (16–23 °C).

Gummibaum, Feigenbaum z

Von den mehr als 500 *Gummibaumarten* gehören einige zu den bekanntesten und verbreitetsten Zimmerpflanzen.

Folgende Gummibaumarten haben sich in der Bonsaikultur bewährt. Der in Australien und Indien beheimatete *Ficus benjamina* mit seinen kleinen Blättern. Der *Ficus diversifolia,* dessen fleischige Blätter eine Tropfenform aufweisen. Die Früchte des aus Südasien stammenden Busches sind grüngelb. Der *Ficus neriifolia* besitzt schmale weidenartige Blätter. Seine Heimat ist Indonesien. Er entwickelt oft Luftwurzeln. Der Kletter-Ficus *(Ficus pumila)* kommt aus Asien. Er wird wegen seiner kleinen, herzförmigen Blätter gern als Miniaturbonsai gestaltet. Die Heimat des *Ficus retusa* ist ein Bereich, der von Malakka bis Borneo reicht. Er wächst rasch und hat dennoch eine Wuchsform, die für seine Eignung als Miniaturbaum spricht. Gummibäume sind gegenüber Wärme unempfindlich. Sie sollten nicht allzu feucht gehalten werden. In den meisten Fällen vertragen sie ein drastisches Zurückschneiden (16–23 °C).

Hartriegel
Der *Hartriegel* (*Cornus controversa, C. kousa*) ist uns als Baum oder Strauch bekannt. Sein Name verrät etwas von seinen Eigenschaften: von seiner Härte und Widerstandsfähigkeit. Die Blätter des Hartriegels sind schmal und gerippt, die Blüten und Früchte klein und unscheinbar.

Jadepflanze z
Wer sich für die *Jadepflanze* (*Crassula lycopodioides, C. tetragona*) mit ihren fleischigen Blättern entscheidet, wird wenig Mühe mit der Pflege haben. Sie teilt mit allen Sukkulenten deren bescheidene Ansprüche.

Jasmin (z)
Jasmin (*Jasminum nudiflorum* – Winterjasmin) ist ne kräftige, schnellwüchsige Pflanze, die wegen ihrer leuchtend gelben Blüten geschätzt wird. Der weiße Jasmin (*Jasminum officinale*) wird ebenfalls als Bonsai kultiviert. Vielleicht ist das rasche Wachstum der Grund, warum der Jasmin als „schwierig" gilt.
Auch der Sternjasmin (*Trachelospermum jasminoides*) – z –, der in Asien beheimatet ist, wird in der Bonsaikultur verwendet (16–23 °C).

Kamelie (z)
Die *Kamelie* (*Camellia japonica, C. sasanqua*) ist eine bekannte Topfpflanze. Die dunkelgrünen, glänzenden Blätter und die schönen rosaroten Blüten machen sie attraktiv. Der ideale Platz für die Kamelie ist ein ungeheiztes Gewächshaus oder ein Wintergarten mit ähnlichen Temperaturverhältnissen. In der Wohnung braucht die Kamelie eine Temperatur, die 5–7 °C unter der üblichen Raumtemperatur liegt. Die Kamelie wirft gern die Knospen ab, wenn sie zu warm steht oder zu trokken gehalten wird.

Kiefern
Die kräftigen Wurzeln, der Stamm und die Äste, die ein natürliches altes Aussehen haben, sowie die aufwärts wachsenden Nadeln machen die *Schwarzkiefer* (*Pinus thunbergii*) zu einem nahezu vollkommenen Bonsai. Die Schwarzkiefer ist außerdem wegen ihrer Robustheit gut zu kultivieren. Eine Variante ist die *dickrindige Schwarzkiefer* (*Pinus thunbergii 'Corticosa'*) mit ihrer stark gekerbten Rinde, die in höherem Alter eine eigenartig bizarre Struktur aufweist.
Die *Mädchenkiefer* oder *Fünfnadelkiefer* (*Pinus parviflora 'Pentaphylla'*) ist wegen ihres schönen Wuchses in Japan die verbreitetste und weitaus beliebteste Bonsaiart. Ihre feinen, kurzen Nadeln wachsen in dichten Büscheln. Die Mädchenkiefer behält für viele Jahre die Form, weil sie zu den langsamwüchsigen Pflanzenarten gehört. Es dauert aber auch entsprechend lange, bis die Rinde ein altes Aussehen bekommt.
Die widerstandsfähige *Rotkiefer* (*Pinus densiflora*) und die *Zwergkiefer* (*Pinus pumila*) werden ebenfalls als Miniaturbäume kultiviert. Letztere verwendet man vor allem bei Felsenpflanzungen. Weitere geeignete Kiefernarten sind: Die Berg- oder Krummholzkiefer (*Pinus mugo*), die Österreichische Schwarzkiefer (*Pinus nigra*), die Pechkiefer (*Pinus rigida*).

Kirsche
Kirschbäume (*Prunus subhirtella* – Blütenkirsche, *Prunus yedoensis* – Japanische Kirsche) werden wegen der weißen Blüten als Bonsais gezüchtet. Obwohl die Kirschblüte ein Nationalsymbol Japans ist, gibt es dort auffallend wenige Kirschbonsais. Liegt es daran, daß die Blätter der Kirsche ein wenig zu groß sind?

(z) = bedingt zimmertauglich

Gardenia (*Gardenia species*) – in einer unvollendeten Form. Höhe: 79 cm. Die Pflanze könnte in den meisten freieren Stilen, beispielsweise frei aufrecht, geneigt, windgepeitscht gestaltet werden. Das Bäumchen ist in die linke Hälfte der flachen, beigeglasierten Schale gepflanzt.

Japanische Sicheltanne (*Cryptomeria japonica*) – Mehrfachstamm, Höhe: 60 cm. Auf der Seite der verschieden hohen Nebenstämme setzen die kräftigen Äste in geringem Abstand von der Erdoberfläche an. Die drei Stämme haben eine gemeinsame Silhouette. Die flache, ovale, hellgraue Schale akzentuiert noch die kühle Strenge der Pflanzung. Der kostbare und sorgfältig gearbeitete Tisch sowie die kleine Schale mit Gräsern ergänzen wirkungsvoll das gelungene Gesamtbild.

Lärche
Die japanische Lärche (*Larix kaempferi*) wirft im Herbst ihre feinen, gelbbraunen Nadeln ab, die im nächsten Frühjahr in einem lichten Grün austreiben, um sich dann blaugrün zu färben. Bei guten Lichtverhältnissen (möglichst viel Sonne) erweist sich die Lärche als eine dankbare Bonsaiart. Auch die europäische Lärche (*Larix decidua*) eignet sich für die Bonsaikultur.

Lagerströmie (z)
Die *Lagerströmie* (*Lagerstroemia indica*), die aus China stammt, ist als Zierstrauch in allen tropischen Ländern beheimatet. Ihre Blüten sind weiß oder blaß- bis purpurrot. Die Lagerströmie ist in der Pflege nicht heikel und verkraftet drastische Gestaltungseingriffe.
Viel Licht und eine Temperatur, die 5–7 °C unter der üblichen Raumtemperatur liegt, sind die besonderen Bedürfnisse der Lagerströmie, wenn sie in der Wohnung gehalten wird.

Lebensbaum
Der *Lebensbaum* (*Thuja occidentalis, T. plicata*), der häufig als Gartenhecke angepflanzt wird, aber auch in Parks zum festen Baumbestand gehört, bringt gute Bonsai-Eigenschaften mit. Außer der schlanken Wuchsform sind es vor allem seine Anspruchslosigkeit und Widerstandsfähigkeit, die den Lebensbaum empfehlen.

Myrte z
Die langsamwachsende *Myrte* (*Myrtus communis*) (siehe auch Seite 21) kann zuerst als Topfpflanze kultiviert werden, bevor man sie zum Bonsai formt. Die Myrte darf nicht überdüngt werden (16–23 °C).

Ölbaum z
Der *Ölbaum* (*Olea europaea*) ist wegen seines charakteristischen Wuchses, wegen der kleinen Blätter und wegen seines langsamen Wachstums bei Bonsaikennern beliebt. Es dauert allerdings viele Jahre, bis der Ölbaum seine typische Wuchsform annimmt.
In der Wohnung zeigt sich der Ölbaum wenig empfindlich gegenüber hohen Temperaturen und trockener Luft. Er darf vor allem nicht überwässert werden (16–23 °C).

Pfirsich
Der aus China stammende *Pfirsich* (*Prunus persica*) mit seinen rosaroten Blüten und apfelgroßen Früchten wird seltener als Miniaturbaum kultiviert. Unter den vielen Frucht- und Ziersorten des Pfirsichs gibt es jedoch viele, die sich zu guten Bonsais formen lassen.

Quitte
Die *Quitte* ist nicht leicht als Bonsai zu kultivieren, weil ihre Stämme dünn bleiben. Wenn Liebhaber es dennoch versuchen, geschieht dies der herrlichen Blüten wegen. Die japanische Scharlachquitte (*Chaenomeles japonica*) und die Zierquitte (*C. speciosa*) sind die besten Sorten.

Rhododendron – siehe Azalee

Rotdorn, Weißdorn
Der *Rotdorn* bzw. *Weißdorn* (*Crataegus laevigata, C. oxyacantha, C. monogyna, C. pedicellata, C. coccinea* – Scharlachdorn) gehört zur Familie der Rosengewächse. Der kleine Baum oder Strauch, dessen rote bis weiße Blüten nicht gerade angenehm riechen, trägt im Herbst ca. 1 cm lange Scheinfrüchte. Er wird wegen seiner Wuchsform und Anspruchslosigkeit geschätzt.

Scheinzypresse (z)
Die *Scheinzypresse* (*Chamaecyparis obtusa, C. pisifera, C. thyoides*) mit ihren feinen Nadeln besitzt auch sonst gute Bonsaiqualitäten.
In der Wohnung will die Scheinzypresse im Winter einen möglichst kühlen Platz. Außerdem sollte man sie regelmäßig einsprühen.

Serissa z
Die *Serissa foetida* stammt aus Südostasien. Die sehr kleinen, dunkelgrünen, glänzenden Blätter erinnern an das Laub des Zwergbuchses. Es gibt auch eine Sorte mit einem schmalen, gelben Blattrand. Die winzigen Blüten sind weiß. Die Serissa wächst ziemlich rasch. Die Wuchsform wird am besten durch regelmäßigen Formschnitt erhalten. Die Serissa braucht viel Licht und kann bei normaler Zimmertemperatur gehalten werden (16–23 °C).

Stechpalme (z)
Die immergrüne *Stechpalme* (*Ilex aquifolium, I. crenata*) ist als Baum oder Strauch in Wäldern, Parks oder Gärten anzutreffen. Die dunkelgrünen, glänzenden, stacheligen Blätter, die weißen Blüten und die kleinen korallenroten Früchte machen die Stechpalme attraktiv, zumal sie keine hohen Ansprüche an die Pflege stellt. Bei der laubabwerfenden *Ilex serrata* ist die weibliche, früchtetragende Pflanze vorzuziehen. Die Gestaltungsmaßnahmen sollten möglichst auf das Zurückschneiden beschränkt werden, weil die Äste und Zweige der Stechpalme sehr leicht brechen.
Hohe Feuchtigkeit und Temperaturen, die im Winter 5–7 °C unter der normalen Zimmertemperatur liegen, machen die Stechpalme auch zimmertauglich.

z = zimmertauglich
(z) = bedingt zimmertauglich

Steineibe (z)
Die *Steineibe* (*Podocarpus macrophyllus*) stammt aus China. Sie gehört zu den immergrünen Bäumen und Sträuchern und wird in Ländern mit mildem Klima in Gärten und Parks angepflanzt.
Wenn die Steineibe viel Licht erhält und im Winter 5–7 °C unter der normalen Zimmertemperatur gehalten wird, kann sie an die Wohnung gewöhnt werden.

Tanne
Die robuste *Tanne* (*Abies firma, A. lasiocarpa, A. sachalinensis*), einer der beliebtesten Zierbäume unter den Nadelgehölzen, sie wird auch als Bonsai geschätzt.
Die *Hemlocktanne* oder Schierlingstanne (*Tsuga canadensis, T. diversifolia, T. sieboldii*), die zu den Kiefern zählt, ist als Parkbaum bekannt. Die Wuchsform der Hemlocktanne, ihr dichtes Nadelkleid und die winzigen Zapfen werden als gute Miniaturbaumeigenschaften gewertet.
Die *Sicheltanne* (*Cryptomeria japonica*) (z) wird wegen ihres ausgeprägten schlanken Wuchses und wegen ihres langsamen Wachstums gern für die Gestaltung von Miniaturlandschaften verwendet. Das dunkle Grün der feinen Nadeln, tief ansetzende Äste und bescheidene Ansprüche an die Pflege machen die Sicheltanne für die Bonsaikultur interessant.
Die Sicheltanne hält sich auch in der Wohnung, wenn sie genügend Luftfeuchtigkeit und einen kühlen Platz (5–7 °C unter der Zimmertemperatur) im Winter bekommt. Gutes Licht und möglichst viel Sonne ist eine weitere Bedingung für das Gedeihen der Sicheltanne, die in Japans Wäldern zu Hause ist.

Ulme (z)
Die *Ulme* (*Ulmus parvifolia*) hat wegen ihrer kleinen Blätter, wegen ihrer Vielseitigkeit – sie läßt sich für die meisten Bonsaiformen verwenden – und wegen ihrer Anspruchslosigkeit viele Freunde.
Man kann der Ulme so ziemlich alles zumuten. Sie gedeiht bei direktem Sonnenlicht wie im Halbschatten oder Kunstlicht. Sie verkraftet es, wenn sie gut gewässert wird, und wenn sie weniger feucht gehalten wird. In der Wohnung kann die Ulme bei Zimmertemperatur kultiviert werden (16–23 °C).

Vogelkirsche
Die in Europa weitverbreitete *Vogelkirsche* (*Prunus avium*) mit ihren kleinen Steinfrüchten ist einen Versuch wert, als Bonsai geformt zu werden.

Walcholder (z)
Die natürliche Umgebung des *Wacholders* (*Juniperus chinensis, J. communis, J. conferta*) sind die Berge. Mit den Pflanzen dieser Regionen teilt er deren Anspruchslosigkeit. Die Lebensbedingungen sind für den Wuchs des Wacholders prägend: Stamm und Äste sind meist gebogen oder gewunden.

Schwarzkiefer (*Pinus thunbergii*) – Literatenform, Höhe: 48 cm. Gegen alle Regeln sind die Krümmungen des Stammes rechtwinklig. Außerdem ist der Stamm von unten bis oben gleichmäßig stark. Mögen auch die exakten und gleichförmigen Biegungen ein wenig unnatürlich wirken, die gut geformte Spitze macht diesen Eindruck wieder wett. Das Literaten-Bonsai in seiner runden, dunkelbraunen Schale, das reichverzierte Tischchen und die auf einem Stein angelegte Zierpflanzung mit Froschlöffel, Farnen und Moosen sind auf jeden Fall eine gelungene Komposition.

Der Wacholder verträgt ein starkes Zurückschneiden, wenn zum Beispiel eine Baumschulpflanze oder ein Findling zum Bonsai gestaltet wird. Die Baumkrone des Wacholders sollte immer möglichst luftig gehalten werden.

Mit seinen stachligen Nadeln wirkt der *Igelwacholder* (*Juniperus rigida*) noch urwüchsiger als der gewöhnliche Wacholder. Lediglich in der Pflege ist er ein wenig schwieriger.

In der Wohnung kann man es mit *dem Juniperus squamata* und *J. thurifera* versuchen. Hohe Luftfeuchtigkeit und 5–7 °C unter der normalen Zimmertemperatur sind Bedürfnisse, die der Wacholder als Pflanze aus gemäßigten Klimazonen mitbringt.

Weide

„Nimm den Zweig einer Weide, steck' ihn irgendwo in die Erde, und er wird Wurzeln schlagen", lautet eine bekannte Regel. Sie sagt bereits viel über die Eigenschaften der *Weide* (*Salix babylonica*). Außer den langen schmalen Blättern überzeugt die Schnelligkeit, mit der man in der Gestaltung vorankommt. Es eignen sich auch: die *Salix caprea mas* – Salweide, *Salix purpurea* 'Nana' *S. hastata* 'Wehrhahnii'.

Zeder

Die *Zeder* (*Cedrus libani*) zählt zu den Kieferngewächsen. Ihre Nadeln sind lärchenähnlich, jedoch immergrün. Die eiförmigen Fruchtzapfen sitzen aufrecht auf den Zweigen.

Varianten sind die *Atlas-* oder *Silberzeder* (*Cedrus atlantica*), die durch ihre dichten, kurzen, silberblauen Nadeln besticht, und die *Himalajazeder* (*Cedrus deodara*), die aus dem Hochgebirge stammt und daher eine beachtliche Widerstandsfähigkeit mitbringt.

Zelkova

Die *Zelkova* (*Zelkova serrata*) ist unter den Laubgehölzen die verbreitetste Bonsaiart. Sie wird gern in der Besenform gestaltet, weil dies ihrem natürlichen Wuchs am meisten entspricht. In Japan nennt man die Zelkova wegen ihrer roten Triebe „Rotsproß". Die Zelkova ist robust. Sie wächst rasch und besitzt schmale, gezahnte Blätter, die jedoch manchmal etwas lang werden.

Zürgelbaum

Der *Zürgelbaum* (*Celtis occidentalis, C. sinensis*), ein Ulmengewächs, teilt die positiven Eigenschaften dieser Familie. Er ist recht genügsam, wenn er nur einen Platz an der Sonne erhält. Die verhältnismäßig kleinen Blätter, die glatte, grauschimmernde Rinde machen den Zürgelbaum reizvoll.

Zwergbuchs (z)

Der *Zwergbuchs* (*Buxus microphylla* 'Compacta') wächst extrem langsam. Es besteht deshalb die Gefahr des Überwässerns und der Überdüngung. Der Zwergbuchs braucht gutes Licht, verträgt aber keine direkte Sonne.

In der Wohnung bleibt der Zwergbuchs das ganze Jahr über grün. Er kann bei normalen Temperaturen gehalten werden (16–23 °C).

Zwergmispel (z)

Die *Zwergmispel* (*Cotoneaster conspicuus, C. dammeri, C. horizontalis, C. microphyllus*) ist von einer bemerkenswerten Anspruchslosigkeit. Die kleinen Blätter, die winzigen weißen Blüten und die kleinen roten Früchte empfehlen die Zwergmispel besonders für die Gestaltung von Miniaturformen.

In der Wohnung braucht die Zwergmispel eine Temperatur, die 5–7 °C unter der normalen Zimmertemperatur liegt. Außerdem sollte sie viel Licht erhalten.

Zypresse (z)

Mehrere von den echten *Zypressen* (*Cupressus arizonica, C. macrocarpa*) finden in der Bonsaikultur Verwendung. Die Zypresse mit ihren Schuppenblättchen und kugeligen Zapfen ist in Ländern warmer Klimazonen heimisch.

In der Wohnung braucht die Zypresse viel Licht, eine hohe Luftfeuchtigkeit und einen kühlen Platz im Winter (5–7 °C unter der normalen Zimmertemperatur).

Einige Pflanzenarten und ihnen entsprechende Bonsaiformen

In der folgenden Liste werden Pflanzen den zu ihnen passenden Bonsaiformen zugeordnet. Dabei wurde die natürliche Wuchsform der Bäume und Sträucher berücksichtigt. Die Aufzählung kann hilfreich sein, wenn es um die Auswahl von Pflanzen geht oder um eine Entscheidung bei ihrer Gestaltung.

Rotkiefer (*Pinus densiflora*) – Halbkaskade, Höhe: 44 cm, Breite: 67 cm. Der dicke Stamm der Kiefer wächst ohne erkennbaren Übergang aus der bemoosten Erdoberfläche. Die Baumkrone ist in zwei deutliche Hälften geteilt, die elliptisch geformt sind. Ein Hauptast verläuft parallel zum Stamm. Der zweite große Ast krümmt sich nach unten. Seine feinen, hellgrünen Nadeln reichen vom Schalenrand bis zur Basis des Pflanzgefäßes.
Die unglasierte, bräunliche Schale besitzt eine quadratische Grundform und ist an den Ecken eingekerbt. Die Seitenwände sind leicht gewölbt. Die Schale steht auf verhältnismäßig hohen Füßen, die sich zur Mitte hin wie ein Brückenbogen runden.

Pflanzen, die sich für den Anfang eignen

Für die Anfänge in der Bonsaikultur sollte man Pflanzenarten wählen, die nicht allzu heikel in der Pflege sind und notwendige Gestaltungseingriffe gut verkraften.

Laubgehölze
Feuerdorn (*Pyracantha angustifolia, P. coccinea*)
Granatapfel (*Punica granatum 'Nana'*)
Ulme (*Ulmus parvifolia*)
Weide (*Salix species*)
Zwergmispel (*Cotoneaster conspicuus, C. dammeri, C. microphyllus*)

Nadelgehölze
Hemlocktanne (*Tsuga sieboldii*)
Wacholder (*Juniperus communis, J. conferta*)

Frei aufrechte Form

Sehr viele Bäume und Sträucher können in der frei aufrechten Form gestaltet werden. Im folgenden werden nur einige wenige Beispiele genannt, die häufig im frei aufrechten Stil geformt werden.

Laubgehölze
Ahorn (*Acer buergerianum, A. palmatum*)
Aprikose (*Prunus mume*)

Nadelgehölze
Mädchenkiefer (*Pinus parviflora*)
Schwarzkiefer (*Pinus thunbergii*)
Wacholder (*Juniperus chinensis 'Sargentii', J. rigida*)

Streng aufrechte Form

Laubgehölze
Eiche (*Quercus species*)
Hainbuche (*Carpinus betulus*)
Zelkova (*Zelkova serrata*)

Nadelgehölze
Ezofichte (*Picea jezoensis*)
Ginkgo (*Ginkgo biloba*)
Lärche (*Larix decidua, L. kaempferi*)
Mädchenkiefer (*Pinus parviflora*)
Schwarzkiefer (*Pinus thunbergii*)
Scheinzypresse (*Chamaecyparis obtusa*)
Sicheltanne (*Cryptomeria*)
Tanne (*Abies species*)
Wacholder (*Juniperus rigida*)
Zeder (*Cedrus libani*)

Geneigte Formen (geneigt, windgepeitscht, Halbkaskade)

Laubgehölze
Ahorn (*Acer buergerianum, A. palmatum*)

Aprikose (*Prunus mume*)
Azalee (*Rhododendron species*)
Birke (*Betula species*)
Buche (*Fagus crenata, F. sylvatica*)
Efeu (*Hedera helix*)
Eiche (*Quercus species*)
Glyzine (*Wisteria floribunda, W. sinensis*)
Granatapfel (*Punica granatum 'Nana'*)
Jasmin (*Jasminum nudiflorum, J. officinale, Trachelospermum jasminoides*)
Ölbaum (*Olea europaea*)
Rot-, Weißdorn (*Crataegus species*)
Zwergmispel (*Cotoneaster horizontalis*)
Nadelgehölze
Ezofichte (*Picea jezoensis*)
Kiefer (*Pinus species*)
Lärche (*Larix decidua, L. kaempferi*)

Kiefer (*Pinus parviflora, P. thunbergii*)
Wacholder (*Juniperus chinensis 'Sargentii', J. rigida*)

Pflanzenarten, die oft mehrere Stämme entwickeln

Laubgehölze
Ahorn (*Acer palmatum*)
Azalee (*Rhododendron species*)
Birke (*Betula species*)
Buche (*Fagus species*)
Efeu (*Hedera helix*)
Eiche (*Quercus species*)
Feuerdorn (*Pyracantha species*)
Granatapfel (*Punica granatum*)
Gummibaum (*Ficus species*)
Hartriegel (*Cornus controversa, C. kousa*)
Kirsche (*Prunus subhirtella, P. yedoensis*)
Ölbaum (*Olea europaea*)
Zelkova (*Zelkova serrata*)
Nadelgehölze
Ginkgo (*Ginkgo biloba*)
Kiefer (*Pinus mugo mughus, P. mugo pumilio – Krummholzkiefer, P. parviflora, P. thunbergii*)
Scheinzypresse (*Chamaecyparis pisifera, C. obtusa*)
Sicheltanne (*Cryptomeria*)
Wacholder (*Juniperus chinensis 'Sargentii', J. rigida*)

Kaskade

Laubgehölze
Ahorn (*Acer palmatum*)
Azalee (*Rhododendron species*)
Chrysantheme (*Chrysanthemum species*)
Efeu (*Hedera helix*)
Feuerdorn (*Pyracantha species*)
Geißblatt (*Lonicera japonica*)
Glyzine (*Wisteria floribunda, W. sinensis*)
Granatapfel (*Punica granatum 'Nana'*)
Gummibaum (*Ficus species*)
Sternjasmin (*Trachelospermum jasminoides*)
Zwergmispel (*Cotoneaster horizontalis, C. rotundifolius*)
Nadelgehölze
Atlaszeder (*Cedrus atlantica*)
Ezofichte (*Picea jezoensis*)

Miniaturlandschaften Gruppenpflanzung – Waldform

Laubgehölze
Ahorn (*Acer buergerianum, A. palmatum*)
Aprikose (*Prunus mume*)
Bambus (*Arundinaria species, Bambusa eutuldoides, Phyllostachus species, Pseudosasa japonica, Sasa albomarginata*)
Birke (*Betula nigra, B. pendula*)
Eiche (*Quercus species*)
Nandina (*Nandina domestica*)
Zelkova (*Zelkova serrata*)
Zwergmispel (*Cotoneaster species*)
Nadelgehölze
Ginkgo (*Ginkgo biloba*)
Hemlocktanne (*Tsuga species*)
Sicheltanne (*Cryptomeria*)
Tanne (*Abies species*)
Zeder (*Cedrus atlantica, C. deodara*)

Felsenpflanzung

Laubgehölze
Ahorn (*Acer buergerianum, A. palmatum*)
Buche (*Fagus species*)
Azalee (*Rhododendron species*)
Jasmin (*Jasminum nudiflorum*)
Nadelgehölze
Ezofichte (*Picea jecoensis*)
Kiefer (*Pinus parviflora, P. pumila, P. thunbergii*)
Sicheltanne (*Cryptomeria*)
Sumpfzypresse (*Taxodium distichum*)
Wacholder (*Juniperus chinensis 'Sargentii', J. rigida*)

Steineibe (*Podocarpus macrophyllus*), Höhe: 85 cm. Ein Penjing aus Kanton, China. Das chinesische Pen-jing bezeichnet sowohl einzelne Miniaturbäume als auch Miniaturlandschaften. Pun-sai, mit den gleichen Schriftzeichen geschrieben wie das japanische Bonsai, nennt man in China einen einzelnen Miniaturbaum ohne Landschaft.
Die Wuchsform der Steineibe läßt erkennen, daß man in China eine andere Auffassung von Bonsaigestaltung hat als in Japan. Chinesische Pun-sai wirken in der Regel weniger durchgeformt und verfeinert.

Tabellen für die Gestaltung und Pflege von Bonsais

Die erste der beiden Tabellen, die Zeittabelle, gibt die besten Zeiten für Gestaltungs- und Pflegearbeiten an Bonsaibäumen an. Sie enthält außerdem Hinweise auf die Ansprüche der Pflanzen.

Die Pflanzen, die nicht angeführt sind, können entsprechend eingeordnet werden, zum Beispiel als Laubgehölz, als blühende und früchtetragende Pflanzenart oder als Nadelgehölz. Die Zeitangaben und die Hinweise auf die Bedürfnisse der Pflanzen gelten weitgehend auch für Pflanzen, die der gleichen Gattung bzw. Art angehören.

Die zweite Tabelle, die Merktabelle, ist als Hilfe bei den Pflegemaßnahmen für Bonsais in der Wohnung gedacht. Die Erläuterung für die in der folgenden Tabelle verwandten Piktogramme findet sich auf nebenstehender Seite.

Die Pflanzung, bestehend aus einem ca. 6 Jahre alten Spitzahorn *(Acer platanoides)* und einer Zwergmispel *(Cotoneaster dammeri)*, wurde vor vier Jahren von Hermann Döhmen, Stutensee, angelegt.
Der rauhe Sandstein, die bemooste Erdoberfläche, das Ahornbäumchen und der kleine Busch erwecken in ihrer unverfälschten Urwüchsigkeit den Eindruck, als wären sie in freier Natur gewachsen.
Das Beispiel beweist, daß aus gesammelten einheimischen Pflanzen und Steinen schöne Miniaturlandschaften entstehen können.
Größe: 30 × 20 × 15 cm, Höhe des Steines: 12 cm.

Tabellen für die Gestaltung und Pflege

Piktogramme für die Zeittabelle

FORMSCHNITT

Wenn die jungen Triebe 3–5 Blattansätze gebildet haben, werden sie auf 1–2 Blattansätze zurückgeschnitten.
Der Eingriff wird wiederholt, falls sich während der Wachstumszeit neue Triebe bilden.

Nach der Blüte werden die Triebe mit 3–5 Blattansätzen, bevor sie fest werden, auf 1–2 Blattansätze zurückgeschnitten. Falls nötig, werden die Triebe im späten Herbst oder im frühen Frühjahr nochmals auf 1–3 Blütenknospen (Blattansätze) zurückgeschnitten.

Die Spitzen der jungen Triebe werden entfernt. Lediglich einige wenige Nadeln beläßt man. Der Eingriff wird wiederholt, falls sich während der Wachstumszeit neue Triebe bilden.

Die Nadeln der jungen Triebe werden, bevor sie fest werden, ausgezupft. Nur einige wenige Nadelbüschel beläßt man.
(S. auch Seite 61.)
Bei gesunden Pflanzen kann man auch alle zwei Jahre die jungen Triebe, bevor die Nadeln fest werden, vollständig entfernen.
Im Herbst können die Zweige gekürzt und die alten Nadeln entfernt werden.

Blattschnitt möglich.

STANDORT

Sonne

Halbschatten

Sonne-Halbschatten

ÜBERWINTERUNG
(siehe auch Seite 103)

Bedingt winterharte Bonsais. Überwinterung in einem hellen, gut durchlüfteten Raum bei einer Temperatur von 0–10 °C (Kalthaus).

Nicht winterharte Pflanzen, häufig aus tropischen Zonen. Überwinterung in einem hellen, gut durchlüfteten Raum mit ausreichender Luftfeuchtigkeit bei einer Temperatur von 16–18 °C.

Nicht winterharte Pflanzen. Überwinterung bei einer Temperatur von 10–15 °C (temperiertes Haus).

WÄSSERN

Der Hinweis „viel" bzw. „weniger" bedeutet, daß der durchschnittliche Wasserverbrauch der Pflanzen höher liegt oder geringer ist als normalerweise.

	Schneiden	Formschnitt	Drahten	Umtopfen	Standort	Winter	Wässern
Ahorn *Acer buergerianum* * *Acer rubrum*	Frühjahr-Sommer	Frühjahr- Sommer	spätes Frühjahr – Herbst papierumwickelten Draht verwenden	frühes Frühjahr 2–3 Jahre		* K	viel
Acer palmatum *Acer palmatum 'Dissectum'* *Acer palmatum 'Atropurpureum'*	Frühjahr-Sommer	Frühjahr- Sommer	spätes Frühjahr – Sommer; papierumwickelten Draht verwenden	frühes Frühjahr 1–2 Jahre		K	viel
Apfel *Malus angustifolia* *Malus halliana* *Malus pumila* *Malus zumi* 'Professor Sprenger'	Sommer	Sommer	Frühjahr – Sommer	Frühjahr nach der Blüte oder früher Herbst 1–3 Jahre			viel
Aprikose *Prunus mume*	später Sommer	Winter – Frühjahr	spätes Frühjahr – Sommer	spätes Frühjahr nach der Blüte 1–2 Jahre		K	
Azalee *Rhododendron forrestii* *Rhododendron japonicum* *Rhododendron kiusianum* *Rhododendron impeditum* *Rhododendron molle* *Rhododendron obtusum* *Rhododendron indicum* *	Sommer	Sommer	spätes Frühjahr – Sommer	spätes Frühjahr nach der Blüte 1–2 Jahre		K * W	viel
Bambus *Arundinaria pygmaea* *Arundinaria simonii* *Bambusa eutuldoides* *(Nandina domestica)* *Phyllostachus aurea* *Phyllostachus nigra* *Pseudosasa japonica* *Sasa albomarginata*	früher Sommer Die Stämme werden unten gekappt.	Frühjahr – Sommer Haupttriebe entfernen.	–	spätes Frühjahr 2–3 Jahre		K	viel Frühjahr – Sommer einsprühen.
Birke *Betula nigra* *Betula pendula* *Betula papyrifera*	Sommer	Frühjahr – Sommer	Frühjahr – Sommer papierumwickelten Draht verwenden	Frühjahr 1–2 Jahre			viel

Tabellen für die Gestaltung und Pflege

	Schneiden	Formschnitt	Drahten	Umtopfen	Standort	Winter	Wässern
Buche *Fagus crenata* *Fagus sylvatica*	Frühjahr – Sommer Bei F. crenata kein Blattschnitt	Frühjahr – Sommer	spätes Frühjahr – Herbst	frühes Frühjahr 1–2 Jahre			viel
Buchsbaum *Buxus microphylla* 'Compacta'	Frühjahr– Sommer	spätes Frühjahr– Sommer	immer	frühes Frühjahr 2–3 Jahre		K	
Citrus *Poncirus trifoliatus* *Citrus limon* *Citrus mitis* *Citrus reticulata* *Citrus sinensis* *Citrus microcarpa*	Frühjahr– Sommer	spätes Frühjahr. Sommer	spätes Frühjahr papierumwickelten Draht verwenden	spätes Frühjahr 2–3 Jahre		K	viel
Efeu *Hedera helix*	Frühjahr– Sommer	spätes Frühjahr– Sommer	immer	frühes Frühjahr 1–2 Jahre		K	viel
Eibe *Taxus cuspidata*	Sommer	Sommer. Wenn früchtetragend (weibliche Pflanze), junge Triebe nach der Blüte entfernen	Sommer– Herbst	frühes Frühjahr 3 Jahre			
Eiche *Quercus dentata* *Quercus acutissima* *Quercus robur*	Sommer– Herbst	Frühjahr und Herbst	spätes Frühjahr– Herbst	frühes Frühjahr 2–4 Jahre			

	Schneiden	Formschnitt	Drahten	Umtopfen	Standort	Winter	Wässern
Esche *Fraxinus excelsior ('Pendula')* *Fraxinus sieboldiana*	Sommer–Herbst	Sommer nach der Blüte	spätes Frühjahr–Herbst	frühes Frühjahr 2–3 Jahre			viel
Eberesche *Sorbus aucuparia* *Sorbus aria*	Sommer–Herbst	Sommer nach der Blüte	Frühjahr–Herbst	frühes Frühjahr 2–3 Jahre			
Feuerdorn *Pyracantha angustifolia* *Pyracantha coccinea*	Frühjahr–Sommer	Frühjahr und Herbst	immer	frühes Frühjahr 1–2 Jahre			viel
Fichte *Picea glauca conica* *Picea jezoensis* *Picea omorika*	Frühjahr–Sommer	Frühjahr	Herbst–Winter	frühes Frühjahr 3–6 Jahre			Frühjahr–Herbst einsprühen
Gardenie *Gardenia jasminoides*	Frühjahr–Sommer	spätes Frühjahr–Sommer	Frühjahr–Sommer papierumwickelten Draht verwenden	spätes Frühjahr 2–3 Jahre		W	viel
Geißblatt *Lonicera japonica*	Frühjahr–Sommer	Sommer	Frühjahr–Sommer	frühes Frühjahr 2–3 Jahre			
Ginkgo biloba	Frühjahr–Sommer	Frühjahr–Sommer	Frühjahr–Herbst	frühes Frühjahr 1–3 Jahre			viel

	Schneiden	Formschnitt	Drahten	Umtopfen	Standort	Winter	Wässern
Glyzine *Wisteria sinensis* *Wisteria floribunda*	Sommer–Herbst	Sommer	spätes Frühjahr–Sommer	frühes Frühjahr 1–2 Jahre	☼		viel Frühjahr–Herbst einsprühen
Granatapfel *Punica granatum 'Nana'*	Frühjahr–Sommer	Frühjahr und Herbst	spätes Frühjahr–Sommer papierumwickelten Draht verwenden	spätes Frühjahr 1–2 Jahre	☼	K-W	
Gummibaum *Ficus carica –* *Echter Feigenbaum** *Ficus benjamina* *Ficus diversifolia* *Ficus neriifolia* *Ficus pumila* *Ficus retusa*	Frühjahr–Sommer	Frühjahr–Sommer	Frühjahr–Sommer papierumwickelten Draht verwenden	frühes Frühjahr 1–2 Jahre	☼	* K W	
Hainbuche *Carpinus betulus* *Carpinus laxiflora*	Frühjahr–Sommer	Frühjahr–Sommer	spätes Frühjahr–Sommer	frühes Frühjahr 1–3 Jahre	◐		viel
Hartriegel *Cornus controversa* *Cornus kousa*	Sommer	Sommer–Herbst	spätes Frühjahr–Herbst	frühes Frühjahr 2–3 Jahre	☼		viel
Jasmin *Jasminum officinale* *Jasminum nudiflorum*	Sommer–Herbst	Sommer und Herbst	spätes Frühjahr–Sommer papierumwickelten Draht verwenden	spätes Frühjahr 1–2 Jahre	◐	K	
Sternjasmin *Trachlospermum jasminoides*	Sommer–Herbst	Sommer und Herbst	Frühjahr–Herbst	spätes Frühjahr 1–2 Jahre	◐	K	viel

	Schneiden	Formschnitt	Drahten	Umtopfen	Standort	Winter	Wässern
Kamelie *Camellia japonica* *Camellia sasanqua*	Sommer–Herbst	Sommer–Herbst	immer, außer im frühen Frühjahr papierumwickelten Draht verwenden	spätes Frühjahr 1–2 Jahre		K-W	viel
Kiefer *Pinus densiflora* *Pinus mugo mughus* *Pinus mugo pumilio* *Pinus nigra* *Pinus pumila* *Pinus rigida* *Pinus sylvestris* *Pinus thunbergii* *Pinus thunbergii 'Corticosa'*	Sommer	Frühjahr	immer, außer im frühen Frühjahr	frühes Frühjahr oder Herbst 3–6 Jahre			weniger
Mädchenkiefer *Pinus parviflora*	Sommer	Frühjahr	spätes Frühjahr–Herbst	frühes Frühjahr oder Herbst 3–5 Jahre			weniger
Kirsche *Prunus subhirtella* *Prunus yedoensis*	Winter–Frühjahr	Sommer–Herbst	spätes Frühjahr–Sommer	spätes Frühjahr oder früher Herbst 1–2 Jahre		K	
Lärche *Larix decidua* *Larix kaempferi*	Sommer–Frühjahr	Frühjahr–Herbst	immer, außer im frühen Frühjahr	frühes Frühjahr 2–4 Jahre			
Lagerströmie *Lagerstroemia indica*	Frühjahr–Sommer	spätes Frühjahr–Sommer	spätes Frühjahr–Sommer papierumwickelten Draht verwenden	frühes Frühjahr oder früher Sommer 1–2 Jahre		K	viel
Lebensbaum *Thuja occidentalis* *Thuja plicata*	Sommer–Frühjahr	Frühjahr und Herbst	immer	Frühjahr oder Herbst 2–4 Jahre			

Tabellen für die Gestaltung und Pflege

	Schneiden	Formschnitt	Drahten	Umtopfen	Standort	Winter	Wässern
Myrte *Myrtis communis*	Sommer–Frühjahr	Sommer–Herbst	Frühjahr–Herbst papierumwickelten Draht verwenden	Frühjahr 2–3 Jahre	☀	K-W	viel
Ölbaum *Olea europaea*	Frühjahr–Herbst	Frühjahr–Herbst	Frühjahr–Sommer papierumwickelten Draht verwenden	frühes Frühjahr 1–3 Jahre	☀	K	
Pfirsich *Prunus persica*	Winter–Frühjahr	Sommer–Herbst	Frühjahr–Sommer	spätes Frühjahr 1–2 Jahre	☀	K	
Quitte *Chaenomeles japonica* *Chaenomeles speciosa* – Zierquitte	Frühjahr–Sommer	Frühjahr–Sommer	spätes Frühjahr–Herbst	frühes Frühjahr oder Herbst 1–2 Jahre	☀	K	viel
Rhododendron – siehe Azalee							
Rot-, Weißdorn *Crataegus pedicellata* *Crataegus laevigata* *Crataegus monogyna* *Crataegus oxyacantha*	Sommer	Sommer	Frühjahr–Herbst	frühes Frühjahr 1–2 Jahre	☀		viel
Scheinzypresse *Chamaecyparis obtusa* *Chamaecyparis pisifera* *Chamaecyparis thyoides*	Sommer–Frühjahr	Frühjahr und Herbst	immer	Frühjahr oder Herbst 3–5 Jahre	☀/◐		Frühjahr–Sommer einsprühen
Serissa *Serissa foetida*	Sommer–Frühjahr	Frühjahr–Herbst	immer, außer im frühen Frühjahr papierumwickelten Draht verwenden	frühes Frühjahr oder Herbst 1–2 Jahre	☀	W	viel

	Schneiden	Formschnitt	Drahten	Umtopfen	Standort	Winter	Wässern
Stechpalme *Ilex aquifolium* *Ilex crenata*	Frühjahr–Sommer	Frühjahr–Sommer	Frühjahr–Sommer	frühes Frühjahr 1–2 Jahre			viel
Ilex serrata	Frühjahr–Sommer	Frühjahr–Sommer	spätes Frühjahr–Sommer	frühes Frühjahr 1–2 Jahre		K	
Steineibe *Podocarpus macrophyllus*	Sommer–Frühjahr	Frühjahr–Herbst	immer, außer im frühen Frühjahr	spätes Frühjahr 1–3 Jahre		K	
Sumpfzypresse *Taxodium distichum*	Sommer–Frühjahr	Frühjahr–Herbst	spätes Frühjahr–Sommer	spätes Frühjahr 3–5 Jahre			Frühjahr–Sommer einsprühen
Tanne *Abies firma* *Abies lasiocarpa* *Abies sachalinensis*	Frühjahr–Sommer	Frühjahr	immer, außer im frühen Frühjahr	frühes Frühjahr 3–5 Jahre			Frühjahr–Sommer einsprühen
Hemlocktanne *Tsuga canadensis* *Tsuga diversifolia* *Tsuga sieboldii*	Frühjahr–Sommer	Frühjahr und Sommer	immer, außer im frühen Frühjahr	spätes Frühjahr 2–3 Jahre			viel
Sicheltanne *Cryptomeria japonica*	Frühjahr–Sommer	Frühjahr und Herbst	spätes Frühjahr–Sommer	frühes Frühjahr 3–5 Jahre		K	

	Schneiden	Formschnitt	Drahten	Umtopfen	Standort	Winter	Wässern
Ulme *Ulmus parvifolia*	Frühjahr–Sommer	spätes Frühjahr–Sommer	spätes Frühjahr–Sommer	frühes Frühjahr 1–2 Jahre			
Vogelkirsche *Prunus avium*	Winter–Frühjahr	Sommer–Herbst	spätes Frühjahr–Sommer	spätes Frühjahr oder früher Herbst 1–2 Jahre		K	
Wacholder *Juniperus chinensis 'Sargentii'* *Juniperus communis* *Juniperus conferta*	Sommer–Frühjahr	Frühjahr und Herbst	immer	Frühjahr oder Herbst 3–5 Jahre			
Igelwacholder *Juniperus rigida*	Sommer–Frühjahr	Frühjahr und Herbst	immer, außer im frühen Frühjahr	Frühjahr oder Herbst 3–5 Jahre			
Weide *Salix babylonica* *Salix caprea mas* *Salix purpurea 'Nana'* *Salix hastata 'Wehrhahnii'*	Sommer–Herbst	Frühjahr–Herbst	spätes Frühjahr–Sommer	frühes Frühjahr oder Herbst 1 Jahr			viel
Zeder *Cedrus atlantica* *Cedrus deodara* *Cedrus libani*	Sommer–Frühjahr	Frühjahr und Herbst	immer	frühes Frühjahr 2–4 Jahre		K	
Zelkova *Zelkova serrata*	Frühjahr–Sommer	Frühjahr–Sommer	immer, außer im frühen Frühjahr	frühes Frühjahr 2 Jahre			

Tabellen für die Gestaltung und Pflege

	Schneiden	Formschnitt	Drahten	Umtopfen	Standort	Winter	Wässern
Zürgelbaum *Celtis sinensis* *Celtis occidentalis*	Frühjahr–Sommer	Frühjahr–Sommer	spätes Frühjahr–Sommer papierumwickelten Draht verwenden	frühes Frühjahr 2–3 Jahre			
Zwergmispel *Cotoneaster conspicuus* *Cotoneaster dammeri* *Cotoneaster horizontalis* *Cotoneaster microphyllus* *Cotoneaster rotundifolius*	Frühjahr–Sommer	Frühjahr–Sommer	immer während der Wachstumszeit papierumwickelten Draht verwenden	Frühjahr oder Herbst 1–2 Jahre			viel
Zypresse *Cupressus arizonica* *Cupressus macrocarpa*	Sommer–Frühjahr	Frühjahr und Sommer	immer	Frühjahr oder Herbst		K	viel

Merktabelle für die Pflege von Bonsais in der Wohnung

Beginn der Pflegemaßnahmen, Datum:

Pflanzenart: Alter: Herkunft: Sämling   Steckling   Ableger
Botanischer Name: Höhe: Sonstige:
                                                            Zustand:

	Frühjahr	Sommer	Herbst	Winter
Durchschnittliche Temperatur im Bereich der Pflanze	Tagsüber: Nachts:	Tagsüber: Nachts:	Tagsüber: Nachts:	Tagsüber: Nachts:
Gemessene Luftfeuchtigkeit: Wie oft wurde die Pflanze eingesprüht?				
Wie häufig wurde im Durchschnitt gegossen?				
Wie oft wurde die Pflanze gedüngt?				
Häufigkeit des Formschnitts				
Häufigkeit des Umtopfens				

Lichtverhältnisse: Auf welcher Seite des Hauses befindet sich das Fenster?
                 Fällt zeitweise Schatten auf das Fenster?
Licht – Temperatur: In welchem Abstand vom Fenster steht die Pflanze?
Im Sommer: Wurde die Pflanze ins Freie gebracht? Von   bis
Düngen: Welcher Dünger wird verwendet?
Phasen der Entwicklung (Wachstum, Gestaltung):
Probleme (z. B. Krankheiten):

Nachwort

Nach der Fertigstellung des Manuskripts bleibt mir noch die Aufgabe, allen zu danken, die zur Entstehung des Bonsai-Buches beigetragen haben. Von den Vielen, die in unterschiedlicher Weise mitgearbeitet haben, seien wenigstens einige genannt:
Ohne die Hilfe meines Bruders Paul Lesniewicz, der das Bonsai-Centrum Heidelberg gründete und leitet, wäre das Buch wahrscheinlich nicht geschrieben worden. Er hat auch das wertvolle Bildmaterial aus Japan besorgt. Ebenso sei den Mitarbeitern im Bonsai-Centrum Heidelberg für ihre Auskünfte gedankt. Shigio Kato gab zahlreiche Anregungen und Ratschläge. Er war bereit, die Techniken seiner Kunst vor der Kamera zu demonstrieren. Fräulein Akiko Fujii leistete wichtige Übersetzungsarbeiten und überprüfte den geschichtlichen Teil auf seine Richtigkeit. Herr H. Manthei, Berlin, war mein Ratgeber in Fragen betreffend die japanische Kultur. Herrn W. Scheffel vom Landesarboretum Hohenheim und Herrn E. Krautter, dem Leiter der Versuchsabteilung Botanik, Gehölze, Stauden an der Universität Hohenheim, verdanke ich nützliche Hinweise. Sehr hilfreich waren die Anregungen von Herrn Günter Bach, dem technischen Leiter der Abteilung Botanik an der Universität Stuttgart. Nicht zuletzt sei Frau Christine Rosenbauer und Frau Elisabeth Brom für die Übernahme der Korrekturarbeit gedankt.

Benedikt Lesniewicz

Anschriften von Bonsai-Clubs

Folgende Bonsai-Clubs antworten auf Anfragen:

Verein europäischer Miniaturbaum-Freunde e.V.
Postfach 10 62 09
6900 Heidelberg 1
Zeitschrift „Bonsai"
Redaktion: Wolfgang Zimmer
Weiherstr. 9
6908 Wiesloch

Schweizer Bonsai Liebhaberclub
Heidenhofstr. 12
CH-6003 Luzern

Schweizer Bonsai-Club
Postfach
CH-5107 Schinznach-Dorf

Österreichischer Bonsai-Club
Zaunmüllerstr. 1
A-4020 Linz

Bildnachweis

Umschlag Titel: Bonsai-Centrum Heidelberg
Umschlag Rückseite: Kindai-bonsai-sha, Osaka
Farbfotos: Bonsai-Centrum Heidelberg, Fotostudio Orthen, Heidelberg, Kindai-bonsai-sha, Osaka, Heibonsha Chioda-ku, Tokio, Herbert Manthei, Berlin, Josef Wiegand, Heidelberg, Benedikt Lesniewicz, Heidelberg.
Schwarzweißfotos: Josef Wiegand, Heidelberg, Benedikt Lesniewicz, Heidelberg, Fotostudio Orthen, Heidelberg.
Zeichnungen: Wilhelm Benz, Ketsch (Bonsaiformen), Benedikt Lesniewicz, Heidelberg.

Literaturverzeichnis

Japanische Kultur und Kulturgeschichte

Coudenhove, Gerolf: Japanische Jahreszeiten. Zürich (Manesse) 1963
Erlinghagen, Helmut: Japan. Ein deutscher Japaner über die Japaner. München (DTV) 1976
Fontain, Jan Hempel, Rose: China, Korea, Japan. Frankfurt, Berlin (Propyläen Kunstgeschichte Bd. 17) 1968
Haas, William S.: Östliches und westliches Denken. Hamburg (Rowohlt) 1970
Hoover, Thomas: Die Kultur des Zen. Düsseldorf, Köln (Diederichs) 1978
Schaarschmidt-Richter, Irmtraud/Mori, Osamu: Der Japanische Garten. Ein Kunstwerk. Würzburg (Edition Georg Popp) 1979
Suzuki, Daisetz T.: Zen und die Kultur Japans. Hamburg (Rowohlt) 1967

Bonsaikultur

Adams, Peter: Successfull Bonsai Growing. London (Concorde Books, Ward Lock) 1978
Behme Robert L.: Bonsai, Saikei and Bonkei. New York (William Morrow and Company, Inc.) 1969
Bollmann, Willi E.: Kamuti. A New Way in Bonsai. London (Faber and Faber) 1977
Brooklyn Botanic Garden: Handbook on Bonsai: Special Techniques. Brooklyn (Brooklyn Botanic Garden) ^{9}1978
Brooklyn Botanic Garden: Handbook on Dwarfed Potted Trees: The Bonsai of Japan. Brooklyn (Brooklyn Botanic Garden) ^{26}1977
Brooklyn Botanic Garden: Bonsai for Indoors. A Handbook. Brooklyn (Brooklyn Botanic Garden) ^{2}1977
Clifford, Patricia H. (Hg.): Bonsai. Culture and Care of Miniature Trees. Menlo Park, California (Sunset Books) ^{2}1977
Kawamoto, Toshio: Saikei. Living Landscapes in Miniature. New York, Tokyo (Kodansha) 1975
Koide, N., Kato, S., Takeyama, F.: Bonsai. Freude an japanischen Zwergbäumen. München (BLV) ^{3}1979
Lesniewicz, Paul: Bonsai. Miniaturbäume. Heidelberg 1980
Murata, Kyozo: Bonsai. Miniature Potted Trees. Their Training and Care for Beginners. Tokyo (Shufunotomo) ^{18}1974
Naka, John Y.: Bonsai Techniques. Santa Monica, California (Bonsai Institute of California by Dennis Landman) 1973
Ryoji Iwasa: Bonsai-Bunkashi (in japanischer Sprache, dt. Bonsai-Kulturgeschichte)
Schmidt, Walter: Die Kunst des Japanischen Bonsai. Stuttgart (Ulmer) 1979
Stowell, Jerald P.: Bonsai Indoors and Out. Princeton, N. J. (D. Van Nostrand Company) 1966
Stowell, Jerald P.: The Beginners Guide to American Bonsai. New York, Tokyo (Kodansha) 1978
Valavanis, William N.: Japanese Five – needle Pine. Encyclopedia of Classical Bonsai-Art. Atlanta (Symmes Systems) 1976
Yoshimura, Yuji, Halford, Giovanna M.: The Japanese Art of Miniature Trees and Landscapes. Rutland, Vt., Tokyo (Tuttle) ^{25}1978

Gartenbau – allgemein

Bühl, Rolf Deiser, Ernst u. a.: Mehr Freude am Garten. Zier- und Nutzpflanzen für drinnen und draußen. Stuttgart, Zürich, Wien (Das Beste) 1978
Carl, Joachim: Miniaturgärten in Trögen, Schalen und Balkonkästen. Stuttgart (Ulmer) 1978
Enke, F. Buchheim, G. Seybold, S.: Zander. Handwörterbuch der Pflanzennamen. Stuttgart (Ulmer) (1927) 1979
Köhlein, Fritz: Pflanzen vermehren. Stuttgart (Ulmer) ^{4}1979
Schacht, Wilhelm: Der Steingarten. Stuttgart (Ulmer) ^{5}1978

Register

Abies firma 136, 150
  – lasiocarpa 136, 150
  – sachalinensis 136, 150
  – species 139
Ableger 48, 88, 112
Abmoosen 48f, 71
Absenker 48, 88
Acaena microphylla 123
Acantholimon olivieri 123
Acer buergerianum 25, 36, 127, 139, 141, 144
  – palmatum 34f, 89, 127, 139ff, 144
  – platanoides 142
  – rubrum 127, 144
Ageratum houstonianum 123
Ahorn 40, 42f, 48, 64, 87, 89, 94, 127, 139ff, 144
Ajanfichte siehe Ezofichte
Ajuga reptans 'Elliott' 123
Akklimatisierung 53, 105, 115, 117
Aluminiumdraht 64, 79f, 84
Alpenglöckchen 123
Alpenveilchen 123
Alter 10, 53, 55, 72f
Altern, künstliches 72, siehe auch Jin, Shari
Ameisen 106
Amerika 5, 114
Androsace sarmentosa 123
  – sempervivoides 123
Anfänger 89, 120, 126, 139
Anplatten 44f
Antennaria dioica 123
  – parvifolia 123
Apfelbaum 94, 106, 127, 144
Aprikose 9, 43, 62, 94, 127, 139–141, 144
Arabis caucasica 'Schneehaube' 123
Araucaria heterophylla 127
Araukarie 127
Arbeitsplatz 95
Armeria juniperifolia 123
  – maritima 123
Arrangement 78, 86, 83, siehe auch Pflanzenanordnung
Arundinaria pygmaea 127, 144
  – simonii 127, 144
  – species 141
Asplenium trichomanes 120
  – viride 120
Ast 25, 46, 67, 69ff, 73, 81, 87f, 89, 105, 126, 129, 138
  – angebrochener 66
  – Gestaltung 4, 59f, 64–70, 72, 119
Asymmetrie 16, 33
Atlaszeder 137, 140
Aufstellung 91f siehe auch Standort
Ausgraben, Pflanzen 51f
Ausstellung 5, 11, 13, 26
Auswahl, geeigneter Pflanzen 40ff, 48, 74, 78, 83, 87, 126–141
Azalee 42, 48, 62, 77f, 88, 96, siehe auch Rhododendron
Aware 15f

Bärenfellgras 120
Bambusa eutuldoides 127, 144
Bambus 50, 121ff, 125, 127, 141, 144
Bankan 36
Barockgarten 22
Baum, Kulturgeschichte 21f
Baumkrone 2, 17, 20, 23ff, 27f, 54, 60f, 70, 74, 83, 105, 107, 119, 138
Baumschulpflanzen 50, 59, 74f, 81, 83f, 87, 113, 137
Befruchtung, künstliche 119
Bergkiefer 132
Besenform 2, 32, 63
Betula nigra 127, 141, 144
  – papyrifera 127, 144
  – pendula 141, 144
  – species 140
Bewurzelungshormon 42, 48f, 71, 87f, 110
Bienenfreund 123
Bilderrolle 11, 91
Bimskies 96
Birke 127, 140f, 144
Birnbaum 43
Bitterorange 128
Blätter 25f, 62, 83, 118, 126ff
  – gelbe, braune, geschrumpfte 105–107, 114
Blasenfarn 120
Blattläuse 106, 118
Blattschnitt 62f, 94, 105, 143–151
Blaugras 120
Blechnum penna-marina 120
  – spicant 120
Blütenbonsai 58, 62f, 91f, 94, 101f, 104, 112, 115f, 142–151
Blütenform, Schalen 2, 56, 58
Blüten, Größe 26, 62f, 83, 124, 127ff
Blütenkirsche 132
Blumenbonsai 92, 123f
Blumenerde 96, 118
Blumentopf 10, 40, 52, 71
Blutmehl 101
Bonkai 11, 76

Bor 101
Bougainvillea 128
Branntkalk 96
Brassaia actinophylla 128
Brassica napus 102
Bücher 12f
Buche 61, 86, 106, 126, 140f, 145
Buchenfarn 120
Buchsbaum 22, 137, 145
Bunjingi 13, 32
Buxus microphylla 22, 137, 145

Calamondinorange 128
Camellia japonica 115, 132, 148
  – sasanqua 132, 148
  – species 20
Campanula cochlearifolia 123
  – excisa 123
  – portenschlagiana 123
Carex brunnea 'Variegata' 120
Carpinus betulus 128, 139, 147
  – laxiflora 25, 128, 147
Cedrus atlantica 137, 140f, 151
  – deodara 137, 141, 151
  – libani 137, 139, 151
Celtis occidentalis 137, 151
  – sinensis 137, 151
Ceterach officinarum 120
Chaenomeles japonica 111, 135, 149
  – speciosa 135, 149
Chamaecyparis obtusa 135, 139f, 149
  – pisifera 135, 140, 149
  – thyoides 135, 149
Chang Hwei 9, 11
China 9, 11, 13, 15, 58, 76, 141
Chloroseerscheinungen 107
Chokkan 28f
Chrysantheme 50, 124, 140
Chusquee-Inkabambus 127
Citrus limon 128, 145
  – microcarpa 128, 145
  – mitis 145
  – reticulata 128, 145
  – sinensis 128, 145
Clubs 5, 153
Cotoneaster 42, 50
  – conspicuus 137, 139, 151
  – dammeri 137, 142, 151
  – horizontalis 86, 137, 140, 151
  – microphyllus 137, 151
  – rotundifolius 140, 151
  – species 141
Crassula argentea 123
  – lycopodioides 123
  – tetragona 123

Crataegus coccinea 135
   – laevigata 135, 149
   – monogyna 135, 149
   – oxyacantha 135, 149
   – pedicellata 135, 149
   – species 140
Cryptomeria japonica 40, 42, 48, 60, 78, 134, 136, 139ff, 150
Cupressus arizonica 151
   – macrocarpa 151
Cyclamen coum 123
   – linearifolium 123
   – purpurascens 123
Cyperus alternifolius 120
Cystopteris fragilis 120

Deutsche Dentrologische Gesellschaft 21
Dianthus deltoides 123
   – gratianopolitanus 123
Dickblatt 123
Dorotheanthus bellidiformis 123
Draht 64ff, 78ff, 84ff, 109f
   – Entfernen 47, 67, 88, 98, 119
   – Fixierung 78ff, 85ff, 88, 90, 98f
   – Stärke 64f
Drahten 47, 64–67, 71, 75, 79, 85ff, 112, 119, 124
   – ähnliche Korrekturtechniken 67–69
   – richtige Jahreszeit 64, 144–151
Dreispitzahorn 25, 36, 127
Düngemittel 81, 96, 101f, 113f, 118, 120

Eberesche 128, 146
Edo-Epoche 13, 19, 127
Efeu 128, 140, 145
Ehrenpreis 123
Eibe 22, 42, 128, 145
Eibisch 128
Eiche 23, 40, 128, 139ff, 145
Eichenfarn 120
Einfachheit, als Gestaltungsmittel 18
Eisen 101
England 5
Entwicklung 46f, 52, 55, 112
   – Bedingungen 101, 117
   – Zeit 40, 43, 46f
Erde 40, 42, 47f, 52, 79, 81, 85f, 95–100, 107f, 114, 118, 122, 124
   – Standardmischung 96, 114, 118
Erinus alpinus 123
Esche 34f, 146, 170
Euphorbia balsamifera 122f
Ezofichte 40, 48, 77, 126, 131, 139ff

Fächerahorn 35, 127
Fagus crenata 54, 128, 140, 145
   – species 140
   – sylvatica 84, 86, 128, 140, 145
Farbholzschnitt 12, 91
Farne 78, 120f, 124, 136
Federborstengras 120
Federgras 120
Feigenbaum siehe Gummibaum
Felsenfarn 120
Felsenform 33, 76–82, 89, 141f
Festuca amethystina 120
   – ovina 120
   – scoparia 120
Fetthenne 123
Feuchtigkeit 41, 44, 47f, 49, 51f, 88, 92f, 95f, 103, 108, 113, 115, 117f, 121, 127f
Feuchtigkeitsmesser 92, 152
Feuerdorn 131, 140, 146
Feuerlandfarn 120
Fichte 42, 60f, 78, 131, 146
Ficus benjamina 131, 147
   – carica 147
   – diversifolia 131, 147
   – neriifolia 131, 147
   – pumila 131, 147
   – retusa 132, 147
   – species 140
Findling 19, 37, 51f, 69, 88, 126, 130, 142
Fischmehl 101f
Fixierung, Pflanzen 78ff, 85ff, 88, 90, 98ff
Flieder 42
Floßform 35, 87f
Flüssigdünger 81, 101f, 113, 118, 120, 123
Formen 78, 83, 112, 119, 124, 138–141
Formschnitt 59–62, 64, 87f, 112, 119, 143–151
Formung siehe Gestaltung
Forsythie 48
Fotos 26, 57
Fraxinus excelsior 34f, 128, 146
   – sieboldiana 128, 146
Frei aufrechte Form 23, 29f, 39, 86, 100, 104, 108, 111, 114, 116, 124, 126, 129, 133, 139
Froschlöffel 136
Früchte, Größe 26, 83, 111, 124, 127ff
Frühbeet 103
Fünfnadelkiefer siehe Mädchenkiefer
Fukinagashi 32
Fungizid 96, 107

Gänsekresse 123

Gardenia jasminoides 129, 131, 146
   – species 133
Gardenie 129, 131, 133, 146
Gartenarchitektur, japanische 10, 14, 16, 18
Gärtner 12f, 24, siehe auch Meister
Gärtnerei 14, 90
Gaultheria procumbens 123
Gedrehter Stamm, Form 17, 36
Geißblatt 131, 146
Geneigte Form 30, 83, 94, 100, 124, 133, 139
Gentiana acaulis 123
   – septemfida 123
   – sino-ornata 123
Geranium dalmaticum 123
   – sanguineum 'Prostratum' 123
   – subcaulescens 123
Geschichte, Bonsaikultur 11–13
Gespaltener Stamm, Form 36f
Gestaltung 16f, 41, 46f, 55–88, 112, 119, 123, 126, 131, 143–151
Gestaltungstechniken 17f, 46f, 55, 59, 72, 119
Geum coccineum 123
   – montanum 123
Gewächshaus 103
Gewundener Stamm, Form 36
Gewundene Wurzel, Form 35
Gießen 41f, 80, 87, 92f, 100, 103, 107f, 113, 118, 122, 127ff, 143–151
Gießkanne 95, 110
Gingko biloba 40, 44, 131, 139ff, 146
Glockenblume 123
Globularia cordifolia 123
   – nudicaulis 123
Glyzine 44, 48, 50, 131, 140, 147
Gokan 34
Granatapfelbaum 40, 42, 44, 48, 64, 73, 131, 139f, 147
Granitverwitterung 97
Granulierung, Erde 96f, 99
Gräser 76, 78ff, 91, 112, 120–123, 134
Größe 26, 38, 57
Gruppenpflanzung 36, 76, 78, 83–88, 94, 141
Güldengünsel 123
Gummibaum 131f, 140, 147
Gymnocarpium dryapteris 120

Haberlea rhodopensis 123
Haberlee 123
Hachi-no-ki 12
Hainbuche 25, 40, 61, 128, 147
Halbkaskadenform 19, 30, 73, 94, 100, 113, 115, 124, 126, 138ff

Han-kengai *30*
Haniwa *13*
Hartriegel *42, 132, 140, 147*
Hedera helix *128, 140, 145*
Heian-Epoche *11f, 15f*
Heian-Kyo *11*
Heidekraut *96*
Heidenelke *123*
Hemionitis arifolia *124*
Hemlocktanne *136, 139, 141, 150*
Hepatica nobilis *123*
Herbstenzian *123*
Hibiscus rosa sinensis *128*
Himalajazeder *137*
Hirschzungenfarn *120*
Hôkidachi *32*
Honen *11*
Holzapfel *127*
Holzasche *96*
Holzkohle *96*
Hormonpuder siehe Bewurzelungs-
 hormon
Hornspäne *101f*
Hypericum polyphyllum 'Citrinum'
 123

Igelpolster *123*
Igelwacholder *67, 113, 137*
Ikadabuki *35*
Ikebana *16, 28, 91*
Ilex aquifolium *135, 150*
 – crenata *135, 150*
 – serrata *39, 135, 150*
Import *53*
Iris pumila *123*
 – reticulata *123*
Ishitsuki *33*
Immergrüne Pflanzen *42, 63f, 66, 126,
 129, 137,* siehe auch Nadelgehölze
Inka *15*
Insekten *105,* siehe auch Schädlinge

Jadepflanze *132*
Jahreszeiten *40f, 42f, 47f, 50f, 59,
 61f, 63f, 67, 78, 83, 87f, 92, 94, 101ff,
 113, 117f, 120, 122f, 126, 142–151*
Japanische Kirsche *132*
Japanische Lärche *19, 134*
Jasmin *42, 104, 132, 140f, 147*
Jasminum nudiflorum *104, 132, 140f,
 147*
 – officinale *132, 140, 147*
Jin *19, 72, 74f, 105, 108*
Johanniskraut *123*
Jomon *15*

Jungpflanzen *39ff, 48ff, 51, 122, 124,
 126*
 – Anzucht *40–52*
 – Gestaltung *46f, 61, 74*
Juniperus chinensis *17, 72, 74, 79,
 113, 136, 139ff, 151*
 – communis *136, 139, 151*
 – conferta *136, 139, 151*
 – rigida *67, 113, 137, 139ff, 151*
 – squamata *137*
 – thurifera *137*

Kabudachi *33*
Kalium *101*
Kalk *101*
 – kohlensaurer *96*
 – ungelöschter *72*
Kalligraphie *15, 91*
Kambium *49*
Kamelie *20, 48, 115, 132, 148*
Kanton *141*
Kaskadenform *16, 31, 64, 69, 78, 91f,
 94, 100, 124, 126, 140*
Kasuga-Schrein *11*
Katsura *14*
Keramik *11, 13, 15, 18, 91*
Kerbbuche *40, 54, 87, 128*
Kengai *31*
Kiefer *40ff, 44, 46f, 60ff, 63f, 66, 78,
 94, 96, 101, 106, 132, 140f, 148*
Kieselsteine *86, 98, 117*
Kirsche *15, 44, 64, 94, 132, 140, 148*
Kiyonaga Torii *12*
Kleinwuchs *55*
Klima *51, 115, 137*
Knochenmehl *101ff*
Kobalt *101*
Kofun-Periode *13*
Kohlendioxyd *95*
Kokin-shu *15*
Koniferen *61,* siehe auch Nadelge-
 hölze
Konkavschnitt *59f, 74, 84, 94, 108f*
Körnung, Erde *71, 86, 96ff, 110, 114,
 118*
Kôrabuki *35*
Korrekturtechniken *25, 46f, 59–71,
 112, 119,* siehe auch Drahten
Krankheitsvorsorge *60, 101, 105, 118*
Krankheiten *90, 94, 105, 107f*
Krummholzkiefer *132, 140*
Kugelblume *123*
Kulturgeschichte, Japanische *14ff*
Kunst *10, 14ff*
Kupfer *101*

Kupferdraht *49, 64, 71, 78f, 80, 84f*
Kyoto *11*

Lagerstroemia indica *134, 148*
Lagerströmie *134, 148*
Landschaft *11, 16, 18, 76ff, 83, 124*
Lärche, europäische *40, 134, 139f,
 148*
 – japanische *19, 134*
Larix decidua *134, 139f, 148*
 – kaempferi *19, 134, 139f, 148*
Lauberde *96, 110*
Laubgehölze *40, 47, 60ff, 64, 66, 70,
 94, 96, 101, 103, 126, 139ff*
Lavendel *121*
Lavendula angustifolia *121*
 – latifolia *121*
Lebensbaum *134, 148*
Leberbalsam *123*
Leberblümchen *123*
Lecaton *117*
Lee Shen *11*
Lehm-Torf-Mischung *78ff*
Leimkraut *123*
Leinkraut *123*
Licht *60, 90, 115, 117, 126ff, 143–151*
 – künstliches *90, 117, 136*
Liste, geeigneter Pflanzen *138ff*
Literatenform *9, 13, 32, 100, 136*
Lobelia erinus *123*
Lobelie *123*
Lonicera japonica *131, 146*
Lonizera *131, 146*
Luftfeuchtigkeit *42, 44, 93, 107, 117f,
 131ff, 152*
Luftwurzeln *119, 131*
Luftzirkulation *60, 103, 107, 117*

Maeda Yugure *53*
Mädchenkiefer *38, 41, 46, 55, 62,
 108, 130, 132, 139, 148*
Mahonia aquifolium *123*
Mahonie *123*
Malerei *9, 13, 18*
Malus angustifolia *127, 144*
 – halliana *127, 144*
 – pumila *127, 144*
 – sylvestris *127*
 – zumi 'Professor Sprenger' *127,
 144*
Mame-Bonsai *112, 124,* siehe auch
 Miniaturbonsai
Mandarine *128*
Mandelbaum *96*

Material 51, 68, 78ff, 84f, 94f, 110, 112
 – Felsenpflanzung 78ff
 – Gruppenpflanzung 84f
 – Korrektur 68
 – Sammeln 51
 – Umtopfen 94f
Mauerpfeffer 123
Mehlbeere 128
Mehlkäfer 106
Mehltau 107
Mehrfachstamm, Form 33f, 69, 100, 124, 134, 140
Meister 5, 13, 16f, 55, 57, 84, siehe auch Gärtner
Merktabelle, Pflege von Zimmerbonsais 152
Miniaturbonsais 38, 91, 112ff, 124, 137
Miniaturgräser 121
Miniaturlandschaften 10, 18, 76ff, 83, 91, 112, 124, 140
 – Anpflanzen von 76ff
Misho 40
Mist 101
Mittagsblume 123
Mittlere Bonsais 38
Molybdän 101
Moos 20, 49, 52f, 69, 71, 78, 80, 82, 85, 87, 95, 100, 109
Moyogi 29f
Muromachi-Zeit 12, 16ff
Muttererde 52
Myrte 21, 48, 135, 149
Myrtis communis 21, 135, 149
Mykorrhiza 105, 107

Nadelgehölze 40f, 44, 47, 60f, 63f, 66, 70, 94, 96, 101, 114, 139ff
Nanakan 34
Nandina domestica 96, 127, 141, 144
Natürlichkeit, Gestaltungselement 18, 55, 112
Ne-agari 37
Nejikan 36
Nelkenwurz 123
Netsunagari 35
Nematoden 106
Nickel 101
No-Spiel 12

Ölbaum 135, 140, 149
Olea europaea 135, 140, 149
Olive 42
Oktopusform 37

Okulieren 45
Omiya 90
Onoe Shibafune 14
Ophiopogon japonicus 120
Orange 128

Pachysandra hiemalis 123
Phacelia campanularia 123
Phosphat 101
Pechkiefer 132
Pen-jing 141
Pennisetum alopecuroides 120
Perlite 96, 117
Perspektive, Gestaltungselement 76f, 83
Pfahlwurzeln, Beseitigung 41, 46, 51f, 70, 98
Pfingstnelke 123
Pfirsich 44, 135
Pflanzen, Anordnung 26, 79, 83–86, 94, 100
 – Ausgraben 51f
 – einjährige 123
 – geeignete 125ff, 139ff
 – subtropische 40, 103, 115, 119
 – Teilung 50
 – tropische 40, 90, 101, 103, 114f, 119, 143
 – Vermehrung 39ff
 – zimmertaugliche 20ff, 114–119, 120ff, 126ff
Pflanzerde siehe Erde
Pflanzgefäße 9, 24, 40, 46, 55, 58, 69, 71, 73, 94, 97–100
Pflanzenschutzmittel 105ff
Pflanzungen auf dem Felsen 33, 76, 78–81
 – über den Felsen 33, 76, 78, 81f, 124
Pflanzzeiten siehe Jahreszeiten
Pflege 83, 89–108, 142–151, 112ff, 117f, 120f, 123, 127ff
 – Miniaturbonsais 30, 112ff
 – Zimmerbonsais 117ff
Pflegetabellen 142–152
Pfropfmethode 43ff, 69f
pH-Wert 96
Phosphor 101
Phyllitis scolopendrium 120
Phyllostachus aurea 127, 144
 – kumasasa 127
 – nigra 127, 144
 – species 141
Picea ajanensis siehe Picea jezoensis
 – jezoensis 77, 126, 131, 139ff, 146
 – glauca 'Conica' 131, 146

 – omorika 131, 146
Pinus densiflora 132, 138, 148
 – mugo mughus 132, 140, 148
 – mugo pumilio 132, 140, 148
 – nigra 132, 148
 – paviflora 38, 46, 55, 62, 66, 108, 130, 132, 139ff, 148
 – pumila 132, 140, 148
 – rigida 132, 148
 – sylvestris 148
 – thunbergii 27, 53, 69, 113, 132, 136, 139ff, 148
 – 'Corticosa' 71, 132, 148
Plastiknetz 41f, 47, 79, 86, 98f
Podocarpus macrophyllus 136, 141, 150
Poncirus trifoliatus 128, 145
Pon-chü-i 11
Portulaca grandiflora 123
Portulakröschen 123
Pottasche 101
Preiselbeere 78, 123
Proportionen 10, 16, 26, 58, 62, 83, 126
Prunus avium 136, 151
 – mume 9, 127, 139ff, 144
 – persica 135, 149
 – subhirtella 132, 148
 – yedoensis 132, 148
Pseudosasa japonica 127, 141, 144
Pteris cretica 120
Punica granatum 'Nana' 73, 131, 139, 147
Pun-sai 141
Pyracantha angustifolia 131, 139, 146
 – coccinea 131, 139, 146
 – species 140

Quercus acutissima 128, 145
 – dentata 128, 145
 – robur 128, 145
 – rubra 23
 – species 139ff
Quitte 42, 48, 111, 135, 149

Ranunculus aconitifolius 'Pleniflorus' 123
Ranunkel 123
Rapsschrot 101f
Raupen 106
Regenwürmer 106
Reiherfedergras 120
Rhododendron 42, 48, 50, 96, 127, 144
 – forrestii 127, 144

– impeditum 127, 144
– indicum 116, 127, 144
– japonicum 127, 144
– kiusianum 127, 144
– molle 127, 144
– obtusum 144
Rinde 25, 71, 87, 119
– Abschälen 72
Rippenfarn 120
Robinia holdtii 36
Robinie 36
Rose 92
Rosengehölze 106
Rosmarin 121
Rosmarinus officinalis 121
Rotahorn 34, 78, 127
Rotbuche 84, 128
Rotdorn 135, 140, 149
Roteiche, Amerikanische 23
Rotkiefer 62, 138, 132
Rückseite 25f, 79, 94
Rußtau 107

Sabamiki 36
Sabi 18
Sämling 40f, 88, 112
Saigyo 23
Saikei 18, 76
Salbei 121
Salix alba 'Tristis' 23
– babylonica 137, 151
– caprea mas 137, 151
– hastata 'Wehrhahnii' 137, 151
– purpurea 'Nana' 137, 151
– species 139
Salvia officinalis 121
– viridis 121
Salweide 137
Samen 40f
Sammeln, geeignete Pflanzen 51f
Sammetblume 123
Samurai 12
Sankan 34
Sashiki 42
Sauerstoff 95
Saumfarn 120
Saxifraga cochlearis 123
– cotyledon 123
– fortunei 123
– umbrosa 123
Schädlinge 90, 96, 105ff, 118
Schädlingsbekämpfungsmittel 96, 101, 105ff, 118f
Schalen 2, 9, 11, 13, 15, 17f, 20, 27, 33, 39, 46f, 54, 56–58, 69, 71, 73,
76f, 79, 88, 92, 94–100, 103, 111, 114, 116, 134, 138, siehe auch Pflanzgefäße
– antike 58
– Farbe 57
– Form 15, 56ff, 83, 94, 100
– Größe 57f, 83f, 86f, 95
– Position der Pflanze 100
Schattieren 41, 43, 46, 52, 90, 93, 100, 105
Scharlachdorn 135
Schefflera 128
Scheinbeere 123
Scheinkamelie 82
Scheinzypresse 135, 139f, 149
Schierlingstanne 136
Schildläuse 106f
Schirmgras 120
Schmuckapfel 127
Schmucknische 12, 91
Schnecken 107
Schneiden 47, 59ff, 74, 85, 87f, 120, 122ff, 128, 136f, 144ff, siehe auch Formschnitt
– Äste 47, 52, 59f, 62, 74, 87, 105f, 144, 151
– Blätter 42, 51, 62f, 123
– Triebe 60ff, 108, 112, 124, 144–151
– Wurzeln 41, 43, 46, 52, 62, 70, 85, 87, 89, 98, 114, 118
Schnittwunden 60f, 70, 108
Schriftfarn 120
Schwarzbirke 144, 127
Schwarzkiefer 27, 41, 43, 53, 62, 69, 71, 113, 134, 136, 139
Schwefel 72
Schwertlilie 123
Sedum acre 123
– dasyphyllum 123
Seifenlauge 119
Segge 120
Seitenveredelung 45, 70
Serissa foetida 114, 135, 149
Sesleria varia 120
Shakan 30
Shari 28, 72, 108
Sharimiki 36
Shensi 11
Shibui 18
Shogun 12
Sicheltanne 134, 136, 139, 150
Siebe, Bonsaierde 96
Silberzeder 137
Silene acaulis 123
– maritima 123
– saxifraga 123

Sôkan 34f
Soldanella alpina 123
– montana 123
Sommerenzian 123
Sorbus aria 128, 146
– aucuparia 128, 146
Spinne, Rote 106, 118
Spinnmilben 106, 118
Spitzahorn 142
Spitzenveredelung 43f
Spurenelemente 101
Stachelnüßchen 123
Stamm 24f, 29ff, 39, 54, 65ff, 69f, 71, 87, 126
– Gestaltung 47, 64–68, 87
– Korrektur 43, 65ff, 69f
Standort 90, 103, 112f, 117, 120, 122f
Stauden 120, 123
Stechpalme 39, 135, 150
Stecklinge 42f, 49f, 88, 112, 122, 124
Steine 76ff, 86, 91
Steinbrech 123
Steineibe 136, 141, 150
Steingartengewächse 123
Sternjasmin 132, 147
Stewartia pseudocamellia 82
Stickstoff 101
Stile 13, 28, 37, 112, 120, 124, 126, 133, 138ff
Stipa barbata 120
– pennata 120
Storchschnabel 123
Streifenfarn, Grüner 120
Streng aufrechte Form 28f, 54, 83, 94
Stumpfform 35
Subtropische Pflanzen 37, 40, 103, 115, 119, 127
Suiseki 76, 78
Sukkulenten 122f, 132
Sung-Dynastie 11
Symmetrie 16, 18

Tabellen, Pflege 142, 152
Tagetes tenuifolia 123
Takozukuri 37
Tang-Dynastie 11
Tanne 61, 136, 139, 141, 150
Taxus cuspidata 22, 128, 145
Techniken 13, 16ff, 22, 46f, 59ff, 119
Temnei-Periode 12
Temperatur 41f, 44, 92, 103, 126ff, 143ff, 152
Temperaturunterschiede 105, 115, 117, 126ff
Thelypteris phegopteris 120

Tüpfelfarn *124*
Thuja occidentalis *134, 148*
– plicata *134, 148*
Thymian *121, 123*
Thymus rotundifolius *123*
– serpyllum *123*
– vulgaris *121*
Tokio *13ff, 90*
Tokonoma *12, 91f*
Topfpflanze *13, 21, 135*
Torf-Lehm-Mischung *78ff, 81*
Toriki *48*
Trachelospermum jasminoides *132, 140, 147*
Transport *52, 105*
Trauerweide *23*
Treibholzform *36f, 67*
Trichodiadema bulbosum *123*
Troggärten *123*
Tropische Pflanzen *40, 90, 101, 103, 114f, 119, 143*
Tsuga canadensis *136, 150*
– diversifolia *136, 150*
– sieboldii *136, 139, 141, 150*

Überdüngung *81, 101, 108, 114, 135*
Überwässern, Pflanzen *92, 93, 107f, 118*
Überwinterung *103, 112, 117, 122, 124, 126ff, 143–151*
Ulme *42, 48, 61, 94, 107, 136, 139, 150*
Ulmus parvifolia *136, 139, 150*
Umpflanzen siehe Umtopfen
Umtopfen *41, 43, 46f, 49, 52, 63, 70, 81f, 87, 94–101, 105ff, 114, 118, 122, 144ff*
– Vorgang *97–100*
Umweltbedingungen, Pflanzen *51, 97, 126, 115ff*
Unkraut *96*

Vaccinium vitis-idaea *123*
Verdeutlichung, Gestaltungselement *18*
Veredelung *43ff, 69ff*
Vermehrung, Pflanzen *40–46, 48–50*
Veronica prostrata *123*

– surculosa *123*
Vitamin B$_1$ *95, 98, 110*
Vorbild, Gestaltung *22, 26, 28f, 55, 76f, 83, 112, 119*
Vorderseite *25f, 79, 81, 84, 87f*
Vogelkirsche *136, 151*

Wabi *17f*
Wacholder *42, 48, 50, 60f, 79, 113, 136f, 139ff, 151*
Wachstum, reduziertes *55*
Walderde *47, 96*
Waldform *36, 82–87, 125, 141*
– Anpflanzen *83ff*
Wässern siehe Gießen
Wasser, geeignetes *93*
– zuviel *92f, 107f, 118*
– zuwenig *93, 118*
Wasserstein *76, 78*
Weide *42f, 48, 64, 94, 137, 139, 151*
Weigelie *48*
Weißdorn *135, 140, 149*
Weiße Fliege *107, 118*
Weißkiefer *43, 87*
Werkzeug *94, 108ff*
– wichtigstes *108f*
– Drahten *67, 109*
– Felsenpflanzung *78ff, 84f*
– Gestalten *68*
– Waldpflanzung *84ff*
– Sammeln von Pflanzen *51*
– Schneiden *59ff, 108*
– Umtopfen *94, 109*
Wildapfel *127*
Wildling *51, 69*
Windgepeitschte Form *18, 32, 36, 78, 83, 86, 133, 139f*
Winter *92, 94, 113, 118,* siehe auch Überwinterung
Winterjasmin *104, 132*
Wisteria floribunda *131, 140, 147*
– sinensis *131, 140, 147*
Wohnung, Bonsai für die *114–119*
– Bonsai in der *91f, 121*
Wolfsmilch *123*
Wollblattläuse *106*
Wuchsform *19, 28ff, 55, 59ff, 74f, 78, 112, 119, 120, 123f*
Wurzeln *24, 27, 29ff, 41, 43, 46f, 50ff, 54, 70f, 79ff, 88, 95ff, 97ff, 105ff, 116*
– Gestaltung *46, 70, 81*
– Teilung *50, 122*
– Schneiden *41, 43, 46, 52, 70, 85, 98, 114, 118*
– siehe auch Pfahlwurzeln
Wurzelfäule *93, 96, 101, 107*
Wurzelläuse *107*
Wurzelstamm, Form *27, 37*

Yamadori *51*
Yayoi *15*
Yoin *16*
Yose-ue *36*
Ysander *123*

Zeder *137, 139, 141, 151*
Zelkova serrata *2, 40, 42, 48, 52, 63, 87, 112*
Zen-Kultur *15, 16ff*
Zierpflanzung *91, 121, 124, 136*
Zierquitte *149*
Zierstein *76, 78, 84, 86, 91, 136*
Zimmerbonsais *114–119, 126ff*
Zimmertaugliche Pflanzen *20ff, 114ff, 120ff, 126ff*
Zinn *101*
Zinnia angustifolia *123*
– elegans *123*
Zitrone *128*
Zitronensäure *72*
Zweige *25f, 47, 59ff, 64ff, 69, 73, 89, 105*
Zwergapfel *127*
Zwergazalee *77f*
Zwergbambus *78*
Zwergbuchs *137, 145*
Zwergbüsche *78ff*
Zwergfarne *121*
Zwergkiefer *132*
Zwergmispel *137, 139ff, 142, 151*
Zwergsträucher *123*
Zwillingsstamm, Form *34f, 66, 100, 124*
Züchterschale *57, 74f*
Zürgelbaum *137, 151*
Zypresse *42, 60, 137, 151*